中国旅游协会推荐教材 旅游管理专业新视野教材

谢彦君·主编

前厅与客房管理

唐飞 袁敏 邹亮·编著

中国旅游出版社

《旅游管理专业新视野教材》
编审委员会

再版序言

《旅游管理专业新视野教材》初版于 2005 年，至今已过十个年头。其间，出版社曾有过修订再版的动议，但终因一些因素的影响而未果。这次再版，给了这批教材进一步完善的机会，也算是一件好事。我们寄希望于它能够在原有的基础上有一个更大的进步，更加适合 21 世纪中国旅游高等教育的需要。

我一直主张，教材是大学教育的基本建设之一，也是影响大学教育质量的根本元素之一，甚至在某种情况下可能是最重要的影响因素。对于旅游高等教育而言，很多教育问题其实都可以归根或溯源于教材方面，因为它既是这个领域科学研究所积累的知识的集成式存在形态，也是教育工程实施的蓝本。前者体现了旅游科学界工作成果的总结，后者体现了旅游教育界工作过程的起点和依据。身在旅游教育流程中的施教者和受教者，其工作的效率、效果离不开教科书的质量。所以，教材建设可谓大学教育的重中之重。

然而，毋庸讳言，旅游管理专业的大学教育在其繁荣的背后还是存在一些问题的，有些问题可能还很严重，其中就有教材建设问题。这种情况的细节可以存而不论，造成这种状况的社会根源可以存而不论，就连我们在每一次教材编写过程中能在多大程度上提升教材的品质也可以存而不论，但完全失察于这些问题的性质和程度，完全在功利心的驱动下采取鸵鸟策略来对待旅游管理专业教材建设方面所存在的问题，则无论如何是不可取的。因此，借此机会，笔者还是想利用这一角之地，谈谈这方面的问题，其主旨是希望旅游教育界的同人在使用本专业的任何一套教材时，都能够更多地立足于一种超越的境界，本着一种探索的精神，敢于采取一种批评的态度，能够在教学过程中建设性地、开放性地利用现有的这些教材。旅游管理学科正处于其幼年阶段，教材的幼稚病显而易见，在这种情况下，倘若过于倚重教材甚至完全视某一本教材上白纸黑字的条条为金科玉律的话，对于这样一个稚嫩的学科来说，恐将大大影响教育质量，从而也会影响本专业领域人才的职业发展历程。

旅游管理专业的教材建设究竟存在什么问题？对此学界同人所见虽有不同，但往往都各有其高明之处。如果避开一些根源性、体制性和机制性的问题不谈，仅就技术层面来看，那么，教材建设所存在的问题与高等教育的定位策略是密切相关的。

关于本科层次旅游管理高等教育的定位问题，一直是一个争论不休而且始终不能达成基本一致性认识的问题。这种状况不仅是旅游管理专业自身的长期困惑，其实也是中国高等教育一直以来教育指导思想混乱的局部折射。其中最为重要的一个方面，即关于大学教育中的理论与实践的关系问题，长期以来未曾获得理论上的解决，导致高等教育的行政主管部门一直摇摆于"学术型"和"应用型"之间，从而不断地制造人工的"一刀切"行政局面，使得中国半个多世纪以来的高等教育如同玩跷跷板游戏一般，不断地在"理论"与"实践"、"理论"与"应用"、"学术型"与"应用型"这两端颠来倒去。其实，这种局面的根本在于，并没有真正把握高等教育的本质：教育过程到底是理论教育还是实践教育？这是所有问题的核心，明确了这个根本点，相应的施政纲领也就会顺应规律并取得应有的成效。

从本质上来说，一切教育，尤其是高等教育，作为知识的传授过程，都是理论教育过程，而非实践教育。如果以某种极端的形式来表述的话，那么，可以说，实践就是实践，实践仅仅是实践，实践教育不存在于教育过程中，而仅仅存在于实践过程中。同理，大学教育没有实践教育，只有教育实践。大学所实施的专业教育，都是在提供专业领域的理论教育。延伸到可能被某些人视为错误而在我看来仅仅是一种极端表述而已的观点，那就是，甚至连研究生层次的专业学位教育（如 MBA、MTA 教育），都应该明确是从事理论教育的过程。在这里，恐怕不需要再唠叨"什么是理论"这样的基本问题了，我们只需要重提任何人也否认不了的一个事实就可以了：理论来源于实践，理论用于指导实践，但理论不同于实践。换言之，理论是一种知识形式，实践是一种生命状态，两者的差异是根本性的。将正确的理论恰当地应用于实践，会极大地提升人类生命状态的能力和质量，这就是理论的应用价值，这一事实本身也再次明确了理论与实践的区别和联系。在旅游高等教育乃至中国整个高等教育中，当前存在的错误认识是：不管学科的成熟度（即理论的体系化程度）如何，都同时并存着两种教育类型，即理论教育和实践（应用）教育。这种错误思想导致了教育实践的扭曲，其根本点在于，混淆了作为教育之目标的"理论"与作为教育之工具、方法、手段、路径的"实践性教学"（诸如案例教学、情境化教学，总之是"理论联系实践"的教学方式）之间的关系，以至于在不分学科知识深度（如经济学与旅游管理两个学科在理论深度上的巨大差异）的前提下，就把转向

"应用型大学"、实施"应用型教育"以及编写"应用型教材"等一系列误导教育实践的观念和主张贯彻到全国各类高校当中。此类错误教育思想所导致的教育实践方面的荒唐理念和实践，可谓不一而足。本人曾亲历一事：有某出版社曾邀我主编一套针对二本和三本院校旅游管理本科专业的应用型教材，被我拒绝，但此事足可见人们对"应用型"教育理解偏颇到何种程度。因此，从根本上来看，教材建设领域在对待理论与应用的关系这个问题上所流行的舍本逐末、绝源逐流的做法，其实是教育定位问题的一种反映。试想，那种没有理论的应用，究竟能应用个什么呢？

基于这种认识，我提出旅游管理专业本科教材建设的几点建议：

第一，突破理念局限，向着"理论化"方向努力，吸收旅游管理研究领域的最新科研成果，打造一批有理论分量的本科教材。理论总是体现在范畴和命题层面，只有借助于一些新范畴、新命题的提出及其体系化，理论作为一个知识体系才能得以确立。在我的课堂经验中曾有一例，可以用来说明理论知识与单一事实知识之间的区别：我曾不止一次问过所教过的学生，蚊子有几条腿？答案中除了没有 1 条腿、3 条腿的之外，几乎说几条腿的都有。接着，我告诉大家："所有的昆虫，都是 6 条腿。"这时，大家似乎恍然大悟，大有松了一口气的样子。我告诉学生，这后一个结论，就是昆虫学家的一个科学命题，是一种理论结论，它的特点是抽象表述，表达了从特殊到一般的知识转化过程和结果。昆虫学专业教育的目标，就是告诉学生这个一般性的理论结论，而不是逐个去考证个别事实；但好的教学方式，可能会借助于野外观察的方式（实践教学）来让学生获得这个理论知识。这就体现了"理论教学是目的、实践教学是方法"的教育理念。就目前的旅游管理类本科教材的内容构成来看，缺少的是抽象的理论，充斥的是个别的事实甚至带有极大局限性的对策或行动策略。这样的教科书，在科学性上已经大打折扣了。

第二，旅游管理专业本科教材的建设，也要与人才培养的专业定位和人才规格层次定位相呼应，立足于专业方向，限定在普通高等教育层次，力图在这个经纬交叉点上建立起本科旅游管理专业教材的定位基点。在旅游管理专业的高等教育领域，与旅游学研究的情况相对应的一种糟糕情况是，也同样存在着"泛化"的取向：比如，旅游管理专业的课程设置框架泛化，以至于可以开设旅游医学、旅游保险学、旅游交通学等莫名其妙的课程，并把"旅游××学"作为设置旅游管理专业课的基本思路，殊不知这种以交叉性学科为主的专业课设置思路（名为"交叉"，实为"戴帽"），已经在埋没旅游管理专业的"专业特性"；再比如，每一门课程的内容框架泛化，以至于每一门课都搞前后、左右、上下的关联，让人感觉每一门课的内容中都包容着别一门课的内容，重复度极高。如果再联系到旅游管理专业的授课教师同时承担多门课程（我所知道的是一人最多承担20门，其中有14门专业课程，而通常都在5门左右）这一事实，那么，不难想象，旅游管理专业教科书在内容框架上的彼此缺乏区分度，其实是教师与教材之间长期形成的一个互为因果的循环关系的反映。这种因果链条如果不主动去打破，那么，旅游管理专业本科教育过程中存在的低效率和差效果的局面，必将会持续下去。此外，还存在着普通本科教育因近年来教育主管部门着力推行的就业导向的教育思想而催生出来的"向两边看齐、唯独失却自我"的教育倾向：普通本科专业教育盲目向高职高专教育学习，并将其美称为"应用型"教育模式，或者片面强调研究型教育。以上种种，都是近年来旅游管理普通本科教育因教育思想混乱所引发的教育实践问题。因此，旅游管理专业的教材建设，必须建立在深刻理解作为专业教育和普通本科教育这两个定位维度的根本特性的基础上。

第三，旅游管理专业的教材建设，还应该瞄准人才培养的能力目标来加以组织、建设。其实，大学人才培养的目标往往是复合型的，但每个专业必然有其主导或突出的主体目标，旅游管理专业也不例外，否则，就不成其为专业教育和大学教育。就旅游管理专业而言，依个人浅见，其人才培养的能力目标宜理解为一个"五层金字塔"结构的能力组合，是一个分类、分层的组合结构。具体结构如下：

塔尖层级：对应于专业核心能力，即学习本专业必须具备的最根本能力。由极有限、但必需的课程来加以培养。这一层级是能够在本体论意义上回答"什么是'旅游管理专业'"这一"专业"核心问题，带有学科知识的纵向区分功能。一般地，用以构造一个专业与其他专业根本区分度的课程，是这个专业独特的、专属的少数几门核心基础课。就当前中国旅游管理本科教育层次而言，最为迷失的就是这一层级。这种迷失的表现是：在旅游教育界，人们很难就几门核心基础课程达成基本的共识。

塔檐层级：对应于专业发展能力，即学习本专业必须具备的专业核心能力。由有限的，但必需的、能形成专业核心能力的重要课程来加以培养。就当前中国旅游管理专业普通本科教育层次而言，应属于那些能够构成旅游管理专业基本特色和独特知识保护带的"自足性分支学科"，即可以表述为"××旅游学"形态的知识内容。毋庸讳言，目前此类课程的建设是比较弱的，甚至是有结构性缺欠的，也是旅游教育界未来应积极、自觉地加以巩固和拓展的知识领域。只有这一层级与塔尖层级的完美结合，才能构筑旅游管理专业独特的知识样貌，其学科独立性才能得以彰显。

塔腰层级：对应于专业拓展能力，即学习本专业应该具备的专业巩固能力。由有限的，但相关的、能助成专业延展能力的相关课程来加以培养。在旅游管理普通本科教育当中，传统上是由"旅游××学"＋各类旅游企业管理的分支学科构成这一层级的主体课程，其发育程度相对较好，但因其长期位于塔尖、塔檐两个层级之间而导致了本专业特色的迷失，这是值得警觉和应予调整、复位的。

塔座层级：对应于专业转换能力，即学习本专业应该具备的专业转换能力。由一些体现本校特色和优势、与本专业有所关联的"院校平台课"来加以培养。通常，一些财经和管理类大学会通过设立诸如统计学、经济学、管理学、会计学、财政学等平台课程来培养学生的专业转换能力，或者通过大类招生等办学模式来达到这一目标。其他一些以外语或文史类为特色的大学，也可能在其平台课的设置中寻求旅游管理专业中的外语或人文特色。

塔基层级：对应于人生成就能力，即作为本科教育层次毕业生的基本能力。由一些能体现大学教育层次、养成本专业人才所需要的综合品质的大学共同课来培养。本层级的课程几乎不带有专业色彩，但却充分展现了层次水平，是构成大学生和非大学生在普通人文及自然科学知识领域上层级区分的基本课程。

以上所论，无非个人的区区之见，未必得体。正如本人在第一版序言中曾指出的那样：教材建设实际上是科学研究成就的反映，是与学术论文、学术专著相关联的知识链条。教材内容的深刻性、系统化程度以及整体协调性，是一个学科长期积累的结果。就旅游管理专业而言，在短短的三四十年的历史中，是不可能一下子达到完善的程度的。好在我们身在其中的每个人，都在为这个目标而努力，而最终呈现给世人的究竟是一个怎样的结果，那也只好留待教材的使用者批评、指正了。

是为序。

谢彦君

2016 年 3 月 7 日

于灵水湖畔

目　　录

第1章 导 论

【学习目标】

1. 了解饭店业的发展历史及其在旅游业中的重要作用。
2. 熟悉饭店的类型、饭店等级的划分和饭店组织机构的设置。
3. 掌握饭店前厅与客房管理的主要内容。

【内容结构】

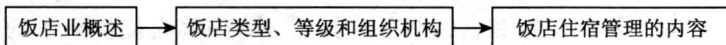

饭店业概述 → 饭店类型、等级和组织机构 → 饭店住宿管理的内容

【重要概念】

饭店业　饭店等级　饭店星级

第1节 饭店业概述

一、饭店业的界定

作为当前最具发展活力的产业之一的旅游业，可以说其发展状况，与全球的经济总体发展状况息息相关，这有力地说明了旅游业的发展，深受全球经济总体发展状况的影响；另外，旅游业的发展对全球经济的发展起到了重要的支撑和带动作用。在旅游的六大要素（食、住、行、游、购、娱）中，住宿是旅游者的基本需求，作为住宿重要业态——饭店业，是旅游产业的核心，其发展与全球旅游业的总体发展态势密不可分。在产业经济学中，人们把饭店业作为旅游经济的一个重要分支。饭店业是旅游业的一个重要组成部分，因为旅游目的地的建设离不开饭店业的建设。饭店业在旅游业中具有其独特性，因为它不仅为宾客提供过夜的住宿服务，许多住宿企业还向宾客提供餐饮、娱乐和其他多种服务。在这个庞大的行业中，有如此多的企业提供住宿等多种服务，因此我们将为宾客提供过夜住宿服务的饭店、汽车旅馆、旅馆和其他住宿企业统称为饭店业。本书所指的饭店企业，泛指饭店、酒店、会议中心、汽车旅馆、旅馆和其他为宾客提供住宿的机构。

现代饭店企业应具备以下基本条件：其一，设施设备完善、有政府核准经营的建筑和场地；其二，向客人提供住宿和餐饮服务；其三，有向客人提供康乐的设施和娱乐服务；其四，是以服务为基本产品，以赢利为目的的企业。

我国大部分地区把这种现代化、商业化、标准化的综合服务场所称为"饭店"，以接待海外游客为主的称为"涉外旅游饭店"。另外，饭店、酒店的概念已不同于我国传统习惯上所称的饭馆、酒馆、饭庄、酒楼等，后者是指以提供单一的餐饮产品为主的社会餐馆，不具备住宿、康乐等功能；酒店也不同于设施简陋，仅提供食宿服务的旅馆和招待所。

从广义上讲，一个出售饭店客房商品，为宾客提供住宿等多种服务、创营业收入的产业我们称其为饭店业。本书主要从饭店企业的角度来研究饭店两大营业部门的管理，这是我们在以后各章节中研究管理的基本出发点。

二、世界饭店业的发展历程

饭店业的发展源远流长，饭店的起源可追溯到千年之前的中国、埃及及罗马。由于地域、语言、风俗的差异，饭店的称呼不尽相同，但本质却是相同的。"饭店"（Hotel）一词最早起源于法语，是指法国贵族拥有的设在乡下招待贵宾的别墅，后来英美等国沿用了这一说法。在英文中表示饭店含义的词有很多，可谓是五花八门，其中以 Hotel、

Inn 最为常用。英语中 Hotel 最初所表达的仅仅是指那些特别大且不同寻常的客店，目的是要与家庭式的客店区别开来，直到 18 世纪末 19 世纪初，才真正具有现代饭店的规模和含义。同样，中文里也有很多表示住宿设施的词语，如宾馆、旅店、酒店、饭店、旅馆、招待所、客栈、旅社等，并未进行刻意地区分。这些外来词本来含义就比较含糊，像 Hotel 一词，既可译成酒店，亦可理解为饭店。1988 年《中华人民共和国旅游涉外饭店星级的划分和评定》开始执行，由于官方称为"饭店"，导致了"饭店"这一称谓比较普遍，后来又受到中国港澳台地区及东南亚一些国家和地区的"酒店"这一表达方式的影响，目前我国北方称"宾馆""饭店"的较多，南方称"酒店"的较多。

饭店业的发展是与贸易、旅游以及交通运输的发展相并行的。现代的饭店，是从中国的驿站、中东的商队客店、古罗马的棚舍、欧洲的路边旅馆及美国的马车客栈演变而来。它的发展进程大体上可以分为四个时期。

（1）客栈时期。客栈，英文称为"Inn"，是指乡间或路边的小客店，供过往的客人寄宿之地。最早期的客栈，可以追溯到奴隶社会初期，是为适应古代国家的外交交往、宗教和商业旅行、帝王和贵族巡游等活动要求而产生的。在西方，客栈作为一种住宿设施虽然早已存在，但真正流行却是在 15～18 世纪。客栈保证了投宿者最起码的生活需求，提供食、宿，但规模小，设施简陋，环境卫生差，也不安全。可以说这些简单的住宿设施不是完整意义上的饭店，而是饭店的雏形。

（2）豪华饭店时期。18 世纪中叶至 19 世纪初在欧洲出现了以"饭店"命名的住宿设施。在 19 世纪初建于德国的巴登别墅，可称为欧洲第一个饭店的住宿设施。豪华饭店的突出特点是住宿者仅限于王室、巨富、社会名流等。这个时期的豪华饭店已出现了有别于其他企业的经营管理。如被人们誉为"酒店大王"的瑞士人恺撒·里兹（Cesar Ritz），他提出的经营哲学"客人永远不会错"，至今还为许多饭店恪守。

（3）商业饭店时期。从 19 世纪中叶至 20 世纪开始，饭店业随着经济、科学、文化、技术和交通的发达而发展起来。数量庞大的旅游者对住宿设施的需求非常大。于是商业饭店应运而生。商业饭店的特点是：设施方便、舒适、洁净、安全，服务周到、简单，价格合理，明确了以顾客为中心的经营理念。饭店管理也正式成为管理学的一个重要的独立分支。商业酒店的著名代表人物是美国的埃尔斯沃斯·米尔顿·斯塔特勒（Ellsworth Milton Statler），他的至理名言是："客人永远是正确的。"

补充阅读材料 1-1

布法罗斯塔特勒酒店

从 1900 年到 20 世纪上半叶，酒店业出现了前所未有的巨大发展，但同时经济萧条也导致了许多酒店破产。著名的斯塔特勒（E. M. Statler）建立的酒店就是开创于 20 世纪早期并迅速发展起来的，它成功地渡过了经济萧条期，最终在以后的数年间繁荣兴旺起来。位于纽约布法罗的布法罗斯塔特勒（Buffalo Statler）酒店，拥有300间客房，酒店于1908年1月18日开业，它被看作是酒店业历史上的一座里程碑。布法罗斯塔特勒酒店的主要顾客是商务旅行者，它提供以下服务：每间客房都有私人浴室，每间浴室内都有冰水，每间客房都有电话、一个一人高的带照明设施的衣橱以及紧贴门内的墙壁上都有电灯开关，每天早上都为客人送去一份免费报纸，房间的门都经过特殊处理，以便报纸从门下可塞入室内，从顶层到大堂之间安装有邮件滑道，客人在自己房间所在的楼层即可邮递信件。按今天的标准来看，上述的这些特征根本算不上现代，但在1908年，这些特征却是非同小可，例如在其他酒店，灯的开关是从灯上吊下来的一条绳链，在黑暗中人很难摸到它，电话在当时则属新生事物，只有豪华酒店的客房内才有大的衣橱。因此，按当时的标准来看，斯塔特勒已属现代，这家酒店当时的广告词是："1.5美元即可享用带有浴室的房间"——这对旅行者来说简直是物超所值，不可思议。布法罗斯塔特勒酒店获得了成功，于是斯塔特勒继续使用自己的名字增开其他酒店，从而建立起一个大型的企业集团，用现代的术语来说就是连锁经营集团。最终他在克利夫兰、底特律、纽约、波士顿和美国多数大城市中建立起酒店，当1928年去世时，斯塔特勒名下控制的酒店超过了酒店业历史上的任何人。

（资料来源：保尔·R.迪特默著：《酒店业经营全书》第三版，大连理工大学出版社，2002）

（4）现代饭店时期。随着现代旅游业的迅速发展，旅游活动日益大众化、多样化。在商业饭店基础上出现了现代饭店，成为包含多种服务设施的综合体。饭店服务功能也日益齐全，在设施、设备、管理方法、服务质量、价格、标准等方面均发生了较大的变化。饭店不再是仅为客人提供食宿和娱乐的场所，其功能日益多样化、个性化。除满足舒适、卫生、安全需求外，还满足客人对休闲、健身、公务等的需要，不仅为外来旅游者服务，也成为当地政治、经济、社会文化活动的重要场所。在这一时期，饭店集团出现并不断发展，如美国的希尔顿饭店集团、喜来登饭店集团、假日饭店集团等都已成为跨国饭店连锁集团。规模扩大，集团联号，饭店类型的多元，服务项目的齐全，是这一时期现代饭店的特点。

饭店业在不断地继续发展，每年以不同的经营理念和独到的经营方式赢得新的顾客，日益增长的旅游业也为富有想象力的企业家提供了无限的商机。

饭店业中一些世界知名的品牌，如希尔顿（Hilton）、喜来登（Sheraton）、洲际（Inter – Continental）、马里奥特（Marriott）、华美达（Ramada）、雅高（Accor）、考里特酒店（Quality Inn）、君悦酒店（Hyatt）和香格里拉（Shangri – La）等，都在向人们展示着这个蓬勃发展、充满生机的产业。

三、中国饭店业的发展

中国是文明古国，也是世界上最早出现饭店的国家之一。在中国古代，远在 3000 多年前的殷商就出现了官办的"驿站"，它是中国历史上最古老的官办住宿设施。

（一）中国古代饭店设施的发展

在周代，为了便于诸侯国向王室纳贡和朝见，在交通要道处，主要是为了满足办理各种公务、商务和外交、军事人员的基本生存需要而设立修筑了供客人投宿的"客舍"。这些驿站或客舍是中国历史上最古老的住宿设施。

战国时期，由于农业和手工业的进步，商业的发展，民间的客店业初步形成并不断发展和完善。南北朝时期出现了"邸店"，供客商食宿、存货和交易。宋朝出现了众多的"大同馆""来宾馆"等旅馆。这些住宿设施不但提供客房，还提供酒菜饭食，晚上还有热水洗身，可以说这些民间的客店和旅馆，是现代意义上的饭店的雏形。

（二）中国近代饭店业

中国近代由于受到帝国主义的侵入，沦为半殖民地半封建社会。当时的饭店业除了有传统的旅馆之外，还出现了西式饭店和中西式饭店。

西式饭店是 19 世纪初由外国资本建造和经营的饭店的统称。这类饭店规模宏大，装饰华丽，设备先进，经理人员皆来自英、法、德等国，接待对象以来华外国人为主，也包括当时中国上层社会人物及达官贵人。如北京的六国饭店、北京饭店，天津的利顺德饭店和上海的理查德饭店等。这些饭店除了提供基本的食宿外，还具备游艺室、浴室、理发室等。但西式饭店的出现对中国近代饭店业的发展起到了一定的促进作用，西式饭店的建筑风格、设备配置、服务方式、经营管理的理论和方法也被带到了中国。

中西式饭店是在西式饭店的带动下，由中国的民族资本投资兴建的一大批中西风格结合的新式饭店。这类饭店在建筑式样、店内设备、服务项目和经营方式上都受到了西式饭店的影响，而且在经营体制方面也仿效西式饭店的模式，实行饭店与银行、交通等行业联营。至 20 世纪 30 年代，中西式饭店的发展达到了鼎盛时期，在当时的各大城市中，均可看到这类饭店。中西式饭店将中国的欧美饭店经营观念和方法与中国饭店经营环境的实际相融合，成为中国近代饭店业中引人注目的部分，为中国饭店业进入现代饭店时期奠定了良好的基础。

（三）中国现代饭店业

我国现代饭店业的发展历史不长，但发展速度惊人。新中国成立后，我国的各省会、直辖市和风景区通过改建老饭店，建立了一批宾馆、招待所，其功能主要是干部休养、接待公事访问。自 1978 年我国开始实行对外开放政策以来，大力发展旅游业，这为我国现代饭店业的兴起和发展创造了前所未有的良好机遇。

在行业规模扩大、设施质量提升的同时，我国饭店业的经营观念也发生了质的变化，

经营管理水平得到了迅速的提高。从1978年至今,我国饭店业大体经历了四个发展阶段:

(1) 第一阶段(1978~1983年)。由事业单位招待型管理走向企业单位经营型管理。这一时期的饭店,很大一部分是从以前政府的高级招待所转变而来的,在财政上实行统收统支、实报实销的制度,基本没有上缴利润,没有任何风险;服务上只提供简单的食宿,谈不上满足客人要求的各种服务项目;经营上既没有指标,也没有计划,因此,作为一个饭店也就既没有压力,又缺乏活力,与满足旅游业发展和为国家增加创汇的要求极不相称。

(2) 第二阶段(1984~1987年)。由经验型管理走向科学管理。1984年,我国饭店业在全行业推广北京建国饭店的科学管理方法,走上了与国际接轨的科学管理的轨道,这是我国饭店业在发展中迈出的第二步。企业化管理进程开始加快,科学管理体系开始形成,经营方式灵活,管理队伍活力增强,服务质量明显上升,经济效益和社会效益提高。

(3) 第三阶段(1988~1993年)。进入到国际现代化管理新阶段。吸纳国际上通行做法,推行星级评定制度,使我国饭店业能规范有序地发展并与国际饭店业的标准接轨。1988年9月,经国务院批准,国家旅游局颁布了饭店星级标准,并开始对旅游涉外饭店进行星级评定。我国的饭店星级标准,是在对国内外饭店业进行大量调查研究的基础上,参照国际通行标准并结合我国实际情况,在世界旅游组织派来的专家指导下制定出来的。1993年经国家技术监督局批准,定为国家标准。饭店星级是国际饭店业的通用语言。我国饭店业实行星级制度,可以促使饭店的服务和管理符合国际惯例和国际标准。评定星级既是客观形势发展的需要,也是使我国饭店业进入规范化、国际化、现代化管理的新阶段的需要。

(4) 第四阶段(1994年至今)。向专业化、集团化、集约化经营管理迈进。近十几年来,国际上许多知名饭店管理集团纷纷进入中国饭店市场,向我国饭店业展示了专业化、集团化管理的优越性以及现代饭店发展的趋势。1994年,我国的饭店业已形成了一定的产业规模。经国家旅游局批准,我国成立了第一批自己的饭店管理公司,这为迅速崛起的中国饭店业注入了新的活力,引导我国饭店业向专业化、集团化管理的方向发展。另外,20世纪90年代中后期,我国饭店业的总量急剧增加。由于受到国际国内经济环境变化的影响,饭店业的经营效益出现滑坡,走集约型发展之路,越来越成为饭店业的共识,要求饭店业从单纯追求总量扩张、注重外延型发展向追求质量效益、强化内涵型发展转变。

第三阶段和第四阶段是中国饭店业发展和管理的黄金时期,旅游业和饭店业作为改革开放的窗口行业,得到了突飞猛进的发展。

四、饭店业的基本特征

现代饭店业具有以下五个基本特征:

　　（1）综合性强。现代饭店是一项综合性的服务行业，拥有不同类型和不同等级的客房、餐厅、酒吧间、宴会厅、会议室、商品部、洗衣房和游泳池、健身房、桑拿浴室、保龄球馆等各种康乐设施，能够提供较全面的服务。这些设施的每一种服务方式在社会上都可以形成一个独立的企业或行业，而饭店却把它们综合在一起，形成一个综合性的服务行业，其服务项目和内容可以多达几十项。这种强烈的综合性必然使饭店业的经营范围更加广泛。就饭店业的经营内容来看，客房和康乐经营以出租使用价值为主，餐厅经营以产品生产加工和现场服务为主，商品经营以零售为主。因此，饭店业同时具有旅游服务、生产加工、商业零售、健身娱乐等多种职能，而每一种职能的服务设施、经营方式、管理技术和方法都不尽相同。它必然使现代饭店管理成为一门涉及多种学科、多种专业知识的边缘性学科，使各级职业经理，特别是高层管理人员需要具备较高的专业素质。

　　（2）固定成本高。现代饭店具有超前消费的性质，属于高级消费场所。众多的服务项目、超前消费的生活或享受需要、先进的设施设备、美观典雅的消费环境，使现代酒店宾馆成为建筑和装修行业中高科技的结晶。这就必然使饭店业的建筑装修投资巨大。正因为如此，又必然造成饭店业的固定成本较高。建筑装修投资，贷款本息，房屋与机器、家具设备折旧，各种固定保险、人员工资和社会统筹等各种开支，转变成固定成本后，其成本数额不仅很高，而且固定成本的比重高达 70% 以上，有的甚至超过 80%。饭店业的这种特点加重了饭店管理对市场的依赖性和投资的风险性。

　　（3）行业依赖性强。饭店业是集食、住、购、娱等于一身的服务性行业。它是旅游业的三大支柱之一和国民经济的组成部分，因此，饭店业对旅游业和国民经济有很强的依赖性。一个国家、一个地区、一个城市的国民经济越发达，能够接待的外国旅行游览的客人越多，对饭店宾馆的需求量就越大。同样，国民收入和生活水平越高，人们的社会交往和物质、文化活动越频繁，当地利用饭店服务的需求量也就越大。所以，饭店业的发展规模、速度和档次结构都是依赖于旅游业和国民经济的发展规模和速度的。从饭店业的产品销售的角度来看，由于旅游业受政治、经济形势、季节、天气变化、天灾等多种因素的影响，具有较强的季节波动性、风险性和脆弱性，因而必然使饭店业的产品销售也具有季节波动性和随机性。因此，饭店行业的发展必须根据地区或城市旅游和国民经济的发展规模、水平和速度，做好规划审批与建设，搞好网点布局，加强行业管理，才能防止盲目建设与过度竞争带来的宏观经济损失，为饭店行业的市场销售创造优良环境，减少季节波动性和随机性带来的微观经济损失。

　　（4）价值不能储存。饭店业是以固定的设施设备和消费环境就地吸引客人前来消费的特种行业。其产品——客房、餐厅、会议室、康乐娱乐设施等的位置不能移动，只能通过销售招揽客人前来就地消费。从产品交换的角度来看，饭店业是以出租使用价值为主，除商品和餐饮产品外，均不发生实物转让。其产品按"间/天"或"人/次"定价，是同一产品的反复营销，规定的时间未卖出去，损失了价值就再也收不回来了。因此，其交换价值是不能储存的。饭店业的这种特点既加重了酒店管理对销售的依赖性，又增加了饭店市场营销、市场开发和客源组织的难度。饭店只有千方百计使客人前来就地消费，留住回头客，才能保证其产品交换价值的顺利实现，保证供给和需求的相对平衡，获得较好的经济效益。

（5）文化属性强。饭店业的文化属性是指现代饭店的投宿设施不仅是企业单位和自主经营的经济组织，而且是一种设备舒适、环境美观、服务周到、处处充满强烈的文化气氛的高级消费场所。这种强烈的文化气息主要通过两个方面进行表现：一是饭店设计和装饰布置、环境美化所反映出来的文化特色，即硬件建设方面的文化属性。如具有民族文化特色的酒店建筑、内部装修；按不同地区、不同国家、不同民族和不同饮食风味特点设计和装饰布置成的具有不同文化底蕴和文化特色的客房、餐厅、咖啡厅、酒吧间等。二是酒店管理与服务所反映出来的文化特色，即所谓软件服务方面的文化属性。如具有民族特色的员工服装、具有不同餐饮文化特点的餐饮服务、针对不同国家的 VIP 客人或大型接待活动而给予特殊布置的消费环境等。总之，饭店业是一个具有强烈的文化气息的服务行业，能使客人处处感受到不同民族的风俗习惯、文化特色和民族情趣，具有文化属性。

五、饭店业在旅游业中的作用

饭店业是旅游业的三大支柱之一，是旅游综合接待能力的重要构成因素。在旅游业具有重要的地位和作用。

（1）饭店是为旅游者提供住宿服务的场所。旅游者在异地旅游时，需要一定的设施和服务以解决住宿等问题。比如，整洁、实用，备有各种生活用品的客房；布置考究并有多种风味的餐厅；设有酒吧、咖啡厅、商店、舞厅、游泳池、健身房等设施的饭店。从而使旅游者的食、住、行、游、购、娱等需求均可在饭店内得到满足。

（2）饭店是人们社交活动的重要场所。许多重要的会议、仪式、讲座、新闻发布会、企业的产品促销会等，大都在饭店举行。公务、商务旅游者在酒店洽谈业务；当地的社团组织及个人也常在饭店聚会，它不仅为旅游者，也为当地居民提供社交场所。因此，饭店业是促进经济文化与社会交往、提供社会化生活服务的重要行业。

（3）饭店是获取和增加收入的主要渠道。饭店是追求经济效益的企业，在整个旅游业中的经济意义不容忽视。饭店是各种产品的直接消费者，饭店客人的消费能力较强。经营得当的酒店则可成为所在地或城市的综合性高消费场所，给国家带来经济效益，也为当地的经济做出积极的贡献。

（4）饭店为社会提供就业机会。饭店内的一些服务大都需要手工操作，需要大量的服务人员。除了直接就业于饭店的人员之外，饭店还为受雇于向饭店供应物资的其他行业的人员带来很多的就业机会。据统计，饭店业平均每间客房的直接就业人数为 1.5 人左右，最高可达 2.2～2.5 人，而每个直接就业人数可带动 4.5～5 人间接就业。

六、饭店业的发展趋势

（一）世界饭店业的发展展望

综观世界饭店业的发展可以发现，近 20 年来，世界饭店集团的发展具有以下五个方面特征。

1. 大型饭店集团普遍实行多品牌战略

在没有实行多品牌战略以前，由于每家饭店的市场定位不同，同一品牌的饭店往往提供的是差别极大的产品，这严重地模糊了消费者对饭店形象的认知。为了解决这一问题，许多饭店联号采取在不同的细分市场采用不同品牌的多品牌战略，使每一类饭店有自己独特的品牌和标志，以便同饭店联号内的其他饭店区别开来。例如，马里奥特（Marriott）饭店采用了适应不同消费需求的饭店产品品牌，庭院饭店（Courtyard by Marriott）和仙境客栈（Fairfield Inn）专门面对价格敏感的中低收入者，马里奥特饭店、度假饭店、全套间饭店（Marriott Hotels/Resorts/Suites）则分别是高档饭店、度假饭店、长期停留饭店，公寓客栈（Residence Inns）则针对长住型客人，侯爵饭店（Marquis Hotels）主要面对豪华消费的旅游者。

2. 饭店业日益向联号经营方向发展

在饭店业发展初期，许多饭店是家族所有并由家族人员经营。随着现代企业制度的不断建设，饭店经营日益规范化和集团化，饭店联号所经营的饭店数量巨大，1998 年，世界前 100 名的饭店联号所经营的饭店总数达到了 454 万多间。饭店联号迅速发展的一个主要原因在于市场的客源优势、采购优势、管理优势和品牌优势。伴随着饭店集团的收购兼并和各类饭店纷纷向饭店联号靠拢，饭店业日益向联号经营方向发展。

3. 饭店业国际化经营的程度越来越高

饭店业国际化开始较晚，一般认为，从第二次世界大战结束以后，饭店业才开始了国际化经营的步伐。但是，这一进程的速度是惊人的。到 1998 年，国际化经营涉及国家最多的巴斯饭店联号（假日饭店联号被巴斯集团收购）已经在世界上 95 个国家管理饭店。到了 2015 年底，洲际酒店集团是全球最大及网络分布最广的专业酒店管理集团，也是世界上客房拥有量最大，跨国经营范围最广，分布将近 100 个国家的超级酒店集团。

4. 经济型饭店发展迅速

近二十年来，经济型饭店在欧美地区发展较为迅速。以美国为例，1987 ~ 1998 年，经济型饭店的数量从 42 万多间增加到 72 万多间，增长了约 71%，同一时期，高档饭店的增长仅为 26.4%。经济型饭店发展的趋势是单一品牌、单一细分市场（经济型市场），它不仅成为大饭店公司扩张的重要对象，而且许多新的饭店投资者也纷纷进入经济型饭店。经济型饭店这一细分市场成为目前世界上收购兼并的主要阵地。例如，法国雅高就以发展中等经济型饭店为目标，并力图以饭店连锁经营和合同管理等模式进入中国中等饭店市场。

5. 收购兼并成为饭店发展的基本手段

（1）收购兼并越来越成为大企业进入某一地区的手段。国际化经营趋势使更多的饭店公司认识到，要成为一家世界范围内的大饭店集团，仅在一个或几个地区展开经营是不够的，必须尽快向某些市场中的空白地区扩张，而收购兼并就成为这种进入目标的主要手段。

（2）收购兼并的金额越来越大。近十几年来，饭店业中的收购兼并不单局限于某一饭店集团对某一家饭店的收购，而是更多地表现为饭店联号之间的收购兼并。这种饭店联号之间的兼并收购数额巨大，涉及金额动辄上亿美元，甚至数十亿美元。这说明世界饭店业逐渐被规模巨大的少数几家饭店联号所控制，越来越多的客房不断地集中到少数饭店联号手中。

（3）跨国收购与产品、品牌收购增加。从 20 世纪 80 年代末开始，大型国际饭店纷纷开始进行大规模的跨国收购兼并。与此同时，饭店集团采用同一类型饭店产品和品牌系列的收购扩张，以调整和完善现有饭店的经营结构。例如，巴斯、雅高等大型饭店集团的发展正是沿着这一趋势推进。

（4）对不包括不动产的品牌的收购增加。进入 20 世纪 90 年代，特许经营和管理合同两种饭店公司扩张方式日益流行，为饭店业的收购兼并带来了新的趋势。当某一家从事特许经营和饭店管理的联号被收购时，往往不涉及不动产产权的转移，只是对以品牌为代表的一系列知识产权和经营权利的收购。假如当某一家饭店联号不能在短时间内建立品牌而又确实希望进入某一市场，则往往通过购买品牌的方式达到目的。

此外，收购兼并的手段呈多样化，既有现金收购，也有股权置换，甚至开始出现以消灭竞争对手为主要目的的恶意收购。

（二）中国饭店业的发展展望

中国旅游研究院数据显示，2014 年旅游业实现平稳增长，国内旅游人次 36 亿，全年旅游总收入约 3.25 万亿元。据各省统计数据，十一黄金周排名前五名的省份旅游总收入均超过 200 亿元，全国人民旅游热情一片高涨。如何挖掘客户需求，是中国度假酒店持续需要关注的重点。

近年来，在经济持续快速发展和居民消费结构升级的拉动下，我国饭店业呈现出快速发展态势，行业规模不断扩大，竞争力不断提高，结构逐步优化，呈现出投资主体多元化、国际化，饭店连锁化、集团化进程持续加快，经济型饭店迅猛发展等良好态势，未来更是向着经营连锁化、服务专业化、运营资本化和品牌化、管理规范化、营销多元化、注重环保化的趋势发展。

未来我国的饭店业有三大发展趋势：

1. 跨国酒店品牌继续进入中国发展

国际酒店集团在中国的发展通常是以某一品牌为载体，采取直接经营、合作经营、租赁经营、特许经营等多种市场手段在中国拓展市场。由于饭店业目前整体处于供大于求状态，外资新增投资的可能性不大，但境外酒店管理集团和公司进入国内市场的速度将加快，进入这一领域的方式主要为所有权收购、带资管理、合同管理、特许经营等，国内饭店业的竞争激烈程度逐渐加深。国有大型酒店集团存在较大的寻求外资并购的机会。

2010 年以来，希尔顿已签近 40 份在中国的管理协议，其中超过 30 家位于二三线城市，与世茂集团在天津、南京、武汉等 8 座城市酒店项目预计于 2011—2014 年陆续开业，北京、重庆、深圳、太原、贵阳也有新酒店开业，2012 年有 21 家新酒店投入运营。万豪在中国签约的酒店已经超过 100 家。

2011 年 10 月，洲际公布 2011 年全球半年报，中国为全球表现最强劲的市场，中国区平均每间可售客房收入增长 12.7%，房价增长 7.1%。洲际在中国区共有 154 家开业酒店，还有 150 家左右酒店在建。洲际预测中国酒店市场规模将在 2025 年超过美国，酒店房间数量届时可能达 610 万间；2039 年酒店房间数量可能增至 910 万间，约为中国目前酒店房间数量的 4 倍，约为美国目前酒店房间数量的 2 倍。洲际中国元素品牌未命名已签 12 家，首家酒店于 2013 年初开业，除了北京和上海外，大多位于二三线城市，并计划 2～3 年内将中国元素品牌酒店拓展至海外中国出游市场，该品牌将重视对大堂的装修、提供中餐、在餐厅中增设更多的包间、开设茶室等。

2. 结构优化升级，饭店业态趋向多元化

随着改革的进一步深化，我国经济发展水平和社会文化生活水平不断提高，加上旅游业强有力的发展，以及国内外同业竞争的加剧，加快了我国饭店业专业化分工的步伐。目前，我国饭店业已细分为商务饭店、旅游饭店、度假饭店、主题饭店、精品酒店、会议酒店、经济型酒店、汽车旅馆、家庭旅馆、乡村旅馆、客栈等多种业态，很多饭店根据自己的优势和特点进行了成功定位或转型。此外，随着大众旅游住宿需求的兴起，提供有限功能的民宿客栈、公寓和经济型饭店应运而生并蓬勃发展。

行业新常态下，饭店市场需求发生了很大变化。需求结构的调整、消费主体的变化、消费诉求的升级、互联网渗透到消费习惯和消费方式的方方面面等趋势，都使得饭店业态多元化成为新常态下的必然要求。新一代的消费人群对个性化产品和服务的需求，催生了传统星级之外的业态，短租公寓和客栈民宿风头正劲。国务院办公厅于 2015 年 11 月 19 日以国办发〔2015〕85 号发出《国务院办公厅关于加快发展生活性服务业促进消费结构升级的指导意见》，提出"积极发展客栈民宿、短租公寓、长租公寓等细分业态"，将这些业态定性为生活性服务业，为民宿客栈、短租公寓等非标住宿经营模式提供了法律支撑，同时也规范了其经营模式。需求多元化和消费诉求的升级将为分享经济的进一步发展培育土壤，传统酒店集团也可能会进驻这个领域。

3. 智慧酒店、酒店低碳化得到重视

智慧酒店从互联网时代进入移动互联网时代，一项关键性的因素就是网络覆盖，尤其是 Wi-Fi 覆盖。当前饭店业,智慧化发展模型千差万别,有酒店独自发展的,饭店集团研发的自助入住系统,使入住由 3 分钟变成 25 秒;也有紧密牵手社交媒体发展的,如"自助选房、微信开门、微信客服、微信支付"生态闭环;更有抱团发展的,如由开元领衔的六大集团联盟。正因为如此,行业之间的跨界、联动与融合成为趋势。

"安全、健康、环保"三个理念和 6 个标准开始深入人心,6 个标准包括最低排污量、相关物品的回收与再利用;能源有效利用、储存与管理;新鲜水资源的管理;废水管理;关注环境保护的采购政策;社会文化的发展。绿色饭店是指运用安全、健康、环保理念,坚持绿色管理、倡导绿色消费、保护生态和合理使用资源的饭店。安全是指饭店具有相应的公共安全设施和食品安全保证系统。健康是指饭店为消费者提供有益于身心健康的服务和产品。环保是指饭店经营减少对环境的污染、节能降耗。酒店每平方米面积的年用电量达 100 度到 200 度,是普通城市居民住宅楼用电水平的 10 多倍;一家三星级以上的饭店平均每位客人每天的耗水量在 1 吨左右,而目前很多城市居民每人每月的用水量一般不会超过 5 吨。酒店使用变频或变流量来控制电梯、空调机组、通风盘管、冷热水的调节,还有一些酒店开始进行辅助冷水机组改造、照明整体改造,采用电分类计量表、补偿电容器、红外线感应器等节能设施。

第 2 节　饭店的类型、等级和组织机构

一、饭店设施的类型

饭店发展到一定时期必然会出现类型众多的局面,于是就产生了对其进行分类的需要。通过对饭店的分类,能够方便其市场定位,同时也有利于饭店产品的推销和在同类饭店之间进行比较。世界各地对饭店类型的划分并无统一标准,分类方法较多。诸如,按饭店的建筑位置分类、按客人使用目的分类、按设施和服务范围分类、按交通工具或交通设施的关系分类、按照经营管理方式和饭店规模分类等。

通常饭店是根据其用途、规模、特点、经营方式等不同情况进行分类的,划分为同一类别的饭店具有一定的共性,但同时各自也有许多不同的特点。

（一）按饭店的主要功能分类

（1）商务式饭店。接待暂住客人（主要是商务客人）,一般建立在商业中心或市区内,除了为客人提供舒适的住宿、餐饮和娱乐外,还必须有经商所必需的长途直拨电话、网络、电传等现代化通信设施以及打字、速记、文秘、录像和投影等特殊服务项目。高级的商业饭店还应有 24 小时送餐服务、24 小时洗衣服务等。

（2）公寓（别墅）式饭店。此类饭店是为长住客人而建。除提供商务饭店的一般设

施外，饭店的客房一般采用家庭式结构，并提供厨房设备、办公设备及少儿游戏设施，使住客能充分享受家庭之乐。长住客人与饭店之间一般都签订租约。同时，住宅式饭店也有相当一部分房间接待暂住客人。

（3）度假式饭店。此类饭店主要接待旅游度假者。饭店通常坐落在风景名胜地区，如海滨、著名山庄、温泉附近，地理环境是建立度假饭店的一个重要因素。度假饭店是一个度假中心，专门为客人提供娱乐和享受，一般要设有良好的沙滩、游泳池、滑雪场、溜冰场、高尔夫球场和运动场，甚至跑马场。度假饭店受季节影响较大。

（二）按饭店的建筑位置分类

（1）机场饭店。设立在机场附近，便于接待乘机客人。多数住客由于飞机不能按时起飞，或客人只是转机，不想进城等而必须在机场附近滞留。机场饭店的设施与商务饭店的设施大致相同。

（2）公路饭店或汽车饭店。多数坐落于主要公路旁或岔路口，向住店客人提供食宿和停车场，所接待的客人多数是利用汽车旅行的游客。在公路发达的西方国家较为普遍。

（3）其他类型。还有城市饭店、景区饭店、海滨饭店等。

（三）按饭店的规模大小分类

饭店的大小没有明确的规定，一般是以饭店的房间数、占地面积、销售数额和纯利润为标准来衡量饭店的规模，其中主要是房间数。目前国际上通行的划分标准有以下三种：

（1）小型饭店。客房数少于 300 间。

（2）中型饭店。客房数为 300～600 间。

（3）大型饭店。客房数多于 600 间。

以规模大小分类有利于饭店之间进行比较，因此它是比较客观的分类法。

二、饭店等级的划分

饭店等级是指一家饭店的豪华程度、设备设施水平、服务范围和服务质量。对客人来说，饭店分等定级可以使他们了解某一饭店的设施、服务情况，以便有目的地选择适合自己要求的饭店。因此，饭店等级的高低不仅反映了饭店档次的高低，也反映了不同层次宾客的需求。在一般情况下，对于同规模、同类型酒店来说，饭店等级高低的客观标志是平均房价。

（一）饭店等级的评定意义与依据

首先，饭店等级的评定有助于宾客预先了解将投宿饭店的设备、设施条件和服务水准，进而了解其价格水平；其次，通过饭店等级的评定和复评等活动，也可以加强对各行各业兴办饭店的行业管理与指导；最后，有助于监督与促进各饭店不断改善与加强经营管理。

目前，世界各国饭店等级划分的标准和方法不尽相同。国际上常按饭店所处的环境、规模、建筑、设施设备、服务质量和管理等具体条件划分等级。星级制是当前国际上流行的划分方法，一般划分为五个等级，即把饭店划分为五个星级：一星、二星、三星、四星和五星级饭店。星级越高，表明饭店档次和级别越高。很多国家把五星级（包括白金五星级）作为最高级别，并且给予漂亮的标志，如英国用玫瑰作为标志。然而不论划分为几等几级都是一个综合的标准，不能单拿几项或者若干项去做判定。

（二）我国饭店的星级标准的要求

目前，我国采用与国际接轨的五星等级制评级标准。于 1988 年和 1997 年两次颁布了旅游涉外饭店星级评定标准，在 1997 年颁布的评定标准中，对三星、四星和五星级饭店的设施设备和服务标准进行了调整，增加了一些自由选择的项目。目前，我国饭店星级的划分与评定主要以《中华人民共和国国家标准·旅游涉外饭店星级的划分与评定》（GB/T 14308－1997）为标准。2001 年，我国又开始对 1997 年的标准进行修改，修改后的新标准《中华人民共和国国家标准·旅游饭店星级的划分与评定》（GB/T 14308－2003）已于 2003 年 12 月 1 日起正式实施。在该评定标准中，除以往已有的一星至五星级之外，还增设了"预备星级"和"白金五星级"。"白金五星级"条件要求较高，除必须具有两年以上五星级资格、地处城市中心商务区或繁华地带、外观造型别具一格、内部功能布局和装修装饰与所在地历史、文化、自然环境相结合等 7 个必备条件外，还须具备 6 项参评"硬"条件中的至少 5 项，如有符合国际标准的高级西餐厅、有高雅的独立封闭式酒吧、国际认知度极高、平均每间可供出租客房收入连续 3 年居于所在地五星级饭店前列等。饭店等级用星的数量和设色来区别，一星至五星级的饭店铜牌上以镀金五角星为符号，而获得"白金五星"等级的饭店，其标牌上缀有的五颗星将选用白金色。开业不足一年的饭店可以申请预备星级，有效期为一年，其等级与星级相同。新标准还将原来的"一年复核一次"改为"五年后须重新评定"，从真正意义上打破了饭店星级的终身制，并以 1999 年 1 月 1 日为界，此前评星定级的饭店将面临复核整改。经过重新评定的饭店，将用全国星级评委颁发的星级评定标志牌替换原来国家旅游局颁发的评定标志牌。

我国接待海外旅游者以及国内客人的任何饭店、度假村，都属于评定范围，凡准备开业或正式开业不满一年的酒店，给予定出预备星级。正式评定星级要正式开业一年以上。

1. 评定组织及权限

我国国家旅游局设酒店星级评定机构，负责全国旅游涉外酒店评定的领导工作，并具体负责评定全国四星、五星级酒店。省、自治区、直辖市旅游局设酒店星级评定机构，具体负责评定本地区一星、二星、三星级酒店，并负责向国家旅游局酒店星级评定机构推荐四星、五星级酒店。

我国颁布实施的《中华人民共和国旅游涉外饭店星级的规定和标准》，对各星级的饭店标准有比较详尽的划分和要求。

2. 评级的标准

饭店划分等级的重要标准是根据酒店的服务项目和服务质量以及酒店设施的豪华程度，根据酒店的内装修质量、设备质量、保养维修程度和清洁卫生状况，同时还要根据饭店的地理位置和经济效益等情况确定饭店的等级。

采用星级标准体系的各星级要求：

（1）一星级与二星级饭店，规模较小，设备、设施较为简单，主要满足宾客膳宿的基本需要，主要对象是经济支付能力有限的宾客。

（2）三星级饭店规模较大，设备亦较齐全，不仅能提供膳宿服务，而且还设有商品部、宴会厅、美容、娱乐、健身等综合服务项目，服务水准高，服务质量优良，主要服务对象是中等收入以上的宾客，在饭店业中，数量多且亦受大多数宾客的青睐。

（3）四星级饭店，建筑规模较大，设备齐全豪华，综合服务设施配套完善，能满足宾客膳宿、娱乐、健身、社交、商务等高级享受的需要。

（4）五星级饭店是最高等级的豪华饭店。其设备齐全、豪华、先进，不仅有相当高等级的套房，并设有最高等级标准的"总统套房"。服务项目一应俱全，服务水准最高，服务质量特佳，以满足达官显贵、富商巨贾、社会名流和收入颇丰的大公司的高级职员等旅游、商务、社交活动中的豪华享受需要。

补充阅读材料 1-2

我国白金五星级饭店评定标准

我国新版《旅游饭店星级的划分与评定》标准中规定：

白金五星级饭店有 7 个必备条件、具备 6 项参评"硬"条件中的至少 5 项、在 74 项选择项目中具备 37 项。

（一）7 个必备条件

1. 已具备两年以上五星级饭店资格。

2. 地理位置处于城市中心商务区或繁华地带，交通极其便利。

3. 建筑主题鲜明，外观造型别具一格，有助于所在地建立旅游目的地形象。

4. 除有富丽堂皇的门廊及入口外，饭店整体氛围极其豪华气派。

5. 有位置合理、功能齐全、品位高雅、装饰华丽的行政楼层专用服务区，至少对行政楼层提供 24 小时管家式服务。

6. 饭店内主要区域有温湿度自动控制系统，各类设施设备配备齐全，品质一流。

7. 内部功能布局及装修装饰能与所在地历史、文化、自然环境相结合，恰到好处地表现和烘托其主题氛围。

（二）具备 6 项参评"硬"条件中的至少 5 项

1. 所有客房面积均在 36 平方米以上。

2. 具有一个 100 平方米以上的室内游泳池。

3. 具有层高 5 米可容纳 500 人以上、布局合理、装饰豪华、格调高雅、符合国际标准的高级西餐厅，可提供正规的西式正餐和宴会。

4. 有位置合理、装饰高雅、气氛浓郁的独立封闭式酒吧。

5. 国际认知度极高，平均每间可供出租客房的收入连续三年居于所在地五星级饭店前列。

6. 在建筑方面有独一无二的设施，拥有规模壮观、装潢典雅、出类拔萃的专项配套设施。

（三）在 74 项选择项目中具备 37 项（略）

三、饭店组织机构

饭店组织机构是为完成饭店经营管理任务而集成的群体，在人群分工和职能分化的基础上，运用不同职务的权力和职责来维护投资者的权益，协调人们的行动，发挥集体优势的一种组织形式。饭店组织机构是饭店管理体制的核心。管理体制中的领导管理体制是以组织机构的存在为前提的。其领导权力的归属、划分、如何行使等都以组织机构和岗位设置为基础，管理体制中的经济管理制度的制定、贯彻、实施等也是以组织机构的存在为前提的。

由此可以看出，饭店的管理者、决策者，对于饭店组织机构的设置，思想上要重视，行动上要过细：不仅要潜心研究组织机构方面的理论、原则；而且要了解国内外同类型饭店组织机构设置的状况，它们的利和弊；更重要的是，要结合国情和店情，精心设计本饭店的组织机构。

（一）饭店组织机构设置原则

饭店有大小之别，等级有高低之分，业务有繁简之差，管理人员的能力亦有强弱之别，因此，在饭店组织机构的设置方面并无固定不变的模式。但是，也有一些基本的原则必须遵循。

（1）根据饭店等级规模，确定组织机构。饭店组织机构的设置必须坚持因事设立机构，使组织机构的大小、层次多少、管理幅度、工作任务，都同饭店的等级、规模、接待对象等相适应。具体来说，要解决好四个问题：一是要建立几级组织，即从上到下的层次多少；二是要设立多少个部门，即管理幅度应该是多少；三是各级、各部门需要设立多少个管理职位，即副职及主管的数量；四是每级组织和每个职位的相互关系的协调，工作任务量的饱满等规则。

（2）根据专业分工，制定职责规范。饭店各级组织机构的设置最终都要落实到人员配备上，而各岗位人员的职责规范是组织管理的核心和基础。划分部门归属、制定职责规范，一要把专业性质相同和关系密切的工作划分到同一部门；二要防止各部门各岗位的工作和同一层次的正副职的工作职权不清、重叠交叉；三要处理好从上级到下级各级机构的职位、等级和横向联系的相互关系，做到职责明确具体，权力和范围划分清楚，能够协调配合。

（3）根据各级各岗人员的职责规范和素质要求选派人员。饭店各级管理人员，特别是高中级管理人员，都要根据任人唯贤、德才兼备的原则，以各岗位人员的职责规范和素质要求为基础，制定聘任、选择、招聘办法和措施，选派合适的人员充实到各级岗位。因事设人，精简机构。

（二）饭店组织机构的模式

饭店经济性质、投资结构、规模大小、星级高低、服务项目和接待能力不同，其组织机构形式也各不相同。目前，常见的饭店组织机构的模式见图 1 - 1。

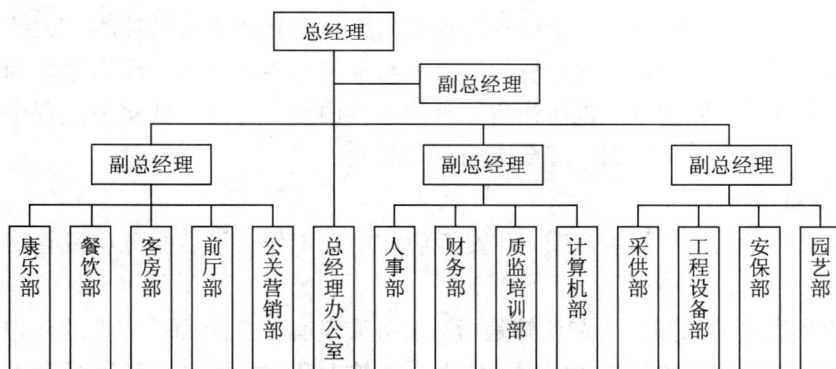

图 1 - 1　饭店组织机构模式

第 3 节　饭店管理的内容

一、饭店管理的含义

饭店管理，既包括经营，也包括管理，两者既有联系又有区别。经营属于商品经济特有的范畴，面向的是外部市场，是以商品生产和交换为手段，使饭店的内部条件与外部环境达到动态平衡的一系列有组织、有计划的经济活动；管理则侧重于饭店内部，是指饭店管理者针对饭店的业务特点，对所拥有和能够支配的人力、物力、财力、信息、知识等资源加以优化配置和有效整合，以期用最小投入获取最大收益的经济活动。可见，经营和管理相辅相成、密不可分，和谐地统一于饭店各个部门的各项业务活动中。

二、饭店管理的内容

饭店管理的目的是有效地满足住客在饭店期间的各种需要。因此，饭店住宿管理的内容也就围绕客人的需求及其活动所引起的饭店业务和活动而展开。

（一）业务管理

业务管理的目的是保证饭店业务的正常开展。饭店业务是由每个部门所承担的业务所组成的，因此，饭店的每一个部门、每一个管理人员都有所属的业务管理范围。管理人员的业务管理就是对所辖的业务进行事前、事中和事后的管理。管理人员要明确饭店的业务范围，对管理范围内的业务性质、业务内容要有深刻、全面的认识。合理地设计业务过程，系统地组织指挥业务活动，有效地设计与设置业务信息系统和财务控制系统，科学地配备人员、安排班次，是有效进行饭店业务管理的重要内容。

从饭店住宿管理的业务程序来考虑，管理的内容主要涉及饭店前厅和客房对客服务流程的六个相互关联的环节。这个由众多连贯的服务项目所组成的流程，大致可分为以下六个基本环节：客房预订、入住登记、排房与定价、客房服务、离店结账和建立客史档案。此六个环节共同构成了饭店住宿管理的基本内容。当然，此服务流程中，还包含着经营策划、服务管理与控制、综合协调三大职能。

（二）质量管理

饭店服务质量是饭店的生命线，也是饭店的中心工作。饭店服务质量管理的主要内容有以下四个方面：

（1）服务质量的认知。所谓认知是指对服务质量有一个全面、完整的认识。服务质量是指饭店向宾客提供的服务在使用价值上、精神上和物质上适合和满足客人需要的程度。服务质量包括设备设施、服务水平、饮食产品、安全保卫等方面。服务质量是一个综合性的概念，其中的每个元素都会对饭店服务质量产生影响，这就需要在总体上认识饭店服务质量的标准、特性，分析其运动规律和每个元素的性质及其对服务质量的影响，研究控制服务质量的方法。

（2）制定衡量服务质量的标准。饭店管理者要根据饭店及部门的服务质量要求，分门别类地制定出各种衡量服务质量的标准。一般可以分成两大类：一类是静态标准，如饮食质量标准，卫生标准，水、电、冷、暖设备标准等；另一类是动态标准，如客人投诉率、客房出租率、餐厅上座率等。各种标准应详细、具体、明确。

（3）制定服务规程。为了确保服务质量达到标准，需要针对服务过程制定服务规程。服务规程以描述性的语言规定服务过程的内容、顺序、规格和标准，既是规范服务的根本保证，也是服务工作的准则。管理人员要重点管理服务规程的形式、制定服务规程、执行服务规程、调整和改进服务规程。

（4）控制服务质量。要落实服务质量标准，必须对服务质量进行控制。对服务质量的控制主要包括建立服务质量评价体系、建立服务质量承诺与保证体系、推行全面质量管理。

（三）安全管理

饭店的安全包括饭店本身的安全和宾客的安全两部分。饭店的安全主要是指饭店的财产安全和饭店员工的人身安全两方面；宾客的安全主要包括宾客的人身生命安全、财产安全和隐私安全三方面。现代饭店安全管理的主要内容有：

（1）建立有效的安全组织与安全网络。现代饭店的安全组织和安全网络是由现代饭店的各级管理人员和一线服务人员与现代饭店的保安部一起共同完成的。管理工作包括现代饭店的消防管理、治安管理以及日常的楼面安全管理。

（2）制订科学的安全管理计划、制度与安全管理措施。现代饭店安全管理计划、制度与安全管理措施包括：犯罪与防盗控制计划与规律措施，防火安全计划与消防管理措施，常见安全事故的防范计划与管理措施。安全制度包括治安管理制度、消防管理制度等内容。

（3）紧急情况的应对与管理。一般是指饭店出现停电事故，客人违法事件，客人伤、病、亡事故，涉外案件等紧急情况时的应对与管理。

经营策划是饭店制定经营方针、发展战略，开发经营程序和管理方法的过程。这一过程的结果决定了饭店的组织建制、营销组合、服务标准以及资源配备。前厅和客房服务是饭店经营运作的主体，也是管理的主要环节。饭店接受预订，安排客人入住，提供房务服务和其他综合服务，构成了饭店服务管理的主要内容。综合协调是在饭店各部门之间、各层次之间、饭店内部与外部之间为实现企业的目标而进行的各种形式的沟通与协调。例如，有效地进行部门间的业务沟通，正确对待客人的投诉等。

饭店管理既定目标的实现程度是衡量住宿管理成效的主要依据，这些目标包括经济效益目标、社会效益目标和生态效益目标，饭店管理谋求的是三大效益目标的有机统一。饭店管理的对象则是饭店管理者在管理过程中可凭借的各种生产要素，如人力资源、物力资源、财力资源、信息资源等，其中人力资源最为重要。饭店管理的职能是管理者与住宿实体相联系的纽带，计划、组织、控制、领导、创新是住宿管理的核心职能，而住宿管理的本质也就在于管理者能够科学地执行这些管理职能。

案例分析

恺撒·里兹的工作经历

恺撒·里兹（Cesar Ritz）（1850—1918 年）出生在瑞士一家有 18 个孩子的大家庭

里，他早年曾从业于酒店业，但未有任何迹象表明他在此领域能大展宏图，取得出色成就。他的第一份工作是见习酒品服务员（Apprentice Wine Waiter），第二份工作是助理服务员（Assistant Waiter），他在这两项工作中因表现欠佳而被辞退。

他带着不顺利的早年工作经历来到了巴黎，几经周折后，终于在巴黎当时最时尚的酒店 Voisin 中找到了一份工作，在那里做服务员。不久，来 Voisin 酒店的最富有、最出名的客人开始点名要他来服务，他的名声响起来，并升任餐厅服务员领班，后来他又到尼斯的大酒店 Grand Hotel 任餐厅经理。由于超凡卓越的服务水平，他一直在那些最好的酒店中工作，其中有的酒店是托马斯·库克企业用来接待欧洲豪华旅游团的。

不久，他升任为酒店经理，1870 年 20 岁时，在瑞士卢色恩（Lucerne）的国家大酒店（Grand National Hotel）得到了一份经理职位，他接任经理时该酒店不景气，没有赢利，但很快他便以他娴熟的管理才能将酒店扭亏为盈，他以他的热情和优质服务理念来激励员工和厨师，为顾客提供豪华绝妙的娱乐活动，很快该酒店便成为欧洲最受欢迎的一家酒店，恺撒·里兹也成为欧洲大陆最受人尊重的酒店经理。

今天，里兹这个名字是高级优质产品和豪华酒店的象征，里兹连锁店遍布世界各地，其中有波士顿的里兹·卡尔顿饭店，其他还有亚特兰大、巴塞罗那、克利夫兰、中国香港、休斯敦、夏威夷、旧金山、悉尼等地的里兹大饭店。

案例讨论题

从恺撒·里兹的工作经历中，你感悟并学习到了什么？如何思考自己的职业生涯？

思考与练习

1. 怎样理解饭店业的基本特性？
2. 饭店业在旅游业中的作用如何？
3. 如何划分饭店的类型和饭店等级？
4. 如何理解饭店业文化属性强这一特征？
5. 饭店住宿管理的基本内容是什么？
6. 谈谈中国饭店业发展的趋势。

第2章 前厅管理概述

【学习目标】

1. 了解前厅部在现代饭店经营管理中的功能和重要地位。
2. 掌握前厅部的组织机构设置与主要管理岗位职责。
3. 熟悉饭店前厅环境设计与控制的基本要求。
4. 知晓前厅部人员的基本素质要求，培养员工的职业素养。

【内容结构】

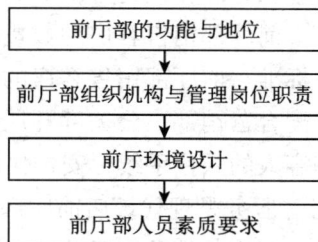

前厅部的功能与地位

前厅部组织机构与管理岗位职责

前厅环境设计

前厅部人员素质要求

【重要概念】

前厅部　前厅　大堂副理

第 1 节　前厅部的功能与地位

饭店前厅部（Front Office）也称前台部、大堂部，总服务台，是饭店组织客源，销售客房商品，沟通和协调各部门对客服务，为宾客提供前厅系列服务的综合性部门。与饭店其他部门相比，最容易被宾客看到的部门就是前厅部，前厅部的员工与宾客的接触机会也更多。前台通常作为饭店对客服务的控制中心，解决客房或其他方面的问题。宾客在前台兑换外币、订车或要求某种特殊服务，由此可见，前厅部所具有的服务与管理的功能。

一、前厅部的功能

前厅部的功能就是销售客房商品及饭店其他产品，协调饭店各部门向客人提供满意的服务，使饭店获得理想的经济效益和社会效益。具体来讲，前厅部主要有以下五项功能：

（1）销售客房商品。销售客房商品是前厅部的首要任务。因为客房是饭店出售的最大、最主要的产品，客房收入是饭店经济收入的主要来源；通常客房销售所产生的收入和利润占饭店收入总额的 50% 以上。因此，前厅部的组织方式必须有利于最大限度地销售客房。同时，客房商品具有价值不可储存的特征，是一种"极易腐烂"的商品。因此，前厅部的全体员工必须尽力组织客源，销售客房商品，提高客房出租率，以实现客房商品价值，增加饭店经济收入。前厅部销售客房的数量和达成的平均房价水平，是衡量其工作绩效的一项重要的客观标准。前厅部销售客房的工作包括：①参与饭店的市场调研、房价及促销策划的制订，配合营销部、公关部开展促销活动。②处理客房预订业务。③接待抵店的宾客。④办理客人的入住手续，安排住房。

（2）协调对客服务。协调对客服务是现代饭店前厅部的又一项重要功能。现代饭店是既有分工又有协作，相互联系、互为条件的有机整体。饭店服务质量的好坏取决于宾客的满意程度，而宾客的满意程度是对饭店每一次具体服务所形成的一系列感受和印象的总和。在对客服务的全过程中，任何一个环节出现差错，都会影响到服务质量，影响到饭店的声誉。所以，现代饭店要强调统一协调的对客服务，要使分工的各个方面都能有效地运转、充分地发挥作用。前厅部作为饭店的"神经中枢"，承担着协调饭店各个业务部门对客服务的工作。这些协调工作主要表现在：①将掌握的客源市场、客房预订及到店宾客情况及时通报其他有关部门，使各有关部门有计划地安排好各自的工作，互相配合，保证各部门业务的衔接；②将客人的需求及接待要求等信息传递给各有关部门，检查并监督落实情况；③将客人的投诉及处理意见及时反馈给有关部门，保证饭店的服务质量。

　　为适应旅游市场需求，增强企业自身的竞争能力，现代饭店尤其是高档大中型饭店的业务越来越多，分工越来越细，前厅部的这种调度和协调功能也就显得尤为重要。

案例 2 - 1

前厅部为客房部提供的住客信息

　　某饭店前厅预订部收到某旅行社的预订单，预订单上说明有一对来自新疆维吾尔族、信仰伊斯兰教的顾客将来此地旅行结婚。

　　预订部立刻将这件事通知了客房部和其他有关部门。客房部马上召开例会，大家一起分析了伊斯兰教的习俗，并安排服务员开始着手准备迎接工作。饭店原来有专门提供给新郎新娘的蜜月套房，但这不太符合伊斯兰教的婚礼习俗。按照伊斯兰教的习俗，前台服务员将坐东朝西的 1205 房安排给他们。客房部按照习俗又重新布置了客房，并在房间内专门配备一块小毛毯，专供顾客做宗教朝拜用。房间里换上了红色的窗帘，并且选用了有波斯风情的地毯。墙上挂上了穆斯林挂毯，并将原来的白色床单、被罩和枕套换成有穆斯林特色的花样和颜色，还尽量在客房内布置一些符合伊斯兰教结婚习俗的装饰品。同时，客房经理和服务员还了解和查阅有关资料，用伊斯兰教的教规特有的语言来写婚礼祝福卡，摆放在桌子上。因为酒店没有清真餐厅，客房送餐人员还专门在酒店外的清真饭店为他们订购了一些穆斯林特色的菜肴和食品。

　　当这对新婚夫妇如期来到酒店后，他们看到专门为他们准备的新房和做祈祷的用品时，他们非常满意，所有的担心都不复存在了。当看到酒店为他们写的新婚祝福卡时，他们为酒店提供如此真诚、细致的服务而感动；当他们吃着酒店为他们准备的清真肴菜时，他们心悦诚服地给予了酒店最高的评价。

分析提示

　　结婚是人生中最重要的大事，也是最难忘的经历。酒店从顾客的切身实际出发，把宗教信仰和结婚旅游这两个难点结合起来考虑，根据顾客的习俗为他们的到来精心地准备、设计了一系列符合他们宗教要求的产品和服务，虽然增加了服务的难度，却赢得了顾客的满意、为酒店赢得了忠诚的顾客。

　　在酒店提供的系列准备服务中，从前厅部获取客房预订的信息到新婚客房的布置，再到客人的饮食安排等，我们看到了前厅部在对客服务中所起到的"神经中枢"的作用。

　　（资料来源：徐栖玲主编：《酒店服务案例心理解析》，广东旅游出
　　版社）

（3）提供前厅系列服务。前厅部除了办理预订和接待业务、销售客房、协调各部门对客服务外，本身也担负着大量的直接为宾客提供日常服务的工作。如行李服务、问讯服务、商务中心服务、电话总机服务、委托代办服务和收银服务等。由于前厅部是为宾客最先提供服务，也是最后提供服务的部门，使得这些日常服务工作显得非常重要。

（4）处理客人账目。位于前厅的收银处（Cashier），每天负责核算和整理各营业部门送来的客人消费账单，为离店客人办理结账收款事宜，总台服务人员还要分析应收挂账，制作每日报表送交管理层，确保饭店的经济利益；同时，编制各种营业报表，及时反映饭店的营业活动状况。收银处的隶属关系因饭店而异，从业务性质来说，它一般直接归属于饭店财务部，但由于它处于接待客人的一线岗位，在其他方面又需要接受前厅部的管理。

（5）提供有关饭店经营管理信息。前厅部作为饭店的信息传递中心，要及时准确地将各种有关信息加以处理，向饭店的管理机构报告，作为饭店经营决策的参考依据。饭店要依靠有效的市场策略来提供顾客所需要的产品和服务，才能保证和扩大客源市场。

前厅部还要建立住店客人（主要是重要客人、常客）的资料档案，记录客人在店逗留期间的主要消费情况和数据，掌握客人动态。对客史资料以及市场调研与预测、客人预订、接待情况等信息收存归类，并定期进行统计分析，形成以前厅为中心的收集、处理、传递及储存信息的系统，通过已掌握的大量信息不断地改进饭店的服务工作，提高饭店的科学管理水平。

二、前厅部在饭店中的地位

前厅部是现代饭店的重要组成部分，在饭店经营管理中占有举足轻重的地位。前厅部的运转和管理水平，直接影响到整个饭店的经营效果和对外形象，其主要表现在以下几点。

（1）前厅部是饭店业务活动的中心。前厅部是一个综合性服务部门，服务项目多，服务时间长，饭店的任何一位客人，从抵店前的预订，到入住，直至结账离店，都需要前厅部提供服务。同时，前厅部还要及时地将客源、客情、客人需求及投诉等各种信息通报有关部门，共同协调整个饭店的对客服务工作，以确保服务工作的效率和质量。前厅是客人与饭店联系的纽带，前厅部通过客房商品的销售来带动饭店其他各部门的经营活动。所以，前厅部被视为饭店的"神经中枢"，是整个饭店承上启下、联系内外、疏通左右的枢纽。无论饭店规模大小、档次如何，前厅部都是向客人提供服务的业务中心。

（2）前厅是饭店形象的代表。饭店形象是公众对于饭店的总体评价，是饭店的表现与特征在公众心目中的反映。饭店前厅部的主要服务机构通常设在客人来往最为频繁的大堂。客人一进饭店，就会对大堂的环境艺术、装饰布置、设备设施和前厅部员工的仪容仪表、服务质量、工作效率等产生深刻的"第一印象"。客人入住期满离店时，也要经由大堂，前厅服务人员在为客人办理结算手续、送别客人时的工作表现会给客人留下"最后印象"。对于顾客而言，前厅就是饭店。客人在饭店整个居留期间，前厅要提供各种有关服务，客人遇到困难要找前厅寻找帮助，客人感到不满时也要找前厅投诉。而且，在大堂汇集的大量人流中，除住店客人外，还有许多前来就餐、开会、购物、参观游览、会客交谈、检查指导等各种人群。他们往往停留在大堂，对饭店的环境、设施、服务品头论足。前厅管理水平和服务水准，往往直接反映整个饭店的管理水平、服务质量和服务风格。因此，前厅是饭店工作的"橱窗"，代表着饭店的对外形象。

（3）前厅部是创造经济收入的关键部门。前厅部的首要任务是销售客房，并通过接待宾客推销其他部门的产品与服务。通常在饭店的营业收入中，客房销售额要高于其他各项。据统计，目前国际上客房收入一般占饭店总营业收入的50%左右，而在我国还要高于这个比例。前厅部的有效运转是提高客房出租率、增加客房销售收入、提高饭店经济效益的关键部门之一。

（4）前厅部是饭店管理的参谋。作为饭店业务活动的中心，前厅部直接面对市场，面对客人，是饭店中对客服务最敏感的部门。前厅部将收集的有关客源市场的变化、客人需求和整个饭店对客服务、经营管理的各种信息，并对这些信息进行系统整理和分析，每日或定期向饭店提供真实反映饭店经营管理情况的数据报表和工作报告，向饭店管理层提供咨询建议，作为制订和调整饭店计划及经营策略的重要参考依据。

第 2 节　前厅部的组织机构与管理岗位职责

任何组织的各项业务的分工和各部分的构架，主要是为了实现该组织事先制定的目标。前厅部的组织结构必须与其地位和功能相一致。

饭店的组织结构要受到饭店本身的类型、规模、经营方式、目标市场、财务制度、政策法令等诸多因素的影响，所以，前厅部的组织结构在设计上要考虑饭店的规模、经营特点、产品档次和管理方式等方面的内容，采取最适合自身发展的组织结构形式。前厅部组织机构设置的原则是既能保证前厅运作的质量和效率，又能方便顾客，满足客人的需求。

一、前厅部组织机构

前厅组织是饭店各种营运管理的基本构架。它涉及的范围包括内部各部门各种事务的分工、员工人数、员工权责的拟定以及他们之间的互动关系。饭店管理人员面临的最大的挑战就是建立一种能致力于提高服务质量的灵活组织形式。

（一）前厅部组织机构的设置

前厅部的组织机构的设置应根据饭店的规模、类型、等级、特色、管理方式、地理位置、客源构成等因素来配备各管理层、岗位工种等，但不论怎样设置，均应遵循两条原则：一是要保证前厅工作效率；二是要能便利宾客。

一般来说，前厅部的主要机构是设在大堂的总服务台和位于总台后部或侧面的前厅办公室。总服务台应设有接待处、问讯处、行李处、收银处等机构，大堂还应设有大堂副理值岗，与总台均在宾客可视范围内。前厅办公室是前厅部协调饭店业务经营的中心，前厅经理及办公室人员在内工作，很多饭店把订房处、车队调度与电话总机房也设在里面，不为宾客所见。另外，有的饭店的商务中心往往也单独设在大堂一侧。

目前，在我国大致有以下两种模式：

（1）饭店设前厅部，通常与客房部和其他部门并列的独立部门，内部设有部门经理、主管、领班和服务员四个管理层次。在大中型饭店中一般采用这种模式。

（2）前厅为不单独设立的部门，其功能由总服务台来承担，总服务台作为一个班组归属于客房部，只设领班（主管）和总台服务员两个管理层次。过去，小型饭店一般采用这种模式。随着市场竞争的加剧，许多小型饭店也增设了前厅部，扩大了业务范围，以强化前厅的推销和"枢纽"功能，发挥前厅的参谋作用。

大、中、小三种不同规模饭店的前厅部组织机构如图 2-1、图 2-2、图 2-3 所示。

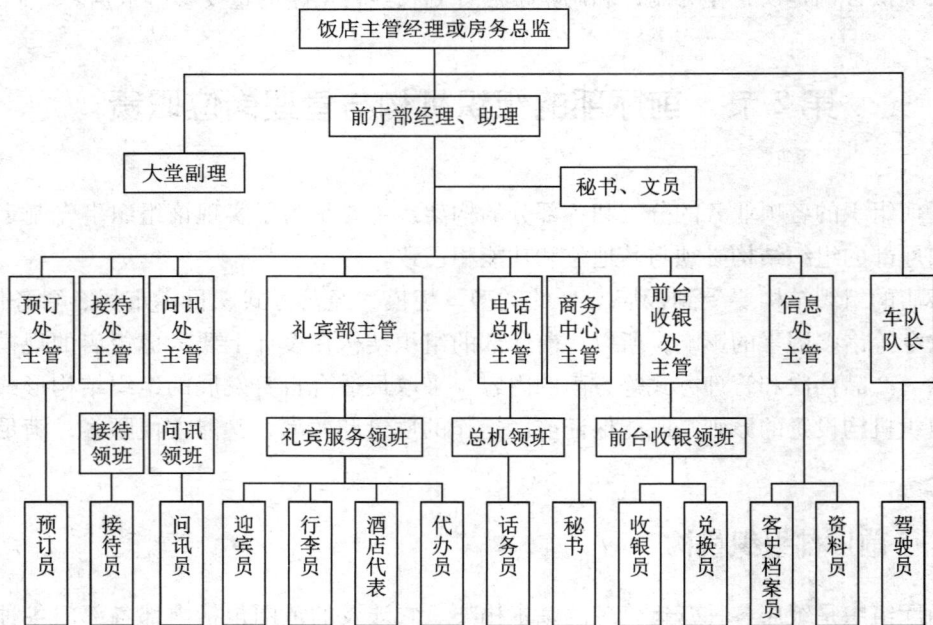

图 2-1　大型饭店前厅部组织结构

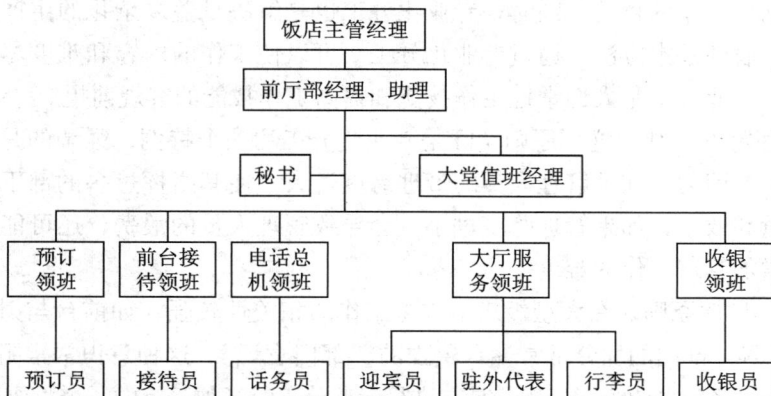

图 2-2 中型饭店前厅部组织结构

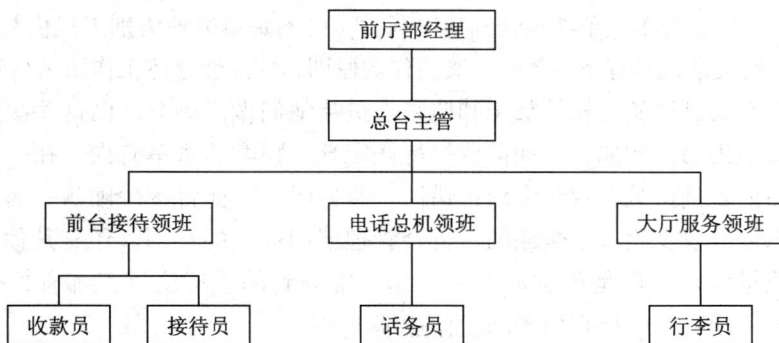

图 2-3 小型饭店前厅部组织结构

（二）前厅部组织管理的基本原则

前厅部的组织机构是体现其组织管理思想的基本形式，也是按组织管理的基本原理设计的。主要体现的是组织管理中的层级管理原则、专业分工原则、管理跨度原则、统一指挥原则、分工协作原则等。

（1）层级管理原则。按照大型饭店的前台组织特点，前台部可以分成四个管理层次，即前台部经理、主管、领班、服务员。实行层级管理原则，目的是将复杂的工作进行合理的分解，使人们的能力、精力和时间能够满足本职工作的需要，从而提高工作效率。层次太少，会使管理人员工作负担过重，管理跨度过大，从而影响工作质量；管理层次太多，无疑会使管理工作过于复杂化，出现人浮于事、互相扯皮等现象，同样会降低组织的运转效率。因此，应根据业务量需要来设计管理层次。

（2）专业分工原则。按照工作的内容和性质，进行合理的专业分工，这是现代企业管理中最为基本的管理经验。合理的专业分工，有助于培养专业人员的专业技能，从而达到提高劳动生产率的目的。同时，专业化分工也是解决日益复杂化的生产工艺与人的能力之间的矛盾的基本方法，通过专业化分工，可以使工作的内容和难度尽量与人们的能力相适应。专业分工是人们掌握工作技能和提高工作技能的客观前提。

（3）管理跨度原则。这一原则实际是专业化分工的一个特例，强调的是管理人员的合理专业分工。因为，如果管理人员的管理跨度过大，使其指挥过多的部下，必然会影响其工作质量和效率；如果管理跨度过小，会导致管理人员的浪费，还可能滋生官僚主义，人为地增加管理工作的难度。

（4）统一指挥原则。在大型饭店，许多工作的相关性较强，如前台与财务工作、前台与客房工作等。部门的划分常常导致狭隘的"部门意识"，这种意识常常阻碍工作的相互配合和有机衔接。强调统一指挥，是在进行专业分工时必须坚持的一个重要原则。

（5）分工协作原则。工作中的分工是管理的基本需要，但是，由于不同工种和岗位之间存在必然的联系，所以各个工作岗位要想自己的工作完成得好，就必须加强各部门之间的协作。协作本身不是单纯地强调整体利益，也不是单纯地为别人提供帮助，协作是互相帮助的一种关系，只有坚持既分工又协作的原则，才能使整体工作质量得到保障。

许多饭店组织已开始授权给员工和监督人员让他们做出决策，而这些决策以前通常是由管理人员做出的。例如，假如前台接待认定某一顾客的账单有误，在一个分权管理的组织里，该前台接待员有权马上纠正错误。假如同一个前台接待确认一名顾客对住宿不满意，那么他有权少收一定数额的、符合管理部门规定的费用。还有其他的问题，如操作管理和质量评定，都是每位员工在工作中常遇到的，每位员工都有权采取积极行动，只要这种行动有利于提高质量和工作业绩。

二、前厅部各机构工作职责

前厅部的工作任务，是通过其内部各机构分工协作共同完成的。有不同种类的组织，也有不同的业务职责。如前所述，饭店规模不同，前厅部业务分工也有所不同。一般来说，分工极大地提高了员工的劳动生产率和工作效率。另外，委派工作需要管理控制和协调，这样才能有条不紊地运作。

当然在同一组织中进行分工也有其缺陷，它使员工重复地做同样的工作，若达到了一定的程度会使一个人的工作范围变得过窄，不能从工作中找到快乐和满足。过分分工的迹象包括员工对工作缺乏兴趣、士气低落、出错率上升、服务和产品质量有所下降。解决这一问题的方法就是对工作进行调整。原来负责某一岗位的员工改为负责另一个相关岗位，这样既激发了他们的聪明才智，又调动了他们工作的积极性。

前厅部一般设有以下主要机构，并承担其工作任务。

（1）预订处。预订处（Reservation），负责接受、确认和调整来自各个渠道的客房预订，办理订房手续；制作预订报表，对预订进行计划、安排和管理；掌握并控制客房出租状况；负责联络客源单位；定期进行房间销售预测并向上级提供预订分析报告。

（2）接待处。接待处（Reception），负责接待抵店投宿的客人，包括团体、散客、常住客、非预期到店以及无预订客人；办理宾客住店手续，分配房间；与预订处、客房部保持联系，及时掌握客房出租变化，准确显示房态；制作客房销售情况报表，掌握住房客人动态及信息资料等。

（3）问讯处。问讯处（Information），负责回答宾客的询问，提供各种有关饭店内部和饭店外部的信息；提供收发、传达、会客等应接服务；负责保管所有客房钥匙。

（4）礼宾部。礼宾部（Concierge），负责在店口或机场、车站、码头迎送宾客；调度门前车辆，维持门前秩序；代客卸送行李，陪客进房，介绍客房设备与服务，并为客人提供行李寄存和托运服务；分送客人邮件、报纸、转送留言、物品；代办客人委托的各项事宜。

（5）电话总机。电话总机（Telephone Switch Board），负责接转饭店内外电话，承办长途电话回答客人的电话询问；提供电话找人、留言服务；叫醒服务；播放背景音乐；充当饭店出现紧急情况时的指挥中心。

（6）商务中心。商务中心（Business Centre），提供信息及秘书性服务，如收发电传、传真和电报、复印、打字及计算机文字处理等。

（7）收银处。收银处（Cashier），负责饭店客人所有消费的收款业务，包括客房餐厅、酒吧、长途电话等各项服务费用；同饭店一切有宾客消费的部门的收银员和服务员联系，催收核实账单；及时催收长住客人或公司超过结账日期、长期拖欠的账款；夜间统计当日营业收益，制作报表。

（8）客务关系部与大堂副理。现在不少高档饭店在前厅设有客务关系部（Guest Relations Department），其主要职责是：代表总经理负责前厅服务协调、贵宾接待、投诉处理等服务工作。在不设客务关系部的饭店，这些职责由大堂副理（Assistant Manager）负责，大堂副理还负责大堂环境和秩序的维护等事项。

三、前厅部主要管理岗位职责

前厅管理岗位的多少应与饭店的规模和档次相适应，还应考虑工作任务质量的要求，即在岗位设置的同时必须为每一个岗位进行工作设计，明确工作岗位的任务、性质、条件等的要求和标准。前厅部的主要管理岗位及其主要职责如下：

（一）前厅部经理

前厅部经理是前厅运转的指挥者，全面负责前厅部的经营管理工作，其主要职责是：

（1）向饭店总经理或房务总监负责，贯彻执行所下达的指令，提供有关信息，协助领导决策。

（2）根据饭店的年度计划，制定前厅部的各项业务指标、规划和预算，并确保各项计划任务的完成。

（3）每天审阅有关报表，掌握客房的预订、销售情况，并直接参与预订管理及客源预测等项工作，使客房销售达到最佳状态。

（4）经常巡视检查总台及各服务岗位，确保各岗位高效运行、规范服务和保持大堂卫生与秩序处于良好状态，负责本部门的安全、消防工作。

（5）负责前厅部员工的挑选、培训、评估、调动及提升等事宜。

（6）协调、联络其他部门、进行良好的沟通，保证前厅部各项工作顺利进行。

（7）掌握每天客人的抵离数量及类别，负责迎送重要客人（VIP）并安排其住宿。

（8）亲自指挥大型活动，重要团队与客人的接待工作。

（9）批阅大堂副理处理投诉的记录和工作建议，亲自处理重要客人投诉和疑难问题。

补充阅读材料 2 -1

前厅经理

（前厅）处理客人到达饭店时间、会议时间、房价、餐饮服务、服务指南、交通运输服务，甚至管理人员与客人之间发生的摩擦等问题，谁是负责这些工作的人呢？正是那些希望成为总经理，并以前厅经理为起点的人会发现前厅经理的角色极富挑战意味。如果你的饭店管理工作是从前厅服务、行李员或收银员开始干起，那么你会有许多机会发现谁在负责前厅这些工作。

前厅经理的工作职能包括沟通（与客人和员工之间的沟通），促进工作顺利进行（向客人提供紧急的医疗服务、售出全部客房、停电时的紧急救援程序、超额订房时对进店客人的处理，以及设计前厅计算机系统），组织协调（与市场部经理、餐饮部经理、宴会部经理协调工作），以及技术上的其他细节问题。这些工作技能和各种关系的相互作用要求前厅经理根据问题的轻重缓急进行解决，要求前厅经理根据饭店管理的正确理念及时决策，授权员工并进一步完善先进的通信技术。

前厅经理应该积极收集客人感兴趣的信息和为前厅设计相关的使用程序，以便把这些信息分发到各个部门。这些信息对其他不同部门提供和组织顾客服务也是非常需要的。对前厅经理来说，要完成这些工作任务是个很高的要求，尤其是在客人和各部门所要求的信息范围如此庞杂的情况下，因此前厅部经理必须既是一个有效的沟通者，又是一个各项工作的促进者。

（资料来源：丹尼·G. 拉瑟福德：《饭店管理与经营》，东北财经大学出版社）

（二）大堂副理

大堂副理也称为大堂值班经理，其工作岗位设在前厅，直属前厅部经理领导（也有不少大型饭店直属驻店总经理领导）。大堂副理协助前厅经理直接管辖前厅各部的业务操作，在不设客务关系部的饭店，大堂副理担当负责协调饭店对客服务，维持饭店应有的服务水准，代表总经理全权处理宾客投诉、宾客生命安全及财产赔偿的复杂事项。饭店每天设立 24 小时当值，一般是分三班进行工作，在夜间，除值班经理外，大堂副理是饭店的最高权力指挥者。其主要职责是：

（1）协助前厅部经理，对与大堂有关的各项事宜进行管理，并协调与各部门工作。

（2）代表总经理接待团队和 VIP 等宾客，筹办重要活动与重要会议。

（3）接受宾客投诉，与相关部门合作，协调解决，并尽可能及时采取措施。

（4）负责维护前厅环境、秩序，确保前厅整洁、美观、舒适，并始终保持前厅对客服务良好的环境与秩序。

（5）每天有计划地拜访常客和 VIP 客人，沟通感情，征求意见，掌握服务动态，保证服务规格。

（6）处理各种突发事件，如停电、火警、财产遗失、偷盗或损坏、客人逃账、伤病或死亡等事件。

（三）前台接待主管

前台接待主管具体负责前台客房的销售和接待服务工作，保证下属各班组之间及与饭店其他部门之间的衔接和协调，以提供优质服务，提高客房销售效率。其主要工作职责有以下几点：

（1）对前台接待处进行管理，制订接待处工作计划。

（2）制定接待处的岗位责任制、操作规程和其他各项规章制度，并监督执行。

（3）阅读有关报表，了解当日房态，当日预订情况、VIP 情况、店内重大活动等事宜，亲自参与 VIP 等重大活动的排房和接待工作。

（4）对下属员工进行有效的培训和考核，调动员工的工作积极性，提高其业务水平和素质。

（5）负责接待处安全、消防工作。

（四）礼宾主管

礼宾主管具体负责指挥和督导下属员工，为客人提供高质量、高效率的迎送宾客服务、行李运送服务和其他相应服务，确保本组工作正常运转。其主要工作职责包括以下三方面：

（1）负责礼宾部的日常管理工作，制订礼宾部年度工作计划，报前厅部审批。

（2）制定礼宾部的岗位责任制、操作规程和其他各项规章制度，并监督执行。

（3）阅读有关报表，了解当日离店的客人数量、旅行团队数、VIP、饭店内重大活动及接、送机情况，亲自参与 VIP 等大型活动的迎送及相应服务。

（4）对下属员工进行有效的培训和考核，调动员工的工作积极性，提高其业务水平和素质。

（五）总机主管

总机主管应全面管理和控制饭店电话的接线工作，保证准确、迅速地转接所有电话。主要工作职责包括：

（1）协调总机室与其他各部门之间的沟通与联系，处理客人的投诉。

（2）制订总机室发展计划、工作条例和话务员行为规范。

（3）负责饭店电话号码表的编辑，并及时提供给各部门使用。

（六）商务中心主管

直接对前厅部经理负责，根据不同时期的特点及工作需要制订工作计划并实施：与电信局等业务往来部门保持联系，保证商务中心对客服务质量。

制度健全的饭店，应该有明确的管理岗位职责，列明某个岗位所需完成的所有任务。岗位职责还应写明上下级关系、责任范围、工作环境、需使用的设备和资料以及其他与工作有关的重要信息。为了使其发挥最大作用，岗位职责应该根据饭店自身定制的程序来制定。岗位职责应以完成任务为导向，描述某个岗位的工作，而不是某个人的工作。岗位职责随工作内容的变动而更改，所以至少每年应修订一次。相关人员应参与编写和修订工作。一份编写恰当的岗位职责能减少饭店因职责范围不清而引发的管理的混乱。

补充阅读材料 2 - 2

前厅部宗旨范例

我们的宗旨是为我们所接触的同事、顾客及其他人不断带来各种美好的经历，这些经历让他们每个人都感到满意，同时也给我们自己带来快乐和事业的兴旺。每位员工都有责任提高社交技能，享受工作过程，并使自己成为一个快乐的人。

每位员工与团队的融合共同创造了有别于当地其他饭店的独特形象和特质。如果我们不断地提高技能，就将满足那些有选择余地的人群的需求。这些人包括顾客和我们的同事。

我们要以吸引人、可信度高、合乎逻辑和公正的方式为顾客和同事带来利益和提供服务。只有通过这种方式来满足他们的期望，才能影响他们的选择。我们中的每个人都对团队整体及其效率产生极为重要的影响。

作为领班，你要用自己的领导技能和工作热情来带动并帮助你手下的员工。他们会模仿你的穿着和外表。你的态度、工作效率和友善的举止表明你是全身心地投入于顾客服务来提高顾客满意度的。我们深信，这会有效地激励其他员工并让顾客感到满意。用行动起到表率作用是至关重要的。

作为前台接待、收银或接线员，你在饭店最繁忙的时候用平静而充满效率和友善的方式接待顾客，确保顾客的疑问降至最低。在言谈举止中，你显得精明强干，对饭店了如指掌，对顾客则充满关心。这一切将成为在顾客入住期间所应遵循的服务标准。由于顾客对饭店的第一印象和最后印象来自于电话联系和大堂接待，你有责任来充当饭店的形象大使，并确保顾客不断成为回头客。我们靠你来保持服务的一致性以满足顾客的预期。

（资料来源：康斯坦丁诺斯·S. 弗吉尼斯：《住宿管理——国际酒店业透视》，高等教育出版社）

四、前厅服务效率管理

时间就是生命，前厅服务工作的特性强调的就是服务的高效及准确。拖沓低效的服务工作无疑会影响前厅的整体服务水平，在服务台前久等的客人不会因为服务小姐的笑脸而使旅途的疲劳感及无聊漫长的等候化为乌有。服务氛围的营造除了依靠服务人员美好热情的服务形象外，也离不开快捷有效的服务。

（一）制度管理

制度管理是饭店管理的基石，是饭店焕发生机的保证。制度是各个饭店正常运营和提供优质服务产品的主要支柱，同时也是员工与管理者素质提高以及饭店高水准产品质量的重要保障。美国的跨国饭店集团的足迹遍布世界各国，其凭借的就是制度，输出的也是制度。没有严谨的制度作为饭店的基础和行为指南，就无法在企业内保证良好规范的秩序，更无法向客人提供快速有效的服务产品。所以，前厅严格的制度控制是前厅服务效率控制的基础。

没有规矩，不成方圆。一家饭店不能没有制度，但制度必须是科学严谨而切实可行的。如果缺乏科学的理论基础，或者缺乏饭店实际管理经验，那么，制定出来的制度只能是流于形式，成为一纸空文。

前厅制度通常包含的主要内容有以下几方面：

（1）前厅部部门工作规章制度。

（2）前厅部各岗位工作人员工作职责、目标。

（3）前厅部各岗位工作人员工作或服务程序。

（4）前厅部各岗位工作人员工作或服务技能。

（5）前厅部各岗位工作人员工作或服务应达到的质量标准。

（6）前厅部各岗位工作人员质量检查制度。

为了使前厅部各岗位工作人员都能事尽其责，必须为每个岗位列明责任及工作程序、工作技能与质量标准。例如，美国假日饭店前厅部的岗位责任制译成中文约 1.2 万字，前厅部经理的岗位责任制中除了规定应完成的处理客人投诉，核实超过 100 美元的客人账目等日常工作外，还要严格控制前厅部劳务费用，即保证前厅部合理的人员配备及每人的合理劳动等条款，特别强调了前厅部的工作目标。

（二）员工培训

制度是员工工作的依据、准绳及目标，是员工提高服务效率的基础。而熟练、全面、灵活的服务技能及员工的高素质则是服务效率得以提高的实质保证。服务技能水平与员工素质的提高，一方面，归功于员工实际工作经验的增长；另一方面，更主要的还要依靠饭店完整先进的员工素质及服务技能的培训体系。完整的培训体系应包括员工进店时的岗前培训、分阶段、分重点的在岗培训、转岗培训、晋级培训等，逐步提高员工的服务技能及综合素质。

培训的内容包括：

（1）基础素质培训。包括员工思想政治素质、文化素质、心理素质及业务素质的培训。

（2）服务技能培训。包括各岗位的服务程序、操作规范及服务标准。

（3）饭店意识培训。包括服务意识、团队意识、竞争意识、创新意识等。既要有反映饭店共同特点的意识和理念，又要有反映自身饭店特点的观念，其中包括对员工常见的客人投诉案例或难点案例进行分析、研究、探讨，通过具体的、有代表性的事例使员工提高解决问题的能力和水平。

（三）定量化管理

由于前厅的服务具有纯服务的特点，不直接向客人提供有形产品，所以对服务效率的要求更高，给服务质量的控制也带来了困难。对服务效率的"定量化"控制可以有效地解决这个难题，如限定客人在总服务台等候的时间、客人办理入住登记的时间、客人离店结账的时间以及电话服务的时间等。

补充阅读材料 2 -3

美国假日饭店前厅服务的定量化控制

1. 客人在前厅服务台等候接待的时间——客人一旦步入前厅服务台，不管是办理入住登记手续，还是有事问讯，前厅服务台接待人员必须在 60 秒钟之内问候客人，欢迎客人的到来，否则便是不符合服务礼节。

2. 客人办理入住登记的时间——前厅服务台接待人员不但要热情地为客人办理入住登记手续，而且要遵守服务效率时间，即为客人办理入住登记手续所用时间限定在 3 分钟之内。

3. 客人离店结账时间——为客人办理离店结账及其他收银手续限定效率时间为 1 分钟。

4. 电话服务时间——客人往来饭店之内的电话，话务员在电话铃 5 响之前接通、回答。

（四）运用现代化工具

运用现代化工具能使前厅的工作效率大大提高，既方便了员工的操作，也方便了客人。现代饭店使用计算机能减少原始文件数量，简化数据处理程序；减少员工的体力劳动；提高服务效率；提高服务水平，提供更优良、更广泛的客人服务项目。

第 3 节 前厅环境设计

前厅，是指饭店的正门、大厅（大堂）以及楼梯、电梯和公共卫生间等，属于前厅部管辖范围。前厅是饭店建筑的重要部分，每一位客人抵达饭店的必经之处，主要为客人提供前台问讯、接待、结账、会客休息、大堂吧、购物、商务等服务项目。前厅地处饭店服务和管理的前沿，具有综合性和全局性的工作特点。因此，前厅设施布局是否合理、功能是否齐全、环境是否优雅，将对饭店和客人产生直接的影响。

一、前厅分区布局

（一）前厅分区布局的原则

宾客对饭店不甚了解时，往往以前厅形象来概括饭店整体，因此，前厅的装饰布局应从全局考虑，遵循以下原则：

（1）功能分区原则。前厅功能区的划分必须自然、明确、明显，便于突出各项功能，减少干扰，通常划分为入口区、服务区、休息区、营业区和公共卫生间等区域，相应的设施设备布置于相对应的区域。

（2）方便实用原则。前厅部设施设备是提供给客人使用或由员工用来为客人服务的，因此各项设施设备的设置与布局应以实用和方便客人为标准，应有利于服务环节的衔接，以提高工作效率。前厅的空间设计不能盲目追求豪华，应考虑饭店的等级和投资效益，空间布局既要考虑空间的利用，还应考虑方便客人往来活动。

（3）舒适美观原则。舒适美观是饭店产品的特性，饭店产品不仅有物质享受部分，更包含了精神消费部分，因此，每项设施设备的布置都应美观、典雅、庄重，符合人体感官舒适需要；同时，还强调既符合客人的舒适需要，又符合员工工作舒适的需要，为员工设计一个舒适、美观的工作环境，有利于提高工作效率和服务质量。

（4）特色鲜明原则。特色是饭店竞争的优势，前厅布局应展示出饭店的特色，使宾客一进大堂就能感受到饭店的等级、规模和风格的魅力，从而增强其吸引力。

（5）安全环保原则。前厅设施的布局应考虑客人使用的安全性，即客人通道应置于员工的控制之下，以方便员工对客服务和及时提供帮助，有利于保障客人的人身财产安全。前厅设施设备应选用符合环保标准的绿色产品，在布置上应考虑降低能耗和减少污染，如大厅绿色植物尽量不用塑料用品，区域划分考虑降低噪声，背景音乐音量适当、乐曲优雅等。

（二）前厅的分区布局

前厅应有与饭店的规模和等级相适应的大堂空间，才能给客人和工作人员提供一个宽松的活动场所和工作环境。我国星级饭店评定标准规定，饭店必须具有与接待能力（用额定的客房间数表示）相适应的大堂。一般饭店的大堂公共面积（不包括任何营业区域的面积，如总服务台、商场、商务中心、大堂酒吧、咖啡厅等）最少不能少于 150 平方米，而高档饭店的大堂公共面积一般不少于 350 平方米。

前厅是饭店的中心，是饭店集服务、休闲等多种功能为一体的共享空间。所以，按功能划分，可将前厅分为正门入口、服务区、休息区、营业区和公共卫生间等主要区域。

（1）入口区。正门入口处是人来车往的重要的"交通枢纽"。其基本功能是要保证客人进出饭店畅达。厅门外有车道和雨搭，正门前台阶旁还应设有专供残疾客人轮椅出入店的坡道，以方便残疾客人入店。大门有玻璃拉门、旋转门或自动门。门以双层为佳，以保持前厅空调温度的稳定，节约能源，并可减少尘土刮入，保持大厅清洁。

（2）服务区。前厅的对客服务区主要包括总服务台、大堂副理处和行李处等。①总服务台（简称总台 Front Desk）应设在大堂中醒目的位置。总服务台的功能有很多，其中主要有接待、问讯、收银三部分。总服务台的柜台和台内面积视饭店的规模、等级而定。如国际喜来登集团的服务台的设计标准是：每 200 客房，柜台长 8 米，台内面积 23 平方米；每 400 客房，柜台长 10 米，台内面积 31 平方米；每 600 客房，柜台长 15 米，台内面积 45 平方米。总服务台的外观形状应与整个大堂的建筑设计密切相关，较常见的是直线形、半圆形、L 形等几种形状。②大堂副理的办公地点，应设在离总台或大门不远的某一视野开阔的安静之处。通常放置一张办公桌，放一两张座椅，供办公和接待客人。③行李处一般设在大门内侧，使行李员可尽早看到汽车驶进通道，及时上前迎接。柜台后设行李房。小型饭店行李处不单设，与总台合一。另外，前厅部办公室、总机室、账务室等机构，与前厅接待服务密切相关，但又不必直接与客人打交通，一般应设在总台后面联络方便，但较为隐秘之处。

（3）休息区。大厅休息区是宾客来往饭店时等候、休息或约见亲友的场所，它要求相对安静和不受干扰。休息区的主要家具是供客人休息的沙发座椅和配套茶几。沙发可根据需要围成几组方形，也可围着柱子设置，在人流进出频繁、充满动感的大厅空间中，构筑一个宁静舒适的小环境。

（4）营业区。饭店的商场主要针对酒店客源状况，选择最佳的商品结构和商品布局，形成独特的风格，经营有特色的商品，宣传民族文化和精神文明。

（5）公共卫生间。饭店大厅或附近通常都设有供男女客人使用的公共卫生间。公共卫生间应宽敞干净、设施完好、用品齐全。从一定意义上讲，公共卫生间可以反映出饭店的档次和服务水准，也是饭店的"名片"。所以，公共卫生间的装饰材料选择与大堂其他部分在规格和质地上要一致，如现代饭店的大堂一般用大理石装修，其公共卫生间也应取同样材料装修。大堂有众多的进出人流，要考虑公共卫生间的位置，既方便客人又能避开外人的直视，标志要明显。

二、前厅装饰美化

前厅作为整个饭店的中心，其环境、氛围是非常重要的。前厅应有热情迎接客人的气氛，使客人一进大堂就有一种"宾至如归"的感受，有一种享受高消费、受人尊重的感觉，形成美好的第一印象；同时，还要为前厅服务人员创造一种愉快的工作环境，使前厅的对客服务工作卓有成效。为了创造良好的气氛和环境，必须重视前厅的装饰美化。前厅通常是现代饭店建筑中进行重点装饰美化的空间。精心设计，努力把满足功能要求与创造环境氛围的艺术效果结合起来，体现民族风格、地方特色与适应国际环境艺术新潮流相结合，并与大自然紧密联系，与饭店规模、目标市场相适应，与饭店整体建筑相和谐，从而形成本饭店自己的格调、气势和氛围，这是现代饭店对客人产生形象吸引力，提高竞争能力的一种独特的资本。

（1）灯光。饭店前厅的光环境主要由两部分组成：一是自然光环境；二是人工光环境。自然光是指利用日光采光，即把自然光引进室内。公共部分的大堂、中庭顶部或侧墙采光，引导人们的视线向外延伸，又将外部景象引进室内，活跃空间。为追求明亮、热烈的气氛，大厅一般还采用高强度的华丽吊灯。客人休息处设有便于阅读和交谈的立灯或台灯，灯光略暗，形成舒适、安静和优雅的格调。而对总服务台的工作人员则要使用照明度偏高的灯光，创造一种适宜的工作环境。灯具除用以照明外，其本身就是一种装饰品，所以大厅内的各种灯具必须配套，其造型应与大厅内的建筑风格相呼应。

（2）色彩。色彩是美化环境的最基本构成要素之一。色彩给人的心理和生理反应会产生不同的感觉，色彩具有感情象征。例如，红色有迫近感、扩张感、使人兴奋，可以造成热情、温暖、喜庆的气氛；黄色给人以明朗、欢乐、华贵的感觉；而绿色则意味着自然和生长，使人平静而稳定；等等。饭店前厅装饰美化中色彩的运用主要体现在两个方面：一是色调的确定；二是色彩的搭配。人们一进入饭店，第一印象是大厅的色调、气氛。因此，大厅的主色调，作为大厅环境色彩的主旋律，决定着大厅环境的气氛和情调。为了给客人一种欢乐、热情、美观、大方、优雅的气氛，激发前厅工作人员的工作热情，前厅的色彩一般以暖色调为主，同时大胆使用陪衬色调，形成色彩的对比，创造出和谐的整体效果。

（3）绿化。富有活力的绿化与水体是饭店优美的景点，其自然舒展而活跃的形态、色彩等组成了饭店室内的主景或配景，不仅改善了高空间巨大尺度可能引起的无所适从的压抑心理，调节人的情绪，还能使客人产生可亲可近、亲切温暖的心理感受。水也是饭店绿环境中的主角。有的饭店中庭以瀑布为主题，如广州白天鹅宾馆中庭的"故乡水"；有的饭店大厅、中庭内建有较大面积的水池和涌泉、蒲公英式喷泉。现代饭店设计中应尽可能在大厅内布置绿化，尤其是大城市中心的现代饭店，周围不一定有优美的花园风景，但需要在大厅内设计花卉、树木、山石、流水等景观，使厅内洒满阳光，绿荫丛丛，流水潺潺，一派生机，给人以亲切、爽适的自然美感。绿化还有调节大厅气温、温度、减少噪声，净化空气的作用，还可以消除人们由于长时间室内活动而产生的疲劳。

补充阅读材料 2－4

前厅气氛的烘托与营造——杭州国际假日酒店大堂介绍

1. 入口大厅

杭州国际假日酒店的入口大厅既是给人第一印象之处，又是客人匆匆经过不易停留之地。设计思路在地理上源自"小桥流水"与"登堂入室"的原始构思，并使之完善化。维持了原始的几级踏步；顺着踏步的跌级在桥底两侧靠大堂入口做了两级跌水，和小桥相映成趣。小桥两侧取江浙一带民间常用的手工凿毛青石做小桥矮栏的基座，配以朴拙的实柚木扶手。沿着小桥缓步向前，映入眼帘的是正对面侧墙从 3 个龙头汩汩流下的清澈泉水，沿着跌级流入浅池，在浅池中的一块趣石上溅起朵朵水花。正如人们所熟悉的建造西湖白堤的唐代著名诗人白居易所咏之意境："帘下开小池，盈盈水方积。中底铺白沙，四隅隔青石。"及至门口，距入口两侧墙面约 1.5 米处各设一根装饰假柱，其间摆放着一盏简化的明式宫灯，既分隔了室内空间，限定了入口且形成大堂一处绝妙的景致，使客人不光有"登堂入室"的感觉，和着流水声，更有"行到水穷处，坐看云起时"的畅怀。在这里，造园手法中的对景、借景、聚景、纳景、引景都能得以恰当的表达。其次，小桥左侧墙面也有颇具创意的设计。由于左墙面是主电梯厅的外墙，而电梯厅与平面中处于不太利于交通流线的位置，有点隐蔽，于是就开了两扇窗使电梯厅与入口处在此内外交融，互为借景，一方面，提示客人电梯厅的位置；另一方面，又成为墙面的构图要素。这两扇窗做法讲究，没有窗框、窗套之类，简洁明快。图案为杭州民间传统做法"碧纱橱"的变异，刷以白色亚光漆，在色彩与质感上进行重构。

2. 大堂

饭店大堂是整个饭店设计的灵魂。它决定了整个室内空间的主体性格和风格。设计师在此遵循了"爽而倩、古而洁"的原则，突出的手法是色彩重构及材质重构。例如，杭州地方材料"杭灰"与米黄石墙面和幻影玫瑰地面的色彩对比指向传统院落中粉墙和青石的搭配。从入口处"登堂入室"，来到大堂，精巧的圆形楼梯和 4 根简洁而挺拔的大柱引人瞩目。圆形楼梯白色乳胶漆的楼身是杭灰深色的梯裙，配以实柚木箍灰色亚光铜套，指向传统家具中重木色和铜饰的搭配。大堂中央 4 根大方柱削去四角，不到顶，不下底，自然而成柱基和柱帽，少了几分粗笨感，多了几分变化。稍往里走，便可见地面被 4 根方柱围绕而成的一个漂亮的复合曲线图案:深色的杭灰占了大面积,穿插以纤细的幻影玫瑰,中心突出,色彩对比强烈,并形成了整个大堂的中心。与入口和电梯厅相呼应,正面两根大方柱之间采用尺度重构的手法将杭州民间传统做法"碧纱橱"放大,色彩、质感也同样变化,使大堂与休息区之间若隔若离,丰富了空间层次。

　　(资料来源:邹益民、张世琪编著:《现代饭店房务管理与案例》,辽宁科学技术出版社)

三、大厅微小气候与卫生

　　为保持大厅舒适的环境和气氛,还要使温度、湿度、通风、噪声控制及空气卫生状态正常。现代饭店需要建立大厅等公共场所环境质量标准体系,运用现代科学技术的手段,通过定量监测与控制,确保大厅环境的质量水平。

　　(1) 温度、湿度与通风。大厅适宜温度夏季为 22 ~ 24℃,冬季为 20 ~ 24℃。现代饭店普遍使用了冷气装置或中央空调,使温度得以有效控制。湿度是与温度密切相关的一种环境条件,适宜的相对湿度应控制在 40% ~ 60%。通风是为了保持室内空气新鲜。新鲜空气中约含有 21% 的氧气,如果室内氧气含量降到 14%,就会给人体带来危害。

　　(2) 环境噪声控制。一切听起来不和谐、不悦耳的声音,均为噪声。噪声对环境是一种污染,影响人们休息,降低工作效率。饭店的大厅客人来往频繁,谈笑声不断,为了创造良好的环境和气氛,必须采取措施防止噪声。大厅内的噪声一般不得超过 50 分贝。为有效地控制噪声,大厅的天花板、墙面需使用隔音及吸音性材料;大厅内设施设备的选用和装饰美化(如瀑布、喷泉等)的设计都应注意防止噪声;对团队、会议等大批客人要尽快安置,把人群从大厅疏散;员工要养成轻声说话的习惯,大厅内绝对禁止大声喧哗。另外,播放背景音乐也是防止噪声及工作单调感的有效措施,悦耳的、分贝值低的背景音乐可以掩盖嘈杂的、分贝值较高的噪声,从而降低噪声所带来的不良影响,稳定人们的情绪,又可减少员工因重复性的单调工作而带来的疲劳感。背景音乐要保持在令人轻松愉快的程度,不影响宁静宜人的气氛,一般以 5 ~ 7 分贝为宜。

　　(3) 空气卫生。大厅内的空气中含有一氧化碳、二氧化碳、可吸收颗粒、细菌等空气污染物,有害人体健康,必须予以控制。大厅内空气卫生质量的标准为:一氧化碳含量不超过 $5mg/m^3$;二氧化碳含量不超过 0.1%;可吸收颗粒均不超过 $0.1mg/m^3$;细菌总数不超过 3 000 个$/m^3$。

第 4 节　前厅部人员素质要求

　　大厅的空间、设备、装饰美化等物质因素固然重要,但更为重要的是人的因素,即富有人文关怀的前厅部全体管理人员和服务人员。优秀的员工和符合标准的有形设施及设备的结合，才能真正形成良好的大厅环境与气氛。高素质的前厅员工是营造前厅气氛最积极有效的因素，代表着饭店的整体形象。

饭店前厅工作人员在对客服务过程中，大部分服务是通过前台的工作人员与住客的人际沟通来完成的。因此，前台部工作人员基本的素质要求是性格开朗，善于沟通交流。

一、前厅部管理人员素质要求

前厅部管理人员素质要求有以下几点：

（1）前厅部经理的素质要求。前厅部经理要具有较强的领导能力、组织能力，较强的团队协作精神，能与其他各业务部门密切配合，共同做好工作。最好要有五年以上饭店前厅工作经验，熟悉前厅部及客房部、销售部等部门的工作；能独立起草前厅部工作报告和发展规划，能撰写与饭店管理有关的研究报告；遇事冷静，有自我控制能力，善于听取他人意见，能正确评估他人的能力，能妥善处理客人的投诉；英语水平良好，能够用英语进行日常交流，处理日常事务。

（2）大堂副理的素质要求。具有从事饭店工作经验三年以上，有一到两年前台运转部门（特别是前厅）基层管理工作的经历。仪表端正，气质良好。熟悉饭店的各项政策及管理规定，具有高度的责任心和服务意识，有较强的应变能力和组织能力，能独立处理较复杂的紧急问题。

（3）前厅主管的素质要求。前厅部各部位的主管工作在对客服务的第一线，直接指挥、督导和控制并参与前厅服务和客房销售工作，是前厅部正常运转、保证服务质量的直接责任者。前厅主管人员要有三年以上的工作经验，熟悉本部门的各项工作内容，具备一定的管理能力；沟通能力强，具有良好的团队协作精神；英语水平良好；身体强健，能适应超时工作；有处理各种突发事件的应变能力。

（4）前台领班的素质要求。前台领班人员要有一年以上的酒店前台工作经验；具备一定的管理能力，受过严格的操作训练，精通业务，熟练掌握服务技能和技巧，并能带领员工共同完成对客服务任务；有良好的英语口语水平；五官端正，口齿伶俐；性格开朗，理解能力强；了解旅游及娱乐方面的知识与信息。

二、前厅部服务人员素质要求

前厅部服务人员应是饭店各部门中素质最高的员工，因为他们代表的是饭店的形象。由于前厅部各岗位的特点不同，因此对服务人员的素质要求也各有侧重，但优秀的前厅服务人员应有着共同的基本素质。

（一）品德

前厅服务人员必须具有良好的品德，即正派、诚实、责任心强。前厅部的工作会涉及现金付账、外币兑换、饭店营业机密以及客人隐私等，每天都要同国内外各种客人打交道，所以前厅服务人员应作风正派，为人诚实可靠，行为良好，不谋私利。每位员工都应具有良好的职业道德，用真诚的态度、良好的纪律为客人提供优质的服务。

前厅部要向客人提供大量的项目繁多的服务工作，每个岗位的每一次具体的服务中出现的任何一点差错，都会影响客人对饭店服务产品的评价，影响饭店的服务质量和声誉。所以，前厅服务人员必须具有强烈的服务意识，热爱宾客，热爱饭店，热爱本职工作，具有高度的事业心和责任感。

（二）仪容仪表

良好的仪容仪表会给客人留下深刻的印象和美好的回忆。仪容是对服务人员的身体和容貌的要求，前厅服务人员应身体健康、身材匀称、面慈目秀、仪表堂堂。仪表是对服务人员外表仪态的要求。前厅服务人员应在工作中着装整洁、大方、美观，举止姿态端庄稳重，表情自然诚恳、和蔼可亲。良好的仪容仪表代表了前厅部员工对企业和工作的热爱，对客人的尊重，反映了饭店高品位的服务水准。

（三）礼貌修养

礼貌修养是以人的德才学识为基础的，是内在美的自然流露。前厅服务人员应有的礼貌修养具体表现在：对宾客应一视同仁，待人热情，分寸适度，表情自然诚恳，微笑服务。容貌端庄，服装整洁，举止大方有礼的前厅服务人员给宾客以热情好客、训练有素、可以信赖的感觉。

（四）性格

性格是个人对现实的稳定的态度和习惯化了的行为方式。前厅服务人员应具有外向的性格，因为他们处于饭店接待客人的第一线，需要每天与各种客人打交道，提供面对面的服务，外向性格的人感情外露，热情开朗，笑口常开，善于交际。但是，如果性格外向，而言谈举止咄咄逼人，或好为人师，这样的性格极易造成对客关系紧张，无助于形成良好的热情好客的气氛。所以，作为一名前厅服务人员，除了必须有开朗的性格，乐意为他人服务的品质外，更重要的是要具有耐心、容忍和合作精神，善于自我调节情绪，始终如一的尊重和礼貌，并具有幽默感，能为尴尬的局面打圆场，有在服务过程中的随机应变能力。

（五）基本技能

前厅服务人员应具备以下基本技能：

（1）语言交际能力。语言，特别是服务用语，是提供优质服务的前提条件。前厅服务人员应使用优美的语言，令人愉快的声调，使服务过程显得有生机。要能够使用迎宾敬语、问候敬语、称呼敬语、电话敬语、服务敬语、道别敬语，提供敬语规范化的服务。能够用英语或其他外语进行服务，并解决服务中的一些基本问题。善于用简单明了的语言表达服务用意，并进行主客之间的人际沟通。

（2）业务操作技能。前厅服务人员应动手能力强，反应敏捷，能够熟练、准确地按操作程序完成本职工作，为宾客提供满意周到的服务，使宾客处处感到舒适、整洁、方便、安全。要在快速敏捷、准确无误的工作过程中不断提高自己的各方面工作能力，如应变能力、人际关系能力、推销饭店产品能力、熟记客人能力等。

（3）广泛的知识面。前厅服务人员应具备较宽的知识面和较丰富的专业知识。应略通政治、经济、地理、历史、旅游、宗教、民俗、心理、文学、音乐、体育、医疗及有关饭店运行等多方面的知识，以便与客人交流沟通，保证优质服务。与饭店其他部门相比较，前厅服务人员知识面的要求也是最高的。

案例分析

语言沟通不畅引发的服务失误

一天，一位美国客人来到某饭店的总台登记住宿，顺便用英语问服务员小杨："贵店的房费是否包含早餐？"小杨没有明白客人的意思便随口回答了个"Yes"。次日早晨，客人去西餐厅用自助早餐，出于细心，向服务员小贾提出了同样的问题。不料小贾的英语也欠佳，慌忙中又随便回答了个"Yes"。

几天后，美国客人离店前到总台结账，服务员把账单递给客人，客人一看吃了一惊，账单上他每顿早餐一笔不漏！客人越想越糊涂，经再三追问才被告知："我们饭店早餐历来不包括在房费内。"客人将刚来时两次得到"Yes"答复的原委告诉总台服务员，希望免费早餐的许诺能得到兑现，但遭到拒绝。客人无奈只得付了早餐费，然后怒气冲冲地向饭店投诉。

最后，饭店重申了总台的意见，仍没有同意退款。美国客人心里不服，怀着一肚子怒气离开了饭店。

案例讨论题

1. 优秀的总台员工应具备怎样的素质？
2. 你认为饭店这样处理客人投诉是否妥当？为什么？

思考与练习

1. 简述前厅部的功能是什么？前厅部在饭店中的地位主要表现在哪几个方面？
2. 简述前厅部组织管理的基本原则和前厅部下属各机构的主要工作职责。
3. 饭店的分区布局的原则和装饰美化的主要因素有哪些？
4. 走访饭店前厅部经理和大堂副理，了解其岗位职责和基本素质要求。

第 3 章 客房预订与入住登记

【学习目标】

1. 了解客房预订的意义和任务。
2. 熟悉客房预订的渠道、方式和种类。
3. 了解客房预订的程序。
4. 掌握超额订房的方法及订房纠纷处理的技巧。
5. 熟悉入住登记的接待程序和登记的内容。
6. 掌握客房推销的前提和销售技巧。

【内容结构】

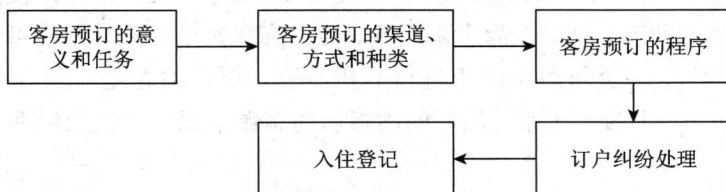

【重要概念】

客房预订　保证类预订　截房时间　超额订房

第 1 节　客房预订的意义和任务

前厅部的首要功能是销售客房，而客房商品销售的第一环节是客房预订。客房预订（Room Reservation）是指在客人抵店前对饭店客房的预先订约。即客人通过使用电话、传真、网络等各种方式与饭店联系预约客房，饭店则根据客房的可供状况，决定是否满足客人的订房要求。这种预订一经饭店和客人的双方确认，饭店与客人之间便达成了一种具有法律效力的预期使用客房的协议。

一、客房预订的意义

饭店开展预订业务，可以满足旅游者住宿预先得到保证的要求；同时，饭店也能最大限度地销售客房，开拓客源，为饭店争取最大化利润。因此，开展预订业务对饭店的经营与管理具有重要意义。

（1）开拓市场，稳定客源。饭店的客源可以分为两类：一类是预订客人，包括团队客人和预订散客；另一类是未经预订而临时光临的客人，也就是我们通常所说的散客。预订客房对饭店来说是对客房产品的预销售，只有预订客人达到一定的数量，饭店的正常经营活动才能得以保证。如果某家饭店预订客人很少，只靠随机而来的零散客人，其经营必然陷入不稳定状态。特别是目前饭店业竞争加剧，各饭店为了稳定客源，均开展了客房预订业务，并力求客房预订系统的完善。除接受宾客的订房要求外，还采取灵活的推销技巧，如饭店主动打电话或亲自上门拜访客户，争取更多确定的预订，使客房达到最佳的出租率。饭店如果不重视预订业务，就会在市场竞争中处于劣势，饭店将难以生存。

（2）掌握客源动态，预测饭店未来业务。通过客房预订业务，饭店可以取得订房客人的某些信息，将这些资料集中起来进行分析研究，可以清楚地了解住宿者的动态情况，把握市场动向，并预测未来一段时间内饭店的客源情况，以便及时调整营销对策和管理方法。

（3）协调各部门业务，提高服务质量。开展客房预订业务，客人的基本情况，如姓名、职业、地址、抵离店时间及其他要求等得以确认。预订处将这些信息资料传递给各有关部门，可协调各部门的经营活动，协调好人力、物力和财力，共同安排好接待工作，提高工作效率，保证服务质量。预订处在接受一个团队的预订后，会及时通知接待处、客房部、餐饮部等有关部门，做好相应的服务工作：如接待处可根据预订资料，事先安排房间，准备好房卡或钥匙，从而简化了入住登记的过程；客房部组织好人力及时清理客房；餐饮部为该团队准备饮食；等等。只有做好一系列的准备工作，才能保证饭店的服务质量。

二、客房预订的任务

饭店设有预订处，专门从事客房预订服务工作，是协调和控制饭店客房预订及销售的中心，是宾客抵店前最先服务于宾客的部门。预订处的工作任务可概括为：①受理宾客的订房问讯。②记录、储存预订资料。③更改、确认预订资料。④与其他部门沟通完成宾客抵店前的准备工作。

案例 3 - 1

错误的预订信息

9 月 25 日，王先生打电话到某酒店订房处，"我是你们酒店的一名常客，我姓王，想预订 10 月 1 日至 10 月 4 日的标准间 3 天。"预订员小马查阅了 10 月 1 日至 10 月 4 日的预订情况，表示酒店将给他预留 3210 房间至 10 月 1 日下午 6 时。

10 月 1 日下午 1 时，王先生来到前厅，看到公告牌上显示酒店标准间已客满，他还是不慌不忙地出示证件，要求办理入住手续，并说明自己办理了预订。接待员小何查阅预订后抱歉地说："对不起，王先生，您没有预订啊！""怎么可能？我明明在 9 月 25 日预订了 3210 房间！""对不起，我已经查阅了，3210 房间已出租，入住的是一位黄先生，请问您是不是搞错了？""不可能！我预订好房间，你们也答应了，为什么不讲信誉？"

接待员小何一听，赶紧核查预订才发现，原来预订员一时粗心，把"王"和"黄"输入错误。而正好有一位黄先生入住，小何认为其就是预订人，随手就把黄先生安排入住了 3210 房间。于是小何抱歉地说："王先生，实在抱歉，本酒店标准间已经客满，请您和您的朋友入住 4230 豪华间，八折优惠，虽价格高些，但还是物有所值的。"王先生不同意，并且很生气，认为酒店有意欺骗他，立即向大堂副理投诉。

分析提示

本案例告诉我们，前厅部的正常运转，离不开方便、快捷的预订系统和程序。客房预订服务必须准确、快捷和高效。否则，将会引起客人的不满，直接影响到饭店的服务质量和饭店形象。

（资料来源：何丽芳：《酒店服务与管理案例分析》，广东经济出版社）

第 2 节 客房预订的渠道、方式和种类

客房预订是一项较为复杂和细致的工作，预订人员除了认真执行服务工作程序与标

准外，还应掌握各种预订渠道、方式和预订种类，使预订工作得心应手。

一、客房预订的客源渠道

客人在饭店订房一般通过两大类渠道：一类为直接预订；另一类为间接预订。直接预订是指客人不经过中介而直接与饭店预订处联系，办理订房手续。间接预订则是订房人由旅行社等中介机构或个人代为办理订房手续。从饭店方面来看，总是希望把自己的产品和服务直接卖给消费者，以期能获得最大利润。但由于人力、财力所限，饭店必须借助于中间商，并利用他们的网络、专业特长及规模等优势来帮助推销饭店产品，扩大客源。从目前饭店的预订客源来看，除客人直接与饭店订房外，饭店预订客源主要来自于以下几个渠道：

（1）旅行社订房。旅行社通常与饭店订有合同，负责为饭店提供客人，并按房价的一定比例收取佣金。一般来讲，旅游者通过此渠道在异国饭店订房的较为多见。旅行社订房可以保证饭店有一定数量的稳定客源。

（2）连锁饭店或合作饭店订房。连锁饭店可以相互提供免费订房服务，这是连锁饭店在促销上具有的明显优势。为了与连锁饭店竞争，一些独立的饭店之间开展了订房业务的合作，建立自己的预订网络，通过相互推荐的方式接受客人的订房要求。

（3）航空公司订房。随着航空业的发展，由航空公司代为订房的客人越来越多。主要包括乘客、团队客人、机组人员、本公司职员外出订房等。

（4）与饭店签订合同的企业订房。为发展业务，许多企业、公司等与饭店订有合同，为来本企业或公司的客人抑或本企业或公司职员外出预订房间。

（5）会议组织机构订房。随着会展业的发展，会议组织机构为参加会议的人员订房的同时，一般还要对饭店的其他产品进行预订，主要包括会议室及会议设备、餐饮、用车等。

（6）政府机关或事业单位订房。主要包括政府或事业单位邀请的团队、贵宾、专家学者等。

（7）饭店的代理商订房。由于通信设施的发达，特别是互联网的普及，出现了专门为饭店预订客房的代理商，个体的旅游者可以通过他们或他们承办的旅游网站等，订到价格优惠的客房。

饭店的客源来自于市场的各个领域，其中较多的为公司职员、团体游客、休闲旅游客人等。上述情况仅仅是对不同预订客源的一种分类方式，这样分类的目的是在了解各个群体需求的基础上制定相应措施，满足顾客的订房需求。

二、接受客房预订的方式

预订处每天收到客人的订房要求很多，散客通过电话、信函、传真等方式直接向预订处订房，旅行社等则通过营销部按合约规定订房。相应地，饭店接受客人订房的方式也是多种多样的，主要有以下几种。

（1）电话订房。应用最为广泛的方式是订房人通过电话向饭店订房，即使是有互联网预订的今天，仍然需要订房人与预订的饭店进行预订信息的确认和沟通。特别是提前预订的时间较短时，这种方式最为有效。这种方式的优点是直接、迅速、清楚地传递双方信息，当场回复和确认客人的订房要求。受理电话订房时应注意：与客人通话时要注意使用礼貌用语，语音、语调要婉转，口齿清晰，语言简明扼要。每一个订房员必须明确，预订服务虽然不是与客人面对面进行，却是客人接触饭店的第一个人。要扮演好这个角色，就必须通过电话声音给客人送上热情的服务。

（2）信函订房。信函订房是客人以明信片或信件等方式预订客房，这是古老的一种订房方式。信函订房较适合于提前较长时间的预订客户和以度假或会议为主的饭店客人。这种订房方式的优点是，订房内容完整、准确，客人还可以写明特殊要求。而且，信函犹如一份订房协议，对饭店和客人双方起到一定的约束作用。受理信函订房时应注意：及时回信。有些饭店规定从收到预订信起 24 小时内必须寄出复信。如果客人同时向几家饭店发信订房，最先收到的复信，将赢得客人的好感。复信及时可把饭店潜在的客人变成现实的客人。

（3）传真订房。订房人通过传真预订客房，是较为常见的一种订房方式。这种预订方式具有方便、迅速、准确和正规的特点。受理传真订房时应注意：接收或发出传真后，及时打上时间印记；回复要迅速准确，资料内容要完整；做好订房资料的存档，以备日后查对。

（4）面谈订房。面谈订房是客户亲自到饭店，与订房员面对面地洽谈订房事宜。这种订房方式能使订房员有机会详尽地了解客人的需求，并当面解答客人提出的问题，有利于推销饭店产品。与客户面谈订房事宜时应注意：把握客户心理，运用销售技巧，灵活地推销客房和饭店其他产品，必要时还可向客人展示房间及饭店其他设施与服务，以供客人选择。

（5）口头订房。口头订房是客人本人或委托当地亲友抑或代理机构直接到饭店总台，以口头申请的方式订房。口头订房所占的比例不是很高，但是在总台却时常出现。这种订房的准确性较难控制。受理口头订房时应注意：向客人明确说明所订房间只保留到某一规定时间为止，逾期则自动取消；或要求客人预付定金。

（6）互联网订房。互联网订房是当前国内外较为先进的订房方式。这种现代化的预订方式，具有信息传递快、可靠性强等特点。随着现代电子信息技术的迅速发展和互联网的普及，这种预订方式将会被越来越多的客人所采用。

在以上各种预订的方式中，目前较为常用的是电话订房、传真订房和网络订房。无论采用哪种方式，饭店预订人员都必须注意以下几个问题：①无论是接受预订还是婉拒预订，都必须及时给客人以明确答复。一般来说，为尊重客人，客人以哪种方式订房，饭店也应以同样的方式答复客人。②不预先告知房号。预订员在接受预订时，不要给客人以具体房间号码的许诺。因为房间的租用情况随时都会发生变化，一旦客人到达时所订房间没有空出或不能使用，将失信于客人，引起纠纷。③为保证整个预订工作的严密性，应尽可能地掌握客人的离店日期。如果客人没有讲清房间需预订几天，饭店通常只为其预订一夜客房。

三、客房预订的种类

虽然宾客的预订方法多种多样，但饭店通常采用四种类型预订：临时性预订、确认类预订、保证类预订和等待类预订。

（一）临时性预订（Simple Reservation）

临时性预订是指客人的订房日期与抵店日期接近，甚至是抵店当天的订房。这类订房一般是由总台接待员受理，并及时通过电话或传真等方式给订房的客人以明确答复。由于时间较紧，只能是口头确认，无须寄确认信。

按照国际惯例，饭店对预选订房的客人，会为其保留房间直至抵店日当天下午 6 时为止，这个时限被称为"取消预订时限"，或称"截房时间"（Cut－off Time）。如果订房客人到了这个规定的时限仍未抵店，也未事先与饭店联系，该预订即被自动取消。接受此类预订时，应该注意询问客人的抵店时间和航班、车次，并提醒客人截房时间，以免引起不必要的纠纷。

（二）确认类预订（Confirmed Reservation）

确认类预订是指客人提前较长时间向饭店提出订房要求，饭店以口头或书面方式给予确认，并答应为订房客人保留房间至某一事先声明的时间。如果订房客人到了规定时间仍未抵店，也未与饭店联系，饭店可将预留房间出租给未经预订而直接抵店的客人。

确认预订的方式有两种：一种是口头确认；另一种是书面确认。但比较而言，书面确认具有较多的优点，通过书面确认，饭店了解并证实了预订客人的基本情况，如姓名、地址等。所以，持有预订确认书的客人要比未经预订而直接抵店的客人在信用上更可靠一些。多数饭店给持有确认书的客人享用较高的信用限额。因此，如果时间充足，应对客人的订房做出书面确认。

（三）保证类预订（Guaranteed Reservation）

保证类预订是指客人通过使用信用卡、预付定金和订立合同等方式保证饭店的客房收入，而饭店则必须保证为订房客人提供所需客房的预订。这种预订使饭店与未来客人之间建立了更为牢靠的关系，对双方都十分有利。饭店在没有接到订房人取消预订的通知时，应为订房客人保留房间到确认抵店日的次日的退房时间为止。如果客人逾期不到饭店，事先又不向饭店声明取消订房，饭店就要从预付定金中扣款或是按合同收取一天的房费，以保证饭店不因客人预订不到而在经济上遭受损失。

保证类预订一般分为以下三种：

（1）预付定金担保。饭店为了避免经济损失，通常要求组团单位在订房时先交一定款项，作为订房定金。在旅游旺季，也要求宾客在订房时先付部分定金。定金该付多少应视饭店的政策和客人的愿望及当时具体情况而定，但一般不应少于一天的房费。饭店必须为客人保留相应的客房。如果届时客人未取消预订又不来入住，饭店应收取一天的房费，余额退还客人，同时取消后几天的订房。办理预订时，饭店有责任向客人讲清楚保留客房，取消预订、退还定金等有关规定。

（2）信用卡担保。目前，信用卡担保被广泛使用。客人在使用信用卡作为预订金订房时，预订员必须在记录订房要求的同时，问清持卡人的姓名、信用卡的种类、号码等，并验证信用卡的有效性。一旦客人没有如期到达，饭店可直接向信用卡公司收取客人房费。

（3）订立合同担保。饭店与旅行社、企业单位等团体签订订房合同，其内容主要包括签约单位的地址、账号以及同意为未抵店入住的订房客人承担付款责任的说明。合同还规定了签约单位通知饭店取消预订的最后期限。一旦到了留房截止日期，对方又无取消订房的通知，饭店仍将为其保留客房。如果客人未抵店入住，饭店按合同规定收取房费。

可见，保证类预订既保证了预订客人的住房，同时也确保了饭店的收益。饭店在受理保证类订房时，既要坚持原则，按饭店的有关规定执行；又要视具体情况灵活变通。否则，处理不好，不仅使饭店得不到应有的收益，而且会影响对客人关系的处理，给饭店的声誉造成不良影响。

（四）　等待类预订（Waiting Reservation）

等待类预订是指在客房预订已满的情况下，再将一定数量的订房客人列入等候名单（Waiting list），如果有人取消预订，或有人提前离店，饭店就会通知等候客人来店。

预订员在处理这类订房时，应征求订房人意见，是否可将其列入等候名单，并向客人说清楚，以免日后发生纠纷。对未接到通知就来店的客人，饭店应尽量安排，可介绍到附近饭店去住宿，但不必为其支付房费、交通费和其他费用。

第 3 节　客房预订的程序

客房预订业务是一项技术性较强的工作，如果组织得不好就会出现差错，以至于影响对客服务质量和整个饭店的信誉。为了确保预订工作的高效有序，必须建立科学的工作程序。客房预订的程序见图 3-1。

```
┌──────────┐    ┌────────┐    ┌────────┐
│ 预订前准备工作 │ →  │ 受理预订 │ →  │ 确认预订 │
└──────────┘    └────────┘    └────────┘
                                    │
                                    ↓
┌──────────┐    ┌────────┐    ┌──────────┐
│ 抵店前准备 │ ←  │ 订房核对 │ ←  │ 订房变更和取消 │
└──────────┘    └────────┘    └──────────┘
```

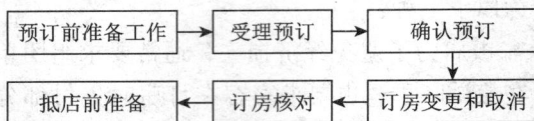

图 3-1 客房预订的程序

现在分别来介绍预定各个阶段。

一、预订前的准备工作

预订前做好准备工作，才能给订房客人一个迅速而准确的答复，提高预订工作水准和效率。

（一）班前准备

（1）预订人员按饭店规定的要求规范上岗，做好交接班。接班时查看上一班预订资料，问清情况，掌握需要处理的优先等待的、列为后备的和未收定金的等不准确的预订名单及其他事宜。

（2）检查计算机或订房控制盘等设备是否完好，准备好预订单、预订表格等各种资料和用品，摆放整齐规范，避免客人订房时临时现查、现找等现象发生。

（二）对预订情况的掌握

预订员上班后，必须迅速准确地掌握当日及未来一段时间内可预订的客房数量、等级、类型、位置、价格标准等情况，对可预订的各类客房心中有数，保证向客人介绍可订房间的准确性。

二、受理预订

接到客人的订房申请后，预订员应迅速查看有无房间，是否符合客人订房要求，决定是否接受客人的申请。

决定是否受理一项订房要求，需要考虑以下五个方面的因素：①预期抵店日期；②所需的客房类型；③所需的客房数量；④逗留天数；⑤客人订房的要求（如不吸烟房等）。掌握了这些信息，预订员便能判断客人的订房要求与饭店客房的可供状况是否相符，从而决定是否受理宾客的预订。受理预订则意味着对预订客人的服务工作已经开始，预订人员要填写"客房预订单"，并进行下一阶段的确认预订工作。

填写客房预订单时，要认真地逐栏逐项地填写清楚，并向订房人重复其主要内容。因为这是最原始的订房资料，它的失误会导致订房系列工作的错误。

客房预订单（见表 3-1）一般包括以下内容：①客人姓名、称呼；②国籍、地址及电话号码；③预订抵、离店日期与时间（航班号、车次）；④所需的客房类型与数量；

⑤同行者的情况（人数、关系等）；⑥房价与付款方式；⑦订房人的工作单位、地址与电话号码；⑧客人的特需服务要求（如接机、放置鲜花水果篮、加床、残疾人使用的特殊设备等）；⑨受理预订的日期、预订员姓名。

表 3-1　预订单

××饭店预订单
订房日期＿＿＿＿＿＿＿ 订　房　员＿＿＿＿＿＿＿ 抵店日期　　离店日期　　住店天数　　宾客人数　　房价 ＿＿＿＿　　＿＿＿＿　　＿＿＿＿　　＿＿＿＿成人＿＿＿ ＿＿＿＿上午＿＿＿　上午＿＿＿儿童＿＿＿ ＿＿＿＿下午＿＿＿　下午＿＿＿ 客房数　　客房类型　　大号双人床　　2张双人床　　套间 　　　　　　　　　　　（1张床）　　（2张床）　　（2个卧室） 其他要求　婴儿床　　连通房　　带阳台的客房　　其他指定的要求 　　　　　加床　　相邻房　　游泳池边的客房 宾客姓名　　　　　　　　电话号码＿＿＿＿＿＿＿ 姓名＿＿＿＿＿＿＿　　　头衔＿＿＿＿＿＿＿ 街道　　城市　　州（省）　　邮政编码 ＿＿＿＿＿＿＿＿＿＿＿＿＿＿＿＿＿＿＿＿＿＿＿＿＿＿＿＿＿＿ 代理人　　　　　　电话（　） ＿＿＿＿＿＿＿＿＿＿＿＿＿＿＿＿＿＿＿＿＿＿＿＿＿＿＿＿＿＿ 街道　　城市　　州（省）　　邮政编码 ＿＿＿＿＿＿＿＿＿＿＿＿＿＿＿＿＿＿＿＿＿＿＿＿＿＿＿＿＿＿ 是否确认类订房　　　　是＿＿＿＿＿否＿＿＿＿＿ 通过何种方法来确认订房 ＿＿＿＿＿＿＿＿＿＿＿＿＿＿＿＿＿＿＿＿＿＿＿＿＿＿＿＿＿＿ 信用卡　　号码　　失效期　　定金　　其他方法 订房人（如不是上述已注明的人士） ＿＿＿＿＿＿＿＿＿＿＿＿＿＿＿＿＿＿＿＿＿＿＿＿＿＿＿＿＿＿ 备注＿＿＿＿＿＿＿＿＿＿＿＿＿＿＿＿＿＿＿＿＿＿＿＿＿＿＿＿ ＿＿＿＿＿＿＿＿＿＿＿＿＿＿＿＿＿＿＿＿＿＿＿＿＿＿＿＿＿＿ 预订的变更的内容 原始订房记录的号码＿＿＿＿＿＿＿原始订房记录的抵店日期＿＿＿＿＿ 原始订房的房价＿＿＿＿＿＿＿＿＿＿＿＿＿＿＿＿＿＿＿＿＿＿＿＿ （备注）＿＿＿＿＿＿＿＿＿＿＿＿＿＿＿＿＿＿＿＿＿＿＿＿＿＿＿ ＿＿＿＿＿＿＿＿＿＿＿＿＿＿＿＿＿＿＿＿＿＿＿＿＿＿＿＿＿＿

　　当客房的可供状况不能满足客人的全部要求时，预订员应建议客人做些更改，主动提出一系列可供客人选择的建议。例如，建议客人重新选择来店日期或改变住房类型、

数量等，尽量把客人留住，即使不能满足客人的最初订房要求，最终也要尽可能地使客人满意。在客房预订服务中，用建议代替拒绝是非常重要的，它不仅可以最大限度地销售饭店产品，而且有助于在客人心目中树立饭店的良好信誉。如果客人不能接受这些建议，可在征得客人同意后，把客人列入等候名单，并记录订房人的姓名、联系电话，一旦有空房立即通知客人。如果最后还是无法满足客人的要求，预订员也应用友好、遗憾和理解的态度对待客人，并希望客人下次光临本饭店。如果是书面订房，也应立即礼貌复函，以表歉意。

受理预订中要做到：①热情接待、准确报价。无论是电话预订或柜台口头预订，服务人员都应主动问好，询问需求，热情礼貌，语言语调要亲切甜美。根据各种不同类型的客人，准确报出协议价、公司价、团队价、散客价等。②记录清楚、处理快捷。帮助客人落实订房时，要注意做好记录，迅速回答客人。③资料齐备，摆放规范。所有订房信息资料应准确无误地输入计算机或预订控制盘。订单资料分类摆放，整齐规范，为后面的预订确认、订房核对等工作提供准确的信息。

预订资料的存放有两种方式：一是按客人抵店日期的先后顺序排列；二是按客人姓氏第一个英文字母的顺序排列。前一种存放方式可以了解某个时期有多少客人住店，后一种存放方式便于查找客人的订房资料。在实践中，可将两种方式结合使用，即先按客人抵店日期的顺序排列，同一天的资料再按客人姓氏第一个英文字母顺序排列。

三、确认预订

在接受了客人的订房要求并经核对后，预订处下一步的工作是给客人签发预订确认书，以示对客人订房的承诺。确认书是饭店回答客人的订房已被接受的书面凭证，是双方之间权利和义务的协议书。确认书中的有关事项，如付款方式、保留客房截止时间、房价等都对双方行为具有约束效用。通常，饭店至少要在客人动身前一周把确认书寄到客人手中，对团体订房要提前更长时间，要有充分的时间让客人知道饭店为他保留了房间。

确认书主要包括以下五个方面的内容：①重申客人的订房要求，包括住客姓名、人数、抵离店时间、房间类型和数量等；②双方就付款方式、房价问题达成的一致意见；③声明饭店取消预订的规定；④对客人选择本店表示感谢；⑤预订员或主管的签名、日期。

根据国际订房惯例，不管订房人以什么方式订房，只要客人订房与抵店日期之间有充足的时间，饭店都应向客人寄发书面订房确认书。

四、订房变更和取消

饭店接受并承诺了预订，客人常会因各种原因对原来的预订提出变更要求，甚至可能取消预订。预订员应重视并处理好预订的变更工作。

（1）如果客人取消订房，应填写取消单，或将预订单抽出，加盖"取消"图章，注明取消申请人和取消原因及取消日期，并签上预订员姓名，将资料存档。同时，对计算机预订状况进行调整；不可在原始的订房单上涂改。

（2）如果客人要求更改订房，预订员要先查阅有无符合客人更改要求（如房间数量、类型、时间、价格等）的房间。如果有，要接受客人的更改，满足客人的要求，并将订房资料重新整理。在时间允许的情况下，应重新发一张预订确认书，以示前一份确认书失效。如果无法满足客人变更要求，则可作为候补或优先等待名单处理。

（3）若变更或取消的内容涉及一些原有的特殊安排，如接机、订餐、鲜花、水果、房内布置等，应尽快给有关部门发变更或取消通知。

（4）有关团体订房的变更与取消，要按合同办理。一般的合同规定，旅行社要求取消订房应地在原定团队抵达前 10 天通知饭店，否则按合同收取损失费。

（5）尽量简化取消预订的手续，并给予耐心、高效的受理。客人能花时间通知饭店取消原来的订房，对饭店是十分有利的。所以，应鼓励取消预订的客人及时与饭店联系，对取消预订的客人要给予同样的热情和耐心。调查表明，90% 取消预订的客人，在后来的旅行中仍会返回该饭店预订。

五、订房核对

由于客人抵店前经常出现取消或更改订房的情况，所以需要做好订房核对工作，发现问题及时更正，以保证订房工作的准确无误。

订房核对工作一般分三次进行，分别为客人到店前一个月、一周和前一天。对于重要客人或较大团队，还应增加核对次数。

（1）客人抵店前一个月做一次核对。预订员以电话、书信或传真等方式与订房人联系进行核对，核对的内容包括抵达日期、预住天数、房间数量与类型等。核对的主要对象是重要客人和重要团队。如果没有变化，按准确订房处理；如果有更改，根据变更后房间有无，做更改处理；如果核对中客人取消订房，则修正预订信息。

（2）客人抵店前一周做第二次核对。其程序和方法与第一次核对相同。核对的重点是抵达时间、更改变动的订房和重要客人订房。

（3）客人抵店前一天做第三次核对。这次主要采用电话方式进行。预订员对预订内容要仔细检查，并将准确的订房信息传达到总台接待处。如果有取消预订的，应立即通知总台将这些取消预订的客房售给其他客人。

六、客人抵店前的准备

做好客人抵店前的准备工作，既有助于缩短订房客人办理入住登记的时间，又能提前做好接待服务工作中的细节安排，向客人提供针对性的服务。客人抵店前的准备工作大致划分为以下三个阶段：

（1）提前一周或数日，将主要客情，如重要贵宾（VIP）、大型会议及团队、客满等信息通知各相关部门和总经理。其方法可采取分发客情预报表、重要客人预报表等，或者建议召开由总经理或主管副总经理主持协调会来发布。

（2）在客人抵店前，将具体接待安排以书面形式通知有关部门，使各部门做好对客服务的准备工作。通知单主要包括 VIP 接待通知单、接站单、订餐单、次日抵店客人名单等。对某些指定的房间，特别是 VIP 客人的订房，预订处应提前一天或数天，用电话或书面方式通知接待处和客房部，对这些房间进行整理和控制，不再出租给其他客人，即实行所谓的订房管制。对其他特殊订房也要特殊关照，以体现出饭店服务的个性化。如新婚订房，饭店也应派定客房，并在客人到达前布置好祝贺卡和鲜花，再送上纪念性礼品。

（3）客人抵店当天早晨，接待员根据抵店客人名单，提前预分好房间，并把钥匙信封、住房登记单准备好。将有关细节通知有关部门，以做好接待，共同完成客人抵店前的各项准备工作。

七、计算机化客房预订的功能

如今，现代化的饭店都采用了计算机技术，极大地提高了预订工作的效率与精确度，且操作极为方便。计算机化客房预订的功能主要包括以下几项：

（1）先进的可用房控制。来自层次清晰的、可动态操作的表单界面，能实时呈现可用房统计、任意日期的预计占用房详情；只需直接点击，就可进行团队预订及散客预订等操作。

（2）智能的散客预订。查看房情与预订操作合二为一；支持一人多房的预订功能；创建预订记录时，自动识别历史客人，并调用历史资料进行智能预分房；预订与客史相呼应——客史辅助预订，预订时即创建客史或补充客史。

（3）散客预订控制。同住的房租分付处理；同批客人的智能关联处理：可以为同住房客人每人建立单独的个人消费账户，设立消费路径，分别承担的费用即自动转记到客人子账页上；对集中消费的群体散客，设立主付账人，相关费用自动集结到主付账上；各种包价计划的先进控制，预订中的特殊要求处理，详细记录操作记录；同名预订或合约预订时，具有提醒功能，避免重复订房。

（4）智能预订查找。模糊查找：输入字母/单字/拼音、姓/名/订房人/另名或别称等信息进行查询；输入协议公司/旅行社/客人登记的单位等信息进行查询；输入来处去处/航班号/特殊要求等信息进行查询。

（5）完备的预订操作。其操作程序包括以下几个方面：预订操作，确认操作；预订取消，取消预订恢复；房间、餐饮、娱乐、会议等预订一次性完成。

（6）高级预订管理功能。主要包括：①预订类型控制，即不受限制的预订类型设置（如临时预订、担保预订、候补预订），可按预订类型进行查找，自动区别不同级别预订，并确立优先处理顺序；②超额预订控制，即可同时分批、分类、按日期对指定房类进行超额数量设定。只需按实际情况做一设定，其他均交给系统来处理。如果超预订，就会出现红色警告。

饭店运用预订的软件系统，可以对预订数据进行有效管理，前厅的管理者把成千上万的细节信息归纳组合成有用的信息。这些信息不但能帮助饭店更好地为客人服务，同时也能为饭店带来可观的经济效益。

第 4 节　订房纠纷处理

客人预订客房后，可能会因各种原因，就订房问题与饭店之间发生纠纷，饭店应酌情妥善地处理好这些纠纷，保障双方合法权益，维护饭店的良好声誉。

一、超额订房

客人向饭店订房，并不是每个人都做保证类订房的。经验告诉我们，即使饭店的订房率达到 100%，也会有订房者因故预订不到（No－shows）、临时取消（Cancellations），或者住客提前离店（Understays），使饭店出现空房。饭店为了追求较高的住房率，争取获得更多的经济效益，有必要实施超额订房。

所谓超额订房（Overbooking），是指饭店在订房已满的情况下，再适当增加订房数量，以弥补少数客人因预订不到、临时取消或提前离店而出现的客房闲置。

超额订房通常出现在旅游旺季和节假日，而旺季和节假日是饭店经营的黄金季节。如果做好超额订房，可使饭店在这黄金季节达到最佳出租率和最大效益，同时保持良好的声誉。对饭店经营管理者来说，这确实是胆识与能力的体现，但同时又是一种冒险行为。因此，超额订房管理要解决以下两个问题：一是如何确定超订数量；二是一旦发生超额订房怎样补救。

（一）超订数量的确定

超额订房应该有个"度"的限制，超订不足会使部分客房闲置，超订过度则会使部分预订客人不能入住。这个"度"的掌握是超额订房管理成功与否的关键，这个"度"的把握来自于经验，也来自于对市场的预测和对客情的分析。

确定超额订房数量须考虑以下几方面主要因素：

（1）根据订房资料统计下列客人数量和比率：预订不到者（No－shows）、临时取消者（Cancellations）、提前离店者（Understays）、延期住宿者（Overstays）和提前抵店者（Early – arrivals）。掌握了上述资料，就可根据下列公式计算超额订房的数量：

$$X = \frac{(A - C) \cdot r + C \cdot f - D \cdot g}{1 - r}$$

式中 X 表示超额订房数；A 表示饭店可供出租客房总数；C 表示续住客房数；r 表示预订不到及临时取消和变更的比率；D 表示预期离店客房数；f 表示提前离店率；g 表示延期住宿率。

例如，某饭店有可供出租客房 400 间，未来 9 月 10 日续住客房数为 140 间，预期离店客房数为 75 间。根据以往预订统计资料分析，预订不到及临时取消、变更的比率为 12%，提前离店率为 4%，延期住宿率为 6%，问预订处 9 月 10 日可超额订房多少？

根据上列计算公式，得：

$$X = \frac{(A - C) \cdot r + C \cdot f - D \cdot g}{1 - r}$$

$$= \frac{(400 - 140) \times 12\% + 140 \times 4\% - 75 \times 6\%}{1 - 12\%}$$

$$= 36 \ （间）$$

即该饭店 9 月 10 日可超额订房 36 间。这个计算结果仅供参考，因为它是依据饭店以往的经营统计数据计算的，未来状况会怎样，要做具体分析，还要考虑其他各种影响因素。

（2）掌握好团队订房和散客订房的比例。团队订房是事先有计划安排的，预订不到或临时取消的可能性很小，即使有变化，一般也会提前通知。而散客订房的随意性很大，因各种原因不能如约抵店又不事先告知饭店的可能性较大。所以，在团队预订多而散客预订少的情况下，超订的比例要稍微小些。反之，散客订房多而团队订房少，则超订的比例就可大些。

（3）根据预订情况分析订房动态。对住店客人中预订客人和非预订客人的比例进行分析，如果住店客人中大多数是提前预订者，不经预订而直接住店者比例很小，那么，掌握超计量就要大些，以免客人取消订房后造成客房闲置。反之，则超订量可小些。同时，对订房而未按期到达的单位和个人要做好记录和存档。以后遇到超额订房时，在安排房间上可先占用过去信誉不佳，经常预订而不到的客人的订房。

（4）本地区有无其他同等级同类型的饭店。如果本地区还有其他同等级同类型的饭店，可以适当提高超订幅度，万一因超订量过大而无房提供，可以介绍客人到其他饭店。但这种方法尽量不要采用，以免失去客源。

总之，通过对上述几方面因素的分析，各饭店可根据自己的实际情况，做好资料的收集、积累工作，认真总结经验，合理地确定超额订房的数量或幅度，既能使饭店最大限度地销售产品，增加收益；又有满足客人的订房需要，不至于产生订房纠纷。根据国际饭店管理经验，超额订房的比率一般为 5% ~ 15%。

（二）超订过度的补救措施

超额订房是订房管理艺术的最高体现，处理得好会提高客房出租率，增加饭店的经济收益。但超订数量的确定毕竟是根据过去的经营统计资料和人们主观分析的结果，而未来将要发生的事情中很多因素的变化是难以预料的。所以，同任何决策都可能出现失误一样，超额订房的失误也时有发生。如果发生超订过度，客人持有饭店的预订确认书，又在规定的时限内抵达饭店，饭店却因客满无法为他们提供所订住房，必然引起客人极大的不满，这无疑将会给饭店带来很大麻烦。因为接受并确认了客人的订房要求，就意味着饭店承诺了订房客人具有得到"自己住房"的绝对权利。一旦发生这种情况，就是饭店方的违约行为。所以，必须积极采取补救措施，妥善安排好客人住宿，以消除客人的不满，挽回不良影响，维护饭店的声誉。

一般做法是：

（1）与本地区饭店同行加强协作，建立业务联系。一旦超订过度出现超员，可安排客人到有业务协作关系的同档次同类型饭店暂住。

（2）客人到店时，由主管人员诚恳地向其解释原因，并赔礼道歉。如有需要，还应由总经理亲自出面致歉。

（3）派车免费将客人送到联系好的饭店暂住一夜。如房价超过本店，其差额部分由本饭店支付。

（4）免费提供一次或两次长途电话或电传，以便客人将住宿地址临时变更的情况通知其家属和有关方面。

（5）将客人姓名及有关情况记录在问讯卡条上，以便向客人提供邮件及查询服务。

（6）对连住又愿回本店的客人，应留下其大件行李。次日排房时，优先考虑此类客人的用房安排。次日一早将客人接回，大堂副理在大厅迎候并致歉意，陪同办理入住手续。

二、订房纠纷的处理

饭店因客满不能安排预订客人入住，或客人抵店时所提供的房间不尽如人意等情况，称其为订房纠纷。一旦发生订房纠纷，饭店应根据不同情况妥善处理。

日常发生的订房纠纷，除了如前所述是由饭店实施超额订房引起的之外，还有以下几个主要原因：

（1）客人通过信函要求订房，因客满饭店在回信时只同意将其列为候补。

（2）客人抵店时间已超过规定的截房时间，或是未按指定的航班、车次抵达，事先又未与饭店联系，饭店无法提供住房。

（3）客人打电话到饭店要求订房，预订员同意接受，但事后并未寄出确认书，客人抵店时无房提供。

（4）客人声称自己办了订房手续，但接待处没有订房记录。

（5）在价格上发生争执或因不理解饭店住房方面的政策及当地法规而产生不满。

饭店在处理上述订房纠纷时，既要分清责任，维护饭店的合法权益，又要耐心、诚恳，设身处地地为客人着想，帮助客人解决问题。注意"情、理、法"三者兼顾。

上述第一种情况，不能视为确认订房，第二种情况虽为确认订房，但已超过了饭店规定的留房时限。显然，由这两种情况发生的纠纷，责任不在饭店一方。但是对客人同样要热情接待，耐心解释，并尽力提供帮助，绝不可与客人争吵。如果饭店没有空房，可与其他饭店联系安排客人入住，但饭店不承担任何费用。

第三种情况，虽无书面凭证，但从信义上讲，口头承诺应同书面确认一样生效。遇到这种情况，应向客人道歉，尽量安排客人在本饭店住宿，实在无房提供，可安排客人在附近饭店暂住，次日如有空房可将客人接回并再次致歉。

第四种情况，接待处要与预订处联系，找到客人的订房资料，看是否放错或丢失，或是其他原因。如经查找，确认客人是前一天的订房客人，但未能按时抵店；或是客人提前抵店，在饭店客满的情况下，总台接待人员应尽力提供各种帮助，为客人解决面临的困难。如经查找，确认客人是当天抵店的订房客人，但饭店此时已无法提供客房，必须将客人安排在其他饭店，按超订过度的补救方法处理。

第五种情况，总台接待人员必须耐心、礼貌地向客人做好解释工作，使其既接受现实又不致产生不满情绪，切记不能与客人发生争执。

案例 3 - 2

客人入住高价客房

在旅游旺季，各饭店出租率均较高，为了保证经济效益，一般饭店都实行超额预订。

一天，两位外地游客办理住宿登记。"先生，对不起！你们只能住一天。""公司为我们预订的客房明明是三天，怎么现在只有一天呢？"客人很不高兴。"实在对不起，这几天是旅游旺季，现在房间特别紧张。要么你们另找住处。""你们必须要解决我们的住宿问题，反正明天我们不走，你们看着办吧。"客人更加恼火了，大声吵了起来。

大堂副理闻声而至，首先让客人慢慢地把要求说完。"你们的要求是正确的，不过这几天正是旅游旺季，标准间很紧张。你们看这样行不行，我设法安排一间套房，请你们明后两天继续留住，只是房价要高些。"大堂副理以抱歉的口吻说。"那怎么行，说好了又要变，开黑店啊？"客人不满地说。"对不起，先生，实在是非常抱歉。这样吧，以我的权限，给你们打个八折好吗？对比您现在的房价只差 100 元。"大堂副理继续以商量的口吻说。

"那就这样吧。"客人终于点头同意了。

分析提示

案例中，接待员在处理客人住宿的问题时，似乎忘记了处理投诉应遵循的"着眼于问题的解决"的基本原则，应加强员工的服务意识方面的培训教育。值班经理的处理办法之所以能让客人满意，一方面，是因为他以诚恳的态度认真听取了客人的意见，使客人心中的怒火慢慢冷却，为进一步处理事端打下了较好的心理基础；另一方面，他及时采取补救措施帮助客人解决了住宿问题，并以套房打折方式给了客人一种心理上的补偿，不仅解决了问题，还促销了高价客房。

（资料来源：何丽芳：《酒店服务与管理案例分析》，广东旅游出版社）

订房纠纷的处理是一项复杂且细致的工作，有时甚至很棘手。总台服务人员要注意平时多积累经验和技巧，善于把握客人心理。为了做好善后工作，防止类似纠纷的发生，还应记录饭店负有失约责任的住客名单，呈报管理部门，并注入有关客史档案。

客房预订工作业务量大，渠道、方式多，且经常出现订房变更，所以容易出现工作失误。预订人员在订房的全过程中要认真负责，按规范要求细致地处理每一个问题，以保证预订工作的准确性，减少差错和纠纷。

第 5 节　入住登记

前台接待服务工作是饭店对客人直接服务的首要环节。同时，接待工作本身又是一项自成系统的工作，它从询问和查找客人预订记录、查验房态以确定是否可以接纳客人入住，到为客人办理入住登记、安排分配房间等一系列工作环节。客人在抵达饭店后，接受的第一个最为正规的服务就是前台的接待服务。接待工作中的各个环节是客人抵店后对服务质量评价的最重要的环节之一，甚至可能成为客人日后对饭店其他服务工作感受的心理基础。由此可见，前台入住接待工作的质量与效率对整个饭店形象有着极其重要的意义。

在整个前台接待工作中，入住登记是对客接待服务全过程中的一个必要的、关键的阶段，同时入住登记的过程也是客人同饭店之间建立正式、合法关系的基本环节。

前台接待工作包括：办理散客和团队客人入住登记；受理散客临时订房；为客人办理换房手续及处理客人不按时到达、延长住房日期、提前离店、客人投诉以及其他紧急事件等特殊情况。

一、入住登记的内容

（一）入住登记的目的

饭店必须为入住的宾客办理入住登记，其目的是：

（1）客人与饭店之间建立正式、合法的关系，遵守国家法律中有关户籍管理的规定。

（2）遵守国家法律中有关户口管理的规定，并按照国际惯例，外国人临时住宿必须依照居留国的有关规定办理住宿登记，使饭店掌握住店客人的个人资料。

（3）尽量满足客人的住宿要求，提供有针对性的服务。

（4）有效地保护客人在饭店的安全和合法权益。

（5）为饭店制定管理政策提供信息和数据。

（二）登记表的内容

饭店制作入住登记表必须满足下列条件：

（1）国家法律对中外宾客所规定的登记项目。包括：国籍、姓名、出生日期、性别、护照和证件号码；签证种类、号码及期限；职业、停留事由、入境时间和地点及接待单位。

（2）饭店运行与管理所需的登记项目。包括：房间号码、每日房价、抵离店时间、结算方式、住址、住客签名、接待员签名、饭店责任声明。

入住登记表的有关内容见表 3 - 2。

表 3 - 2　入住登记表

英文姓 Surname in English	英文名 Name in English	
中文姓名 Name in Chinese	性别 Sex	出生年月 Date of birth
房号 Room NO.	国籍 Nationality	
证件种类 Type of travel document	证件号码 NO. of travel document	
签证种类 Type of visa	签证有效期 Date of expiry	
永久地址 Permanent address		
何日何处抵 Date of arrival Where from	何日去何处 Date of departure Where to	拟住天数 Day
停留事由 Purpose of stay	接待单位 Received by	
请用正楷填写 Please fill in block letters.	宾馆名称	

续表

工作处所		职业·职务		籍贯　省　市　区	
No chegking out my account will Be settled by: 离店时我的账目结算将用 □Cash 现金 □Travellers Cheque 旅行支票 □Credit Card 信用卡 □T/A Voucher 旅行社凭单 □Others 其他		Room Rate 房价 Check out time is 12：00 noon 还房时间是中午 12 时整 账单编号 Folio No. Guest Signature 宾客签字			
Money，jewels and other valuables must be placed in a hotel safety deposit box．The management will not be responsible for any loss. 金钱、珠宝及其他贵重品必须放在宾馆的保险箱内，宾馆对任何遗失不负责任。					
Remarks 备注		Clerk's Initial 职员签名			

二、入住登记的程序

入住登记是客人抵店后与前台服务接触的首要环节，接待工作的质量、效率将给客人留下深刻的第一印象，将直接影响客人最初选择饭店的动机和对饭店管理的评价。因此，接待员应为对客关系创建一个良好的开端，热情友好地接待每一位下榻饭店的宾客。入住登记的程序可分为六个步骤，如表 3 - 3 所示。

表 3 - 3　入住登记程序

步骤	1	2	3	4	5	6
内容	识别客人预订情况	填写入住登记表	排房、确定房价	确定付款方式	完成入住登记手续	信息的储备

（一）识别客人预订情况

（1）接待已办理预订手续客人的工作程序。检查客人预订记录；确认客人住宿要求及确定客房现有情况。

（2）接待未办理预订手续客人的工作程序。询问客人住宿要求；确定客房现有情况，如有空房，则向客人报房价、房间类型；若无空房，则建议客人改变住宿选择，或建议其去其他饭店。

（二）填写入住登记表

外国人、国人和团体分别填写不同的登记表。

（三）排房、确定房价

前台服务人员要熟悉掌握客房状况的显示系统，了解客房出租状况，房间位置、朝向及房间设施，以便根据客人对住宿的要求，为客人安排合适的客房，确定房号和房价。

客房状况显示系统，是指用计算机设备系统综合显示客房状态的最先进的一种方法。前台接待处的排房、房价等工作完全依赖于这一系统，它是饭店控制客房状态，做好客房销售工作的前提。饭店的客房随客人的入住、离店等情况随时处于各种状态之中，前台接待处只有掌握、控制好客房状况，才能准确、高效地进行客房销售。

目前饭店的客房状况显示系统一般有两种：客房现状显示系统和客房预订状况显示系统。客房现状显示系统，又称客房短期状况显示系统，可显示每一间客房的即时状态。前台接待处的排房和房价等工作完全依赖此系统提供的状况。一般营业中的饭店，其客房可能处于以下几种状态：

（1）空房（Available for Sale）。是指客房已经打扫干净，一切准备就绪，随时可出租使用。

（2）住客房（Occupied）。是指该客房已出租，正由客人占用，尚未离店。

（3）整理房或走客房（On-Change）。是指客房的客人已退房，现正由客房服务员打扫整理，就绪后可供出租。

（4）待修房（Out-of-Order）。是指该客房将要或目前正在进行内部整修，近期不能出租。

（5）保留房（Blocked Room）。是指为预订的零散或团队客人预留的客房。

饭店计算机联网系统，是指用计算机设备系统综合显示客房状态的最先进的一种方法，目前广泛适用于客房数量多、种类复杂、客流量大的大、中型饭店。在前台接待处、前台收银处及客房值班中心配有联网的计算机终端机，各部位可通过操作终端机来了解、掌握、传递有关客房状况的信息。这不仅加快了相互沟通、联络的速度，更能提高工作效率，避免工作差错。同时，饭店计算机联网系统不仅仅用于显示客房状况，还具有各种功能帮助进行客史档案建立、客账管理、各种报表的形成、营业收入汇总等，可用于前台及整个饭店的管理工作。

案例 3 - 3

不准确的客房状态信息

一名接待员将一间已售出的客房又售给了另一位客人。这位刚办完入住手续的客人手拿钥匙气冲冲地从他的房间回到前台，要求店方解释这是怎么回事。那位先住进去的客人也打电话到总台，要求与经理谈一谈这个低效率的饭店。

分析提示

由于客房状态信息没有得到及时、有效的沟通，不仅给客人带来了不便，还使客人的隐私受到了侵犯，这是很不应该的。前台工作人员从待出售客房中选出房间租给某个客人时，要认真仔细、不厌其烦地检查核对客房的状态，并与同事进行商谈和交流。通过采用饭店客房现状管理系统，可以极大地减少上述事件的发生。

（资料来源：James A. Bardi：《现代美国饭店前厅管理》，湖南科学技术出版社）

（四）确定付款方式

客人入住登记以后，可能会部分或全部付清住店费用，也可能赊账。对于在入住登记时未预付房费的客人，酒店一般不允许其在酒店其他部门赊账，而应立即结清应付费用。客人若预付了部分款额，酒店一般允许其在逗留期间赊账，离店时一次性结清。客人如果在登记入住时没有付款，酒店常常要求客人做出付款担保方能赊账。酒店希望客人用信用卡或经过核实的银行账户做付款担保。对提供了可靠付款担保的客人，酒店给予一定的赊账限额，客人可在限额内赊账（有关客人账务的处理，将在第 4 章进行介绍）。前台服务人员要检查客人填写入住登记表的内容，了解客人最终付款方式，以决定信用限额，并再次向客人报房价，以获得客人的确认。

（五）完成入住登记手续

在以上各项工作完成后，前台服务人员还要检查客人在住宿卡上的签名。

住宿卡是为住店客人提供的一张住店身份证明卡，因此也称为饭店护照。有效期自客人入店直至客人结账离店之日。住宿卡的内容包括住客姓名、房号、入住离店日期、客人签字、经办人签字、宾客须知和饭店提供服务设施的介绍。

住宿卡的功用在于证实住店客人身份，客人以此领取房间钥匙，在现代化的饭店的住宿卡也是宾客进入客房的门卡，并用作饭店内的消费签单。

发放住宿卡后，要提示客人免费寄存贵重物品；提供饭店介绍卡，填写房间钥匙卡，然后交行李员取钥匙，引领客人去房间。

（六）信息的储备

在前台的登记接待工作中还要制作一系列有关表格，如填写最新接待宾客记录单；调整房间住宿状况表；制作客人账单及填写宾客到达通知单，分送饭店有关部门，使整个饭店工作协调有序。在制作的表格中有一份客史档案较为重要。客史档案又称宾客档案，是饭店在对客服务过程中对客人的自然情况、消费行为、信用状况、癖好和期望等做的历史记录。建立客史档案是现代饭店经营管理的重要一环。加强客史档案的管理对提高饭店服务质量、改善饭店经营管理水平具有重要意义。

前台在为宾客进行入住登记时，可以记录并保存有关下榻住店客人的一切最新信息，以作为饭店服务管理的参考资料。资料记录内容包括：客人姓名、性别、身份、护照、入住和停留时间、信用情况以及客人的兴趣、爱好、习惯等。可按特点趋同的原则将住客归类，如根据爱好高尔夫球、游泳、参加舞会等不同爱好归类，以便依据该资料进行追踪服务，改进饭店产品质量，提高住客忠诚度。

补充阅读材料 3 -1

前台接待人性化

法国对旅客寻求的最关心的接待因素作了较深入的调查，结果是：接待情感因素（如听到欢迎光临的话语、工作人员的笑容、被认出并用姓名称呼等）和接待"更实用"因素（如总服务台的服务、接待人员会多种语言、设大门迎宾员等）。调查表明，绝大部分酒店的顾客都不赞成接待服务任何形式的自动化，都希望由酒店工作人员来接待，这体现了酒店接待服务人性化的特征。

三、前台客房商品的推销

对于饭店来说，接待工作最为核心的内容就是销售客房。这就要求接待工作人员必须及时准确地掌握客人预期抵店的情况，处理好提前离店与延长住店、临时取消预订与预订提前到达等特殊情况；同时，还要避免排重房或漏排房现象的发生。在保证客人满意的前提下尽量提高客房出租率，为饭店增加经济效益。

为了增加客房销售的收入，接待员还应做好面对面的对客销售。前台销售工作的成功与否，直接影响到客人对饭店的认识、评价和是否再次光顾，最终影响饭店的经营效果。为了做好前台销售工作，前台接待员必须了解自己饭店所销售的客人产品和服务的特点及其销售的对象。

（一）成功推销客房的前提

前台接待人员必须具备良好的素质，掌握相应的知识和信息，才能在接待过程中成功地将客房及饭店其他产品推销给客人。具体来讲，成功推销客房的前提应当包括以下几个方面：

（1）表现出良好的职业素质。饭店产品是有形设施设备和无形服务的结合，从客人的角度来讲，购买饭店产品实质上就是客人购买的一段住宿体验。所以，饭店员工就构成了饭店产品的一部分。客人初到一家饭店时，对饭店的了解和产品质量的判断通常就是从前台接待人员的仪容仪表和言谈举止开始的。因此，前台接待人员必须表现出良好的职业素质，要面带微笑，以正确的姿态、热情的态度、礼貌的语言、快捷规范的服务接待每一位客人。这本身就是对饭店产品的有形展示，是成功推销饭店产品的基础。接待人员要遵守职业道德，敬业爱岗，同时要具有热情、开朗的性格。因为个人的精神风貌在推销过程中也会对推销效果产生很大的影响。

（2）熟悉、掌握本饭店的基本情况及特点。这包括：饭店所处的地理位置及交通情况；饭店建筑、装饰、布置的风格及特点；饭店的等级与类型；饭店的服务设施与服务项目的内容及特色；饭店产品的价格与相关的销售、推广政策和规定等。掌握上述信息，是做好客房销售工作的先决条件；同时，要对饭店的客房有完整的了解，如各类房间的面积、色调、朝向、楼层、特点、价格、设施和设备等，只有接待员对以上内容充分了解了，才能向客人详细介绍客房情况，才有助于进一步的推销。

（3）了解、掌握竞争对手饭店的产品情况。接待人员在详细了解了饭店的产品情况的基础上，更要熟悉竞争对手的有关情况。掌握本饭店与竞争对手在饭店产品的质量、内容、特点、功能、方便情况以及价格等方面的异同，扬长避短，找出自己饭店的特点和优势，加以着重的宣传。

（4）熟悉本地区的旅游项目与服务设施。接待人员通过宣传本地区的城市功能特点，以及相关的在此地举行的活动内容使客人对本地区产生兴趣，增加在本地区逗留的时间及机会；也使饭店在客人心目中的印象加深，增加客人重复入住的概率和饭店的服务收入。

（5）认真观察、掌握客人的心理及需求。销售客房是看似简单的过程，其中却包含着很强的艺术性和技巧性。它来源于对客人言谈、举止的细心观察、判断；取决于接待人员对客人消费心理和需求的正确把握，掌握了这些就便于同客人沟通、交流，有利于成功地推销客房及其他饭店产品。

（二）客房商品的推销技巧

前台接待人员的工作不仅要接受客人的预订，为客人安排房间，还要善于推销客房及其他产品，最大限度地提高客房出租率；增加综合销售收入。要做到这一点，接待人员推销时要掌握以下几种推销的技巧：

（1）推销时要突出客房产品的价值。在销售客房产品的过程中，接待人员应强调的是客房的价值（即客房的使用价值），而不单是价格。因为客人购买的是产品价值，而不是价格，但客房价值的大小是通过客房价格体现的，两者只有相对平衡，客人感到物有所值时，才能说是公道合理，才可能成交。正常情况下，等级越高、质量越好的房间，其价格也越高。比如，在与客人洽谈价格的过程中，要根据客房的特点及客人自身的需要，对客房的使用价值加以描述。如使用："刚刚装修的，十分舒适、豪华"；"房间是面向大海的，窗外的风景十分优美"；"最大的、顶层的、带有民族特色的"；等等。当然在突出客房价值的同时，也应注意避免过分夸张、错误地介绍。

（2）推销时要给客人提供可比较、选择的范围。如果客人没有具体说明想要哪一类型房间，接待人员可向客人提供两种或两种以上不同房型、价格的客房，方便客人比较、选择，增加推销成功的概率。

（3）推销时要正面介绍引导客人。这里所说的采用正面介绍，是指在推销客房过程中，接待人员要着重介绍各类型客房的特点和优势给客人带来的方便和好处，以及与众不同之处。假如饭店目前只剩一间客房，客人无法选择，也应对客人说："您的运气真好，现在正好还有一间不错的房间。"而不能直说："这是最后一间空房了。"让客人觉得是在用别人剩下的东西。

（4）对不同客人的推销要有针对性。①向查询、问价的客人推销。许多客人初次抵店，或因为不满意其他饭店的客房及服务，而来本店查询客房类型、价格及相关服务项目等。对此类客人，接待人员一定要抓住这一良好推销时机，设法让客人对饭店的客房及服务项目介绍产生兴趣而留下来。接待人员在推销过程中，针对此类客人，首先，要积极热情地接待，询问其旅行的目的，从中大致了解其住店的需求，并借机有的放矢地推销饭店的某类客房或某些服务项目；其次，要从客人提出的问题中了解哪些客房迎合其口味，让其情有独钟，并对这类客房详加介绍、说明，供其选择；最后，对客房的报价也要有层次性，从高到低，请客人挑选。在整个接待、推销的过程中，接待人员都要做到耐心、周到。②对犹豫不决的客人多给予建议。有些客人尤其是初次抵店的客人，即使听了接待员对客房及服务项目的介绍，仍不能明确决定自己需要住什么样的房间，或者并不完全相信接待人员的介绍。在此情况下，接待人员要认真观察客人的表情变化，分析客人的心理活动，设法去理解客人的真正意图，了解客人的喜好和特点，尽量消除客人的疑虑，有针对性地为其进行客房的介绍。必要的情况下，也可带客人参观几种不同类型的客房，当然带客看房时，应先带客人看条件、价格较高的客房，如果客人满意了，就不必再带客人看低价位客房了。③对消费能力有限的客人的推销。在接待的过程中，客人并不都是高消费者，很多人的消费能力及选择范围是有限的。对于这部分客人，接待人员不能有丝毫的怠慢和歧视。在推销过程中，也不能只为其报低价位房间及片面强调折扣及优惠，也应提供各类价格、状况不同的房间供其选择。同时，即使此次选择有限，也应使客人了解饭店客房及服务的更多信息，以方便客人下次入住参考和信息的对外传播。

案例 3 - 4

促销客房

前厅部的接待员小王接到一位外国客人从异地打来的电话，想预订收费每天 80 美元的标准间，并于当天下午到达。

小王马上查阅了客房状况表，回答客人说标准间已经全部订满。可外国客人说："我人生地不熟，只知道你们饭店，还是希望你给想想办法。"

小王暗自思量以后，用商量的口气说："感谢您对我们饭店的信任，我建议您和朋友准时来本地，先住一两天我们的豪华套房，每套每天收费也不过 180 美元，在套房内可以眺望海滨的优美景色，室内有红木家具和古玩摆设，提供上乘的服务，相信你们住了以后一定会满意。"

小王讲到这里，故意停顿一下，以便等待客人的回话。对方似乎犹豫不决，小王又趁势诱导说："我想您是在考虑这套房是否物有所值，请告诉我您什么时间到，我们将派车去接您，到店后我陪您和您的朋友先参观一下套房，然后再做决定也不迟。"

客人听小王这么讲，一时难以拒绝，最后欣然答应先预订两天豪华套房。

分析提示

前厅接待员在自己的岗位上有很多的促销机会。促销客房，一方面，要通过热情的服务来体现；另一方面，有赖于巧妙而合理的促销手段，掌握好销售心理和语言技巧往往能够及时奏效。

（5）注重推销饭店其他服务项目。使所有的客人都十分清楚饭店的设施及服务项目，尤其是初次抵店的客人。前台接待员在宣传、推销客房的同时，不应忽视推销饭店的其他产品，要让客人感到饭店产品的综合性及完整性。同时，如果接待人员的推销服务内容正好迎合了客人的需求，客人不仅乐于接受，更会对饭店和对接待人员细致、周到的服务表示感激。

案例分析

满足客人需求

穆罕默德是一位来自阿拉伯国家的商人。一日在其随从的保护下，一行 4 人来到五星级的某大酒店。这家酒店素有"商旅之家"美誉，是一家很受商务、公务客人青睐的酒店，其拥有各类豪华客房。穆罕默德提出 4 人合住一个高楼层、较静的豪华四间套的要求。不巧，酒店的该种豪华套间正准备改造，墙纸和地毯都已揭去，电梯也已关闭。因此，总台服务员向客人提出了两个替代方案：一是提供两个相邻的两间套；二是穆罕默德先生租用一个豪华的两间套，三位随从可使用与此相连通的一个标准间，再另加一张床。但穆罕默德一行不允，坚持想先实地看看准备装修的四间套是什么状况后再做决定。总台服务员立即与大堂经理取得了联系，大堂经理引导他们看了房间，不料客人感到满意，执意要求住这个四间套。大堂经理及时向上级做了汇报，上级批示：尽快恢复房间服务，满足客人要求。酒店有关方面立即行动起来，地毯、家具就位，电话接通，电梯开通……而此时，穆罕默德一行 4 人暂在另两个标准间里稍作休息。

案例讨论题

1. 为什么穆罕默德一行执意要求租住一个四间套房?

2. 这个案例给我们前台接待人员有哪些启示?

思考与练习

1. 客房预订的种类有哪些?

2. 客房预订的基本程序是什么?

3. 超订过度应采取怎样的补救措施?

4. 决定是否受理一项订房要求,需要考虑哪几个方面的因素?

5. 前台准备工作的基本内容是什么?

6. 入住登记的步骤有哪些?

7. 成功推销客房的前提是什么?

8. 登录各饭店网站,查阅饭店的预订过程。

选择题

1. 客人与饭店之间建立正式的合法关系的基本环节是( )。

    A. 客房预订   B. 前台服务   C. 入住登记   D. 结账服务

2. 前厅部接待员在销售客房时,重点向客人讲解的内容是( )。

    A. 客房的价格   B. 客房的价值   C. 客房的等级   D. 客房的种类

3. 旅游旺季,住店客人要求延期居住,而当天饭店客房已预订满,前厅员工应( )。

    A. 把住店客人赶走   B. 将抵店客人安排在其他饭店

    C. 劝住店客人调房   D. 向抵店客人说明情况,调整其预订房的类型

判断题

1. 预订客人抵店时,总台接待员应礼貌地请其填写事先准备好的空白住宿登记表。

2. 走客房是指客房的客人已退房,随时可出租使用的房间。

第4章 前厅系列服务

【学习目标】

1. 了解前厅系列服务的内容和要求。
2. 熟悉前厅礼宾服务、问讯服务、总机服务、商务中心服务和收银服务的内容和基本服务程序。
3. 理解"金钥匙"服务的基本理念。
4. 了解商务楼层的服务内容,提高解决实际问题的能力。

【内容结构】

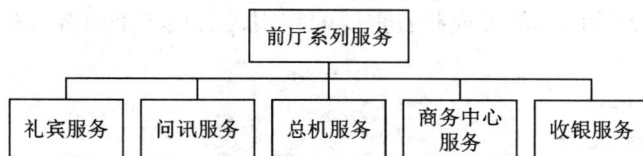

【重要概念】

礼宾服务　"金钥匙"服务　叫醒服务　商务楼层

前厅部除了做好客房销售外，还担负着大量的直接为宾客服务的工作，包括礼宾服务、问讯服务、总机服务、商务中心服务、收银服务等。前厅部员工在提供这些日常系列服务工作时，是以"饭店形象代表"的角色进行的，所以其服务质量显得尤为重要。本章将介绍前厅系列服务的主要内容、基本服务程序和要求。

第1节　礼宾服务

礼宾服务是现代饭店对客服务中的一种服务项目，包括一系列的服务内容。目前，我国大部分饭店的大厅设有礼宾服务处，其英文名称为"Bell Service"，在高档饭店中称为"Concierge"。饭店大厅礼宾服务实际上是在宾客入住饭店和离店时向客人提供的迎送宾客服务以及为客人提供行李和其他的一系列服务。为了体现饭店的档次和服务水准，许多高档次饭店都设立礼宾部，下设迎宾员、行李员、机场代表、委托代办等岗位。其职责范围有迎送宾客服务、行李服务、递送邮件、留言单以及客人委托代办的各种服务等。

"礼宾"一词最初的英文是 Bell Hop，初期每个宾馆的房间内都装置了按铃，只要客人按一下铃服务员就会出现，Bell Hop 的名称也由此而来。礼宾服务较之过去的行李服务的概念更能体现饭店与客人之间的关系，拓展了对客服务的内容。

饭店礼宾服务是前厅服务的重要组成部分，是以客人心目中"饭店代表"的特殊身份进行的，其服务态度、服务效率如何，将直接影响饭店的声誉与效益。前厅是客人进入饭店的第一个接触点，客人一入住饭店首先受到的就是饭店的礼宾服务，他们的服务对宾客第一印象和最后印象的形成起着重要的作用，而且还是向客人推销饭店和宣传饭店的服务群体。

一、店门迎送服务

店门迎送服务主要由门卫负责，门卫也称迎宾员或门童。他们一般穿着比较高级华丽、标志醒目的制服，站在正门处，代表饭店欢迎来店客人并送走离店客人。门卫工作责任重大，他们象征着饭店的礼仪，代表着饭店的形象，起着"仪仗队"的作用。所以门卫在工作时，要着装整洁，精神饱满，思维敏捷，动作迅速，姿势规范，语言标准。同时，要热情、讲礼貌，创造一种热烈欢迎客人的氛围，满足客人受尊重的心理需求。门卫通常由高大英俊的青年男子担任，这样可以与高档雄伟的饭店建筑和门面相融合。但也有些饭店用气质好、仪表端庄的漂亮女性或具有绅士风度的长者做门卫，标新立异，受到客人的欢迎。还有的饭店雇用外国人做门童，使饭店更具异国情调，可增强饭店对国内外宾客的吸引力。

门卫的主要职责是：迎接宾客；送别宾客；其他日常服务，如安全服务、回答宾客的问讯和调度门前交通。

案例 4-1

体验礼宾服务

某四星级饭店每年的 3 月为优质服务月。1998 年 3 月底，精通饭店服务与管理的邹先生受该饭店总经理的委托前去暗访，以检查优质服务月的具体效果。当邹先生乘坐的出租车停在饭店门口时，门童立刻迎上前来，正准备为客人拉车门时发现坐在副驾驶位置的客人正在付款，并索要发票，便没有马上拉前门，而是拉开后车门，把客人放在后座的行李提了出来，然后站在前车门的位置，时刻准备着为客人提供服务。当邹先生放好零钱及发票，正准备打开车门时，门童已适时地拉开车门，并微笑着问候客人："欢迎光临，请问先生还有没有其他行李？"同时递给客人一张写有出租车号码的卡片，邹先生离开出租车后，门童正准备关上车门时，却发现前座上有一部漂亮的手机，便拿着手机对准备进饭店的邹先生说："先生您是否遗忘了手机？"邹先生一摸裤兜，忙说："哎哟，是我的手机，太谢谢你了。"门童将手机还给客人，并引领客人进入饭店，将行李递给门口的行李员。

行李员引领客人前往总台接待处办理入住登记手续。在邹先生办理入住登记手续之时，他始终恭立在邹先生身后，为邹先生看护行李。接待员在礼貌问候之后，询问客人有无预订，邹先生说已经预订了一个单人间，接待员随即请邹先生出示身份证件，并熟练地为客人填写入住登记表上的相关内容，最后请邹先生签名，并预付押金。当邹先生拿到房卡和钥匙时，行李员快步走上前来，接待员悄声告诉行李员客人的房号。行李员对客人说："邹先生，请这边走。"引领客人来到 601 房间，简略地介绍了饭店一些较有特色的设施后，发现客人已将西装脱下，行李员随即将客人的西装挂进壁橱里，并询问邹先生还有何需要。邹先生微笑着说："不用了，谢谢你。"行李员便对邹先生说："祝您在本饭店居住愉快！"然后告辞离去。

（资料来源：杨富荣：《旅游饭店服务教学案例分析》，高等教育出版社）

分析提示

酒店中的每位服务人员都应树立全局观念，时刻牢记自己是酒店的代表，自己的一言一行都会影响到客人对酒店的印象。因此，无论多忙，绝不能怠慢客人。

二、行李服务

行李服务是前厅部向客人提供的一项重要服务。由于散客和团队客人有诸多不同特点，其行李服务的规程也不相同。

（一）散客行李服务

当客人乘车抵店时，行李员应主动上前迎接，向客人表示欢迎。客人下车后，迅速卸下行李，引导客人进入前厅至总台。在客人办理登记手续时，行李员应站在客人身后帮助照看行李。客人办妥入住手续后，将客人引领进房间，同时将客人行李送入房间。离开房间后迅速返回行李处，填写散客入住行李搬运记录。

当接到离店客人要求时，行李员应在指定的时间内前往提供服务，与客人共同清点行李件数，检查行李有无破损，然后与客人道别，迅速提着行李（或用行李车）离开房间；来到大厅后，要先到收银处确认客人是否已结账，如客人尚未结账，应礼貌地告知客人收银处的位置。客人结账时，要站在客人身后1.5米处等候，待客人结账完毕，将行李送到大门口。送客人离开饭店时，再次请客人清点行李件数后再装上汽车，向客人道别。将行李车放回原处，填写散客离店行李搬运记录。

（二）团队客人行李服务

团队行李一般是由接待单位从车站、码头、机场等地装车运抵饭店的。团队离店时的行李也是由接待单位运送。而饭店的工作是按团名点清行李件数，检查行李有无破损，并做好交接手续，做好店内的行李运送工作。

（三）客人存取行李服务

客人要求寄存行李时，要礼貌地向客人征询所住房号、姓名等。原则上只为住店客人提供免费寄存服务，若团队行李需要寄存时，应了解团号、寄存日期等信息。

提供本项服务时，应礼貌地询问客人所寄存物品的种类，向客人说明贵重物品、易燃、易爆、易碎、易腐烂的物品或违禁物品不能寄存；并请客人填写一式两份的行李寄存卡，或由客人口述，行李员代为填写，请客人过目后签字。行李寄存卡的形式通常是由两份相同的表格组成，下面的一份交给客人，作为取行李的凭证，上面的一份系在所寄存的行李上。同时做好行李暂存记录。

然后将行李放入行李房中，分格整齐摆放。同一客人的行李要集中摆放，并用绳子穿在一起。行李房要上锁，钥匙由行李领班或礼宾主管亲自保管。

当客人提取行李时，先请客人出示行李寄存凭证，然后与系在行李上的寄存卡核对，如果两部分完全吻合，当面点清行李件数，然后把行李交给持寄存凭证的客人，并请客人在行李暂存记录上签名。

案例4-2

一张行李牌

某天下午1时左右，一位客人提着行李走出电梯，径直往行李台方向走去。正在行李台当班的服务员小付见到他即招呼说:"张总您好,好久没见您了,今天怎么有空来了?"张先生回答道:"昨天刚到的,住得挺好,生意也顺利地谈完了。下午我出去办点事,准备赶晚上 6 时 30 分的飞机回去,先把行李放在这里。"小付态度热情,一边说:"好,您就把行李放在这儿吧",一边从张先生手中接过行李。

"是不是要办手续?"张先生问。

"不用了,咱们是老熟人了,下午您回来直接找我取东西就行了。"小付爽快地表示。

下午 4 时,小付忙忙碌碌地为客人收发行李,行李员大李前来接班,小付把手头的工作交给大李便下班离去。

4 时 30 分左右张先生匆匆赶到行李台不见小付,便对大李说:"您好,我的一个行李箱中午交给小付了,可他现在不在,请您帮我提出来。"大李说:"请您把行李牌给我。"张先生说:"小付是我的朋友,当时他说不用办手续了,所以没拿行李牌,你看……"大李忙说:"呦,这可麻烦了,小付已经下班了,他下班时也没交代这件事。"张先生焦急地问:"你能不能给我想想办法?"大李回答:"这可不好办,除非找小付,可他今天有事下班走了。""请你无论如何想办法帮我找到他,一会儿我要赶 6 时 30 分的飞机回去。"张先生有些着急了。"他不在宿舍,现在无法跟他联系。"电话寻找小付,一直没有结果。

分析提示

案例中发生问题的根本原因是,行李员没有按照服务程序和标准来进行服务,并且在交接班时也没有向同事交代,导致客人不能及时提取行李。如果发生上述情况,应解决"制度"与"灵活处置"相对应的问题,以便更有效地服务于客人。

(资料来源:孙超:《饭店前台管理》,中国旅游出版社,2004)

三、饭店代表服务

饭店代表在机场、车站、码头等主要出入境口岸迎接客人,提供有效的接送服务,及时向客人推销饭店产品,既是饭店整体服务的向外延伸及扩展,也是饭店对外的宣传窗口。饭店代表的服务将给客人带来饭店服务的最初印象。

为了树立饭店的良好形象,争取更多的客源,要求饭店代表必须具有强烈的责任心、自觉性、灵活性及独立工作能力和较强的业务推销能力,要着装整洁、仪表端庄、形象气质和沟通能力良好。

四、委托代办服务

饭店的委托代办服务,是指客人委托饭店前台代办的各种事项,即客人委托,职员代表饭店为客人代办。这种服务小到帮客人运送行李、帮客人修补鞋子,大到可以帮客人筹备宴会、预订直升机等，可以说，只要是客人让饭店办的事，只要不违反法律、法规的一切事项，饭店都应为其提供服务。

接受客人委托代办要求时，大堂值班人员应详细了解客人的要求。接受的委托代办事项由领班指派专人完成。外出前，行李员应在工作任务记录表上签名并写明外出的事由、目的地、完成任务的时间。向客人移交物品时，应请客人在账单上签字（付现金的客人除外），然后将账单交收银处。要做好委托代办服务，还必须注意保持与店外有关单位的良好合作关系。

以委托代办形式出现的"金钥匙"服务，是区别于一般饭店服务的高附加值的服务，具有鲜明的个性化和人性化特点，被饭店业的专家们认为是饭店服务的极致。

（一）金钥匙服务的概念

"金钥匙"起源于法语单词 Concierge，原意为"钥匙保管者"，是指古代饭店的守门人，负责迎来送往和饭店的钥匙的保管。金钥匙服务是饭店内以礼宾部职员（具有国际金钥匙组织会员资格的职员）为其所在饭店创造经营效益为目的，按照国际金钥匙组织特有的金钥匙服务理念和由此派生出的服务方式为客人提供的"一条龙"的个性化服务。在现代饭店中，只要不违反道德和法律，任何事情 Concierge 都尽力办到，而且要办好，以满足客人的需要。这种服务通常以"委托代办"的形式出现，因为它的高附加值区别于一般的饭店服务，具有鲜明的个性化特点，被饭店业的专家认为是饭店服务的极致。

"国际金钥匙协会"成立于 1952 年 4 月，来自 9 个欧洲国家的礼宾司代表在法国东南部的戛纳举行的首届年会并创办了"欧洲金钥匙大酒店组织"（"Union Europen des Portiers des Grand Hotel"），简称"UEPGH"。来自法国巴黎 SCRIBE 酒店的礼宾司费迪南德·吉列特先生被推选为该组织的主席。作为金钥匙组织的主要创始人，吉列特先生一生为金钥匙事业呕心沥血，后被尊称为"金钥匙之父"。

1970 年，UEPGH 更名为"国际金钥匙大酒店组织"（Union International Portiers Grand Hotel），简称"UIPGH"，这标志金钥匙组织从欧洲范围扩大到整个世界，成为一个国际性组织。在 1997 年又变成今天的名称"UICH"（Union International Des Concierges Hotels）。

国际金钥匙组织的标志是两把金光闪闪的交叉金钥匙。它代表着饭店 Concierge 的两种职能：一把金钥匙用于开启饭店综合服务的大门，另一把金钥匙用于开启城市综合服务的大门。也就是说，饭店金钥匙成为饭店内外综合服务的总代理。国际金钥匙组织利用遍布全球的会员所形成的网络，从而使金钥匙服务有着独特的跨地区、跨国界的优势。万能的金钥匙可以帮助客人解决一切难题。在国际上，"金钥匙"已成为高档饭店个性服务的重要标志。

国际金钥匙组织现在发展到 40 多个国家和地区，成了国际化、网络化、专业化、个性化的服务品牌，已成为越来越多旅客入住酒店的第一选择。

"金钥匙"在中国最早于 1995 年出现在广州白天鹅宾馆，多年来，中国饭店金钥匙组织已发展到相当大的规模。有关资料显示，截至 2015 年 1 月，国际金钥匙组织中国区已发展遍布各个省、区和城市，形成一个庞大的饭店服务品牌网络，并成为国际金钥匙组织的最重要成员之一。

（二）中国饭店金钥匙的服务理念

中国饭店金钥匙的服务理念是在不违反当地法律和道德观的前提下，使客人获得"满意加惊喜"的服务，让客人自踏入饭店到离开饭店，自始至终都感受到一种无微不至的关怀和照料。

特别是目前中国的旅游服务必须要考虑到客人的食、住、行、娱、游、购六大内容。酒店"金钥匙"的一条龙服务正是围绕着宾客的需要而开展的。例如，从接客人订房，安排车到机场、车站、码头接客人；根据客人的要求介绍各特色餐厅，并为其预订座位；联系旅行社为客人安排好导游；当客人需要购买礼品时帮助客人在地图上标明各购物点；等等。最后，当客人要离开时，在饭店里帮助客人买好车、船、机票，并帮客人托运行李物品；如果客人需要的话，还可以订好下一站的饭店并与下一城市饭店的金钥匙落实好客人所需的相应服务。人们不难想象，饭店金钥匙对城市旅游服务体系、饭店本身和旅游者带来的影响。

饭店"金钥匙"对中外商务旅游者而言，是酒店内外综合服务的总代理，一个在旅途中可以信赖的人，一个充满友谊的忠实朋友，一个能解决麻烦问题的人，一个个性化服务的专家。

中国饭店"金钥匙"服务理念的核心，是通过实现社会利益和团体利益最大化的同时使个人利益的最大化成为现实，追求社会、企业、个人三者利益的统一。"满意加惊喜"是中国饭店"金钥匙"的服务目标；用心极致是中国饭店"金钥匙"的服务精神；快乐工作是中国饭店"金钥匙"的人生追求。由此可见，中国饭店"金钥匙"的服务观是建立在肯定人性作用的基础上，把服务他人作为快乐之源，是中国饭店服务人员的职业最高境界。

（三）"金钥匙"的服务项目

金钥匙服务是无疆界和无止境的，在合法的基础上，客人的任何要求都应满足。从中国饭店业发展趋势来看，"金钥匙"将会越来越受到重视，其中的理念会发挥其应有的作用。中国饭店金钥匙服务项目包括以下内容：

（1）行李及通信服务：运送行李、电报、传真、电子邮件。

（2）问讯服务：指路等。

（3）快递服务：国际托运、国际邮政托运、空运、紧急包裹、国内包裹托运等。

（4）接送服务：汽车服务、租车服务、接机服务。

（5）旅游：个性化旅游服务线路介绍。

（6）订房服务：房价、房类、折扣、取消预订。

（7）订餐服务：推荐餐馆。

（8）订车服务：汽车及轿车等租赁代理。

（9）订票服务：飞机票、火车票、戏票。

（10）订花服务：鲜花预订、异地送花。

（11）其他：美容、按摩、看孩子、邮寄等。

（四）"金钥匙"服务人员的素质要求

一名优秀的"金钥匙"服务人员具有非凡的才能和素质，具有强健的体魄和充沛的精力，具有心甘情愿、竭尽全力的献身精神。具体来讲，应具备以下基本素质：

1. 思想素质

（1）热爱祖国，拥护中国共产党和社会主义制度。

（2）遵守国家的法律、法规，遵守饭店的规章制度，有高度的组织纪律性。

（3）敬业乐业，热爱本职工作，有高度的工作责任心。

（4）有很强的顾客意识、服务意识，乐于助人。

（5）忠于企业，忠于顾客，真诚待人，不弄虚作假，有良好的职业操守。

（6）有协作精神和奉献精神，个人利益服从国家、集体利益。

（7）谦虚、宽容、积极、进取。

2. 能力要求

（1）交际能力：乐于和善于与人沟通。

（2）语言表达能力：表达清晰、准确。

（3）协调能力：能正确处理好与相关部门的合作关系。

（4）应变能力：能把握原则，以灵活的方式解决问题。

（5）身体健康，精力充沛，能适应长时间站立工作和户外工作。

3. 业务知识和技能

（1）熟练掌握本职工作的操作流程。

（2）会说普通话和至少掌握两门外语。

（3）熟练掌握所在宾馆的详细信息资料，包括饭店历史、服务时间、服务设施等。

（4）熟悉本地区三星级以上饭店的基本情况，包括地点、主要服务设施、特色和价格水平。

（5）熟悉本市主要旅游景点，包括地点、特色、开放时间和价格。

（6）掌握本市高、中、低档的餐厅各 5 个（小城市 3 个），娱乐场所、酒吧 5 个（小城市 3 个），包括地点、特色、服务时间、价格水平和联系人。

（7）能帮助客人安排市内旅游，掌握其线路、花费时间、价格和联系人。

（8）能帮助客人修补物品，包括腕表、眼镜、小电器、行李箱、鞋等，掌握这些维修处的地点和服务时间。

（9）能帮助客人邮寄信件、包裹、快件，懂得邮寄事项的要求和手续。

补充阅读材料 4 –1

金钥匙：追求极致的事业

追求是一个过程，正如数学中的极限概念一样，极致也是一个始终在逼近但永远不能穷尽的目标，因此，金钥匙不是一个简单的工作技能标志，而是一项永无穷尽的事业。

万能的金钥匙已经成为世界性的知名品牌，不夸张地说，一家饭店拥有金钥匙相当于给饭店增加了一颗星，其无形资产的效应是长远的……饭店的现代化市场竞争，是从初始的价格之争上升到的较高的质量之争，最终要达到文化之争。而饭店的文化，则是欧洲的传统文化、美国的制度文化和亚洲的人情文化的融合，金钥匙是最好的结合方式，也是这种结合的最好体现。

中国饭店金钥匙会员资格及入会考核标准

（1）在饭店大堂柜台工作的前台部或礼宾部高级职员才能被考虑接纳为金钥匙组织的会员。

（2）年龄 21 岁以上，人品优良，相貌端庄。

（3）从事饭店业 5 年以上，其中 3 年必须在饭店大堂工作，为饭店客人提供服务。

（4）有两位中国饭店金钥匙组织正式会员的推荐信。

（5）一封申请人所在饭店总经理的推荐信。

（6）过去和现在从事饭店前台服务工作的证明文件。

（7）掌握一门以上的外语。

（8）参加过由中国饭店金钥匙组织提供的服务培训。

案例 4 –3

为比尔·盖茨的一次服务

1995 年底，世界首富、计算机软件大王比尔·盖茨应邀从中国香港来广州白天鹅宾馆演讲，拟取道番禺、南沙经沙窖岛抵广州。为避免交通不便而影响紧张的日程，香港微软公司向宾馆提出，最好能调用直升机开辟从南沙到沙窖岛的特别通道。宾馆销售部把这一难度极高的任务交给前台礼宾部的"金钥匙"办理。

接到任务后，礼宾部便紧急行动起来。有关人员先与南航直升机公司联系，根据其要求，从省政府安全厅获得同意的介绍信；再到广州军区司令部作战处办手续，由他们审核飞行图；经批准并获南航认可后，礼宾部与南航有关人员一起赴实地考察地形。他们先在南沙港口选好停机位置，清场，清除地面沙子、沙井盖，并落实当地派出所负责安全保卫。最后，到沙窖岛一个鱼塘边的空地上选好停机坪，用红布铺成停机标志，并用红地毯铺至离码头几十米的地方，以便让盖茨下机后，用专车送到码头……为了防止意外，有关人员又主动提出第二、第三套应急方案。

这一天，盖茨从中国香港乘飞翔船抵达南沙，礼宾司三组人员分别在南沙、沙窖岛和珠江边"白天鹅"码头三地用对讲机反复联络。然而，由于当时珠海的天气不好，珠海的直升机无法飞抵南沙，结果被迫取消原计划，而启用第二套应急方案，从飞天空改为走陆路。由警车开道，盖茨一行乘坐的三辆奔驰车只用 45 分钟便抵达沙窖岛，然后换乘快艇（另有一艘备用），顺利抵达珠江之滨的白天鹅宾馆。

分析提示

这是一个典型的饭店"金钥匙"多点合作的成功案例。饭店客人特殊要求的特别服务往往涉及面很广，需要广泛的社会联系和酒店强大的优势做后盾才有可能完成，且大多是国际著名人物才有的这种要求。由此可见，饭店"金钥匙"的服务不是一般意义上的服务，而是竭尽所能地为客人排忧解难。现在国际饭店金钥匙组织在全球已经形成网络，这种网络将使金钥匙服务发挥出更加巨大的优势。

（资料来源：蔡万坤：《新编酒店客房管理》，广东旅游出版社）

第 2 节　问讯服务

住店客人来自各地，必然有很多情况需要了解和询问，饭店的每一位员工都应随时回答客人的询问，协助解决客人的困难。饭店在前台设有问讯处，就是为方便客人、帮助客人，使饭店服务达到完美的境界。问讯处除了向客人提供问讯服务外，还要受理客人留言、处理客人邮件、控制客用钥匙等。

一、问讯服务的内容

客人要询问的问题很多，包括饭店内部信息和饭店外部信息。

（一）饭店内部信息的问讯服务

有关饭店内部信息的咨询通常涉及：中西餐厅、酒吧、商场、商务中心所在的位置及营业时间；会议、宴会、展览会举办场所及时间；饭店提供的其他服务项目、营业时间及收费标准，如健身服务、娱乐服务、洗衣服务等。

问讯员要作出使客人满意的答复，必须熟悉本饭店所有的服务设施、服务项目和经营特色以及饭店的各项有关政策，并积极、热心地向客人宣传和推销饭店产品。

（二）饭店外部信息的问讯服务

客人对饭店外部信息的咨询涉及面非常广，这就要求问讯员必须有较宽的知识面，掌握大量的相关信息。比如，要懂得外事接待礼仪、礼节和沟通技巧；熟悉主要客源国历史、地理及风土人情；掌握当地主要餐馆、康乐场所和购物中心的营业时间、交通情况、电话号码；掌握饭店附近银行、邮局、教堂、医院的情况；熟悉当地各级政府机关、社会团体、外事机构的办公地点和电话号码等。

为了提供准确的咨询服务，柜台要配有相关资料、计算机等设备用品，并对资料不断地更新补充。在回答客人询问时，问讯员要接待热情、主动、耐心，做到百问不厌。答复要肯定而准确，语言流畅、简明扼要。不能做出模棱两可的回答，更不可推托、不理睬客人，或简单回答"不行""不知道"。对不能回答或超出业务范围的问题，应向客人表示歉意并迅速查阅计算机或有关资料，或者请示有关部门后再作回答。

二、查询服务

这里的"查询"是指非住店客人查找住店客人的有关情况，对此应在不涉及客人隐私的范围内予以回答。

（一）查询住店客人的有关情况

查询住店客人情况的主要内容有：客人的房号；客人是否在饭店；有无他人来访住客。对这些查询，问讯员应先问清来访者的姓名、与住店客人的关系等。然后打电话到被查询者的房间，经该客人允许后，才可以让来访者去找客人；如果住客不在房内，切记不可将住客的房号及电话号码告诉来访者，也不可让来访者到房间找人，以保证客人的隐私权，避免出现差错和纠纷。

如果查明客人尚未抵店，请对方在客人预订抵店的日期再来询问；如果查明客人已退房，则向对方说明情况。除已退房客人有委托外，一般不可把客人离店后的去向和地址告诉来访者。

（二）电话询问住店客人情况

接到店外打来的查询住店客人的电话时，问讯员必须注意：

（1）客人姓名。中文名字要问清楚每个字的发音；英文名字的查询应更加仔细，认真地区别易读错的字母，要特别注意普通话发音与广东话发音的区别，以及华侨、外籍华人使用英文名字、汉语拼音姓氏的情况。

（2）查到了客人的房号，应征求客人意见，看客人是否愿意听电话，客人同意后，才可将电话接到房间。

（3）房间没有人接听电话，可建议打电话者留言或稍后再打电话来查询，不可将住客房号告诉他人。

（4）团队客人的查询电话，要问清客人的国籍、旅行团名称、何时到店等，具体查询要求与散客相同。

（三）客人要求房号保密的处理

有时住店客人由于某种原因，会要求饭店对其房号进行保密。做好这项服务工作，小则可以防止住客受到不必要的干扰，大则可以保证客人的住店安全和预防各类案件的发生，问讯员在未征得客人同意时，是不可泄露其房号的。具体处理办法如下：

（1）房号要求保密时，要问清保密程度。例如，是绝对保密，还是只接听某些电话、只接待某位客人的来访等。

（2）记录需保密的房号、起止时间和特殊要求。

（3）电话总机做好保密工作。例如，来电话查询要求保密的客人时，接线员应告诉来电话者该客人未住本店。

（4）计算机上设保密标记。

（5）当有人来访问要求保密的客人时，一般以客人没有入住为由予以拒绝。

（6）当客人要求解除保密或改变保密程度时，要认真做好记录，取消或更改计算机上的标记，并通知电话总机。

案例 4 - 4

为住店客人保密

一天，有两位外宾来酒店总台，要求协助查找一位叫帕特森的美国客人是否在此下榻，并想尽快见到他。总台接待员立即进行查询，果然有位叫帕特森的先生。接待员于是接通客人的房间电话，但长时间没有应答。接待员便和蔼地告诉来访者，确有这位先生住宿本店，但此刻不在房间，也没有他的留言，请来访者在大堂休息等候或另行约定。

这两位来访者对接待员的答复不太满意，并一再说明他们与帕特森先生是相识多年的朋友，要求总台接待员告诉他的房间号码。总台接待员和颜悦色地向他们解释："为了住店客人安全，本店有规定，在未征得住店客人同意时，不得将房号告诉他人。两位先生远道而来，正巧帕特森先生不在房间，建议您可以在总台给帕特森先生留个便条，或随时与酒店总台联系，我们乐意随时为您服务。"来访者听了接待员这一席话，便写了一封信留下来。

晚上，帕特森先生回到酒店，总台接待员将来访者留下的信交给他，并说明为安全起见和不打扰客人休息的缘由，总台没有将房号告诉来访者，敬请先生原谅。帕特森先生当即表示予以理解，并表示这条规定有助于维护住店客人的利益，值得赞赏。

分析提示

"为住店客人保密"是酒店服务的原则，但要处理得当，这位接待员始终礼貌待客，耐心向来访者解释，并及时提出合理建议。由于解释中肯，态度和蔼，使来访者提不出异议，反而对这家酒店严格的管理留下深刻的印象。从这个意义上讲，维护住店客人的切身利益，以安全为重，使客人放心，这正是酒店的一种无形的特殊服务。

三、留言服务

来拜访住客的来访者未见到住客，或者住客外出前未见到约定的来访者，都可以通过问讯处的留言服务，及时帮助他们传递信息，保证客人活动的正常安排。

（一）访客留言

当被访的住店客人不在饭店时，问讯员应主动向来访者建议留言。如果客人愿意留言，将"访客留言单"交给客人填写，然后由问讯员过目后由客人签名；也可由客人口述，问讯员记录，客人过目后签名。访客留言单一式三联，填写好后的留言单第一联放在钥匙架上；第二联送电话总机，由接线员开启客房电话机上的留言指示灯；第三联交行李员从客房门下送入客房。

留言具有一定的时效性，所以留言服务的基本要求是传递迅速、准确。有的饭店规定问讯员每隔一小时打电话到客房通知客人。这样，可以保证客人在回房间一小时之内得知留言的内容。为了对客人负责，对不能确认是否住在本店的客人，或是已退房离店的客人，不能接受访客留言，除非离店客人有委托。

（二）住客留言

住客留言是住店宾客给来访者的留言。宾客离开客房或饭店时，希望给来访者留言，问讯员应请宾客填写"住客留言单"。住客留言单通常一式两联，问讯处与电话总机各保存一联。来访者到达饭店后，问讯员或话务员可将留言内容转告来访者。

由于现代通信技术的迅猛发展，宾客对饭店提供的这项服务的依赖越来越少了。

四、邮件服务

邮件的种类有很多，包括信件、传真、包裹等。处理进出店的邮件也是问讯处的一项服务工作。

（一）进店邮件处理

处理进店邮件的基本要求是：细心、准确、快捷、守密。特别是商务客的商务信函、邮件等，直接关系到客人的生意进展程度，处理正确与否关系重大。

（1）收到邮局送来的当日邮件时，应仔细清点，并在邮件收发登记簿上登记。然后将邮件分类，分为饭店邮件和客人邮件两类。饭店邮件请行李员送到有关部门。

（2）对寄给住店客人的邮件根据邮件上的信息查找客人，按客人房号发一份住客通知单，通知客人来领取。

（3）寄给住店客人名单上查无此人的邮件，应根据不同情况进行处理：①对寄给已离店客人的一般邮件，如果客人离店时留下地址，并委托饭店转寄邮件，饭店应予以办理，否则应按寄件人的地址退回。客人的电报、电传等，通常应按原址退回。②预订但尚未抵店客人的邮件，应与该客人的订房资料一起存档，待客人入住时转交。③如果客人订房后又取消了订房，除非客人有委托，并留下地址，一般要将邮件退回。④对客人姓名不详或查无此人的邮件，急件应立即退回；平信可保留一段时间，经过查对，确实无人认领后再退回。

（二）出店邮件处理

（1）接受客人交来准备寄出的邮件时，应首先仔细检查邮件的种类，对确实难以办理的邮件应礼貌地向客人解释，并请委托代办代表处理。

（2）检查邮件是否属于禁寄物品，不能邮寄时要耐心解释；检查邮件是否超重，字迹是否清楚，项目是否填全，要请客人当面处理好。

（3）礼貌地询问客人邮件的寄出方式，并在邮件上注明。

（4）将所有要寄出的邮件进行分类，每日在指定时间前送邮局统一办理邮寄，并作记录。

第 3 节　总机服务

电话总机是饭店内外信息沟通联络的通信枢纽。总机话务员以电话为媒介，直接为客人提供各种话务服务，其服务工作质量的好坏，直接影响客人对饭店的印象和饭店的整体运作。

一、总机服务内容和基本要求

饭店总机所提供的服务项目主要包括：饭店内外电话接转服务、长途电话服务、店内传呼服务、代客留言与叫醒服务，以及遇有紧急情况，充当临时指挥中心等。

（一）饭店内外电话接转服务

为了能准确、快捷、有效地接转电话，话务员必须熟记常用电话号码，了解本饭店的组织机构以及各部门的职责范围，正确掌握最新的住客资料，坚守工作岗位，并尽可能多地辨认住店客人、饭店管理人员及服务人员的姓名和嗓音。

案例 4－5

电话接转的技巧

某公司的毛先生是杭州某三星级饭店的商务客人。他每次到杭州，肯定入住这家饭店，并且每次都会提出一些意见和建议。可以说，毛先生是一位既忠实友好又苛刻挑剔的客人。

某天早晨 8 时，再次入住的毛先生打电话到总机，询问同公司的王总住在几号房。总机李小姐接到电话后，请毛先生"稍等"，然后在计算机上进行查询。查到王总住在 901 房间，而且并未要求电话免打扰服务，便对毛先生说"我帮您转过去"，说完就把电话转到了 901 房间。此时 901 房间的王先生因昨晚旅途劳累还在休息，接到电话就抱怨下属毛先生不该这么早吵醒他，并为此很生气。

分析提示

总机李小姐应该考虑到早上 8 时通话是否会影响到客人休息；应迅速分析客人询问房间号码的动机，必要时可以委婉地提醒客人，是否可以晚些时候再通电话。

（二）长途电话服务

饭店的长途电话服务通常有两类：一类是人工挂拨长途，另一类是程控直拨长途。现代饭店一般都采用国内、国际程控直拨电话（简称 DDD 和 IDD），客人在挂拨长途电话时，可以不经过总机，通过拨号自动接通线路。通话结束后，计算机会自动计算出费用并打印出电话费用单。

（三）叫醒服务

电话叫醒服务是饭店对客服务的一项重要内容。它涉及客人计划和日程安排，特别是叫醒服务（Morning Call）往往关系到客人的航班和车次。如果叫醒服务出现差错，会给饭店和客人带来不可弥补的损失。饭店叫醒服务分为人工叫醒和自动叫醒两种。

1. 人工叫醒

（1）接受客人叫醒要求时，核对客人的房间号和叫醒时间。

（2）填写叫醒记录，内容包括叫醒时间、房号等；记录时要求字迹端正，以防出现差错。

（3）定时钟鸣响即接通客房分机，叫醒客人："早上好，现在是×点，您的叫醒时间到了。"

（4）如无人应答，5 分钟后再叫醒一次，如果仍无人应答，则通知客房服务中心，弄清原因。

2. 自动叫醒

（1）准确记录叫醒客人的姓名、房号和叫醒时间。

（2）把叫醒信息输入自动叫醒计算机。

（3）计算机进行叫醒时，须仔细观察其工作情况，如发现计算机出现故障，应迅速进行人工叫醒。

（4）查巡自动打印记录，检查叫醒工作有无失误。

（5）若无人应答，可用人工叫醒方法补叫一次。

（6）把每天的资料存档备查。

无论是人工叫醒，还是自动叫醒，话务员在受理时，都应认真、细致、慎重，避免差错和责任事故的发生。一旦出现失误，不管责任在饭店还是在客人都应给予高度重视，积极采取措施。同时，还应注意叫醒的方式。例如，用姓名称呼客人；对VIP客人派专人人工叫醒等，尽可能使客人感到亲切。若能在叫醒服务时将当天的天气预报通报给客人，并询问是否需要其他服务，则会给客人留下美好的深刻印象。

案例 4 – 6

客人 "叫而不醒" 怎么办?

一天，一位住店客人要求总台为他做一次第二天早上6时的叫醒服务。总台服务员马上通知了总机。然而，第二天早上7时过后，客人非常气愤地来到大堂经理处投诉说：今天早上并没有人来叫他起床，也没有听见电话铃声，以致他延误了国际航班。后经查实：总机在接到总台指令后，立刻就通过计算机为他做了叫醒服务并排除了线路及器械上故障的可能。经过分析后认为，可能是由于客人睡得较沉，没有听见。电话铃声响了几次之后就会自动切断，以致造成最终结果。

分析提示

除了做计算机设置之外，5分钟后应再让服务员到房间做一次上门叫醒，就可以完全避免此案例中所发生的不愉快。假如客人已醒了，可以询问客人是否要退房，是否要为他叫一辆出租车，以及是否帮他把行李搬下去，等等。总之，在服务过程中，要设身处地地为客人多想一想，避免发生意想不到的情况。

（四）代客留言与问讯服务

1. 代客留言

客人来电话找不到受话人时，话务员应主动地向通话人建议，是否需要留言。

其具体操作程序是：

（1）问清留言人姓名、电话号码和受话人姓名、房号。

（2）记录留言内容，并复述一遍，尤其注意核对数字。

（3）答应在指定的时间内将留言转交受话人，请对方放心。

（4）开启客人房间的留言信号灯。

（5）受话人回来后打电话询问时，把留言念给客人听。

2.问讯服务

店内外客人常常会向饭店总机提出各种问讯，因此，话务员要像问讯处员工一样，掌握店内外常用的信息资料，尤其是饭店各部门及本市主要机构的电话号码，以便对客人的问讯、查询做出热情、有礼貌、准确而迅速的解答。

（五）店内传呼服务

现代饭店特别是大型饭店设有店内呼机系统，计算机微机控制，话务员利用其提供店内传呼服务，为此，话务员应熟悉传呼机携带者的呼叫号码，并了解他们的工作区域、安排及去向。店内外客人或店内员工提出寻呼要求时，话务员便询问并键入寻呼者姓名、分机或总机号码，服务要准确及时，耐心周到。

（六）紧急情况下充当临时指挥中心

总机除提供以上服务外，还有一项重要职责，即饭店出现紧急情况时，应成为饭店管理人员采取相应措施的指挥协调中心。

饭店的紧急情况是指诸如发生火灾、水灾、伤亡事故、恶性刑事案件等情况。紧急情况发生时，饭店领导为迅速控制局面，必然要借助于电话系统，话务员要沉着、冷静，提供高效率的服务。

（1）接到紧急情况报告电话，应立即问清事情发生的地点、时间及简单情况，问清报告者姓名、身份，并迅速做好记录。

（2）即刻通报饭店领导和有关部门，并根据现场指挥人员的指令，迅速与市内有关部门（如消防、安全等）紧急联系，并向其他话务员通报情况。

（3）严格执行现场指挥人员的指令。

（4）在未接到撤离指示前，不得擅自离岗，保障通信线路的畅通。

（5）继续从事对客服务工作，并安抚客人、稳定情绪。如有人打听情况（如火情），一般不作回答，转大堂副理答复。

（6）完整记录紧急情况的电话处理细节，以备事后检查。

二、总机话务人员的素质要求

话务员每天要处理成百上千个电话业务，大多数的公众对饭店的第一印象，是在与话务员的第一次不见面的接触中所形成的，话务员热情、礼貌、快捷、高效的对客服务是通过悦耳的嗓音展现出来的。因此，话务人员在饭店对客服务中扮演着重要的角色，必须具备较高的素质，具体要求包括：口齿清楚，言语准确，嗓音甜美，使客人有舒适感；听写迅速，反应灵敏；工作认真，记忆力强；有较强的外语听说能力，能用三种以上外语提供话务服务；有良好的职业道德意识，自觉遵守饭店的各项规章制度，自觉维护饭店的声誉和利益，严守话务机密。

第 4 节　商务中心服务

为满足客人的需要，现代饭店尤其是商务型饭店都设立了商务中心（Business Center）。通常，商务中心应设在前厅客人前往方便而又安静、舒适、优雅的地方，并有明显的指示标记牌。它是商务客人常到之处，其服务的好坏直接影响到客人的商务活动和饭店（特别是商务型饭店）客人的光临。

一、商务中心的服务项目

商务中心是商务客人"办公室外的办公室"，其主要职能是为客人提供各种秘书性服务，为客人提供或传递各种信息。先进的服务设施、设备，齐全的服务项目，加之高素质的专业或一专多能型的服务人员，是商务中心提供高水准、高效率对客服务的基本保证，也是现代高档饭店的重要标志之一。

商务中心的服务项目很多，主要有：会议室出租服务、电子邮件和传真服务、复印服务、打字服务、秘书服务和设备（用品）出租服务等。商务中心还可以提供翻译、名片印制、租车预订、票务预订、休闲活动预订、商业信息查询、快递服务、手机充电服务等。

为满足客人对商务服务的需要，商务中心应配备齐全的设施设备和用品，包括会议室、洽谈室、复印机、打印机、传真机、扫描仪、程控直拨电话、碎纸机、多媒体投影仪、白板、录音机、录像机、大屏幕电视机及其他办公用品（如激光笔、U 盘、录音笔等），同时还应配备一定数量的办公桌椅、沙发，以及相关的查询资料，如商务刊物、报纸、经济年鉴、企业名录大全、电话簿、地图册、各语种词典、最新航班（车船）时刻表等。

由于商务中心工作的特殊性，要求商务中心的人员热情礼貌、业务熟练、耐心专注、服务快捷、严守秘密，并主动与饭店各部门、长驻商务机构及客人协商配合，为客人提供满意的服务。

二、商务中心职能的转变

随着信息技术的飞速发展，客人在客房内也可以通过互联网直接订票，发送、接收电子邮件和传真，一些高档饭店还在客房内配备了打印机、复印机和传真机，因此，客人对饭店商务中心的依赖程度大大减少。商务中心必须研究客人需求的变化，转变服务职能，推出新的服务项目。

（一）从以商务服务为主向以出租信息技术设备为主的方向发展

因为客人可以自己带手提电脑和手机出差，但不可能带上所有现代信息、通信设施设备，商务中心可以将部分设备出租给客人使用。例如，提供现代化商务设施设备出租服务、提供电脑技术服务、为各类商务活动和会议提供支持及帮助的秘书性服务等。

在设有行政楼层或商务楼层的高星级豪华酒店，除在前厅设有商务中心外，还应在行政楼层设置比较齐全、先进的商务设施设备和服务项目，以提高饭店档次规格，满足商务客人需求。

（二）从以提供商务服务场所为主向以提供商务活动的技术支持和帮助为主的方向发展

所谓技术支持和帮助就是为客人提供手提电脑维护、修理等服务。

🔍 **补充阅读材料 4 -2**

从金钥匙的委托服务衍生出专为商务客人提供计算机技术服务的"技术侍从"（Technology Butler）。一旦客人的笔记本电脑出现故障或其他电子技术问题，这些电脑天才们可随叫随到，当即排除故障，保证客人顺利工作。在著名的四季酒店集团和丽晶集团则创造出一个新名词——Compcierge，由电脑和金钥匙两个单词各取一半拼成，意即"电脑金钥匙"，能高水平地解决客人遇到的一切电脑问题。

（资料来源：郑向敏：《现代酒店商务楼层管理》，辽宁科学技术出版社）

（三）从传统商务中心服务向适应新形势的服务方式多样化发展

在保留传统商务中心服务的基础上，增加为商务客人、中型商务机构提供举办商品展览会、博览会、商务论坛等大中型活动而准备各种文件、文本、展台布置等服务。

三、商务楼层服务

由于现代高层次商务活动兴起，饭店业的商务服务已经极大地超越了传统的商务中心服务的范围，变得日趋专门化、系统化和个性化。传统的商务服务只是为宾客提供电话、电报、电传、传真、打字等一般性商务活动项目的服务，而现代商务服务已经在上述传统项目基础上进一步发展成专门针对商务宾客的全面的、系统的服务。

（一）商务楼层的概念

商务楼层，也称为行政楼层（Executive Floor），是现代高档、豪华饭店为了接待对服务标准要求高，并希望有一个良好商务活动环境的高级商务人士，向他们提供贵宾式的优质服务而专门设立的特殊楼层。

商务楼层提供的服务有别于普通客房楼层，被人们誉为"店中之店"。一位饭店专家有一个形象的比喻，如果把普通客房比作飞机的经济舱，而行政楼层就像飞机上的公务舱。

虽然价格稍高，但客人在这里感觉更舒适方便，也可以享受到更多、更个性化的服务。

每一位入住商务楼层的客人都将受到贵宾般的接待。高贵优雅的环境和细致快捷的服务以及完备的委托代办服务项目，为商务客人商务的成功及生活上的享受创造了优厚的条件。

（二）商务楼层的服务项目

（1）为商务宾客办理房间预订，对在档宾客实行无担保确认类预订。

（2）专设商务前台，为宾客办理快捷的入住手续。

（3）在商务套房配备传真机、国内国际直拨电话机和商务酒吧等专门的商务活动设备。

（4）除提供常规客房送餐服务外，还提供应客订餐与送餐服务。

（5）接受宾客委托，帮助办理有关私人事务或其他事务。

（6）在饭店常规服务项目上提供个性化服务。

（7）建立特别的客史档案，为提高对客服务速度和进行个性化服务做好准备。

（8）代理宾客助理或秘书的职能，为宾客安排会议场所、提供会议服务等。

（9）用最快捷的方法为宾客办理离店手续，并执行特殊付款政策。

（三）商务楼层的服务设施的设置

商务楼层的管理为一套相对独立运转的接待服务系统，在行政管理上通常隶属于前厅部。与普通客房楼层相比，行政楼层在设施格局上和服务模式上都有明显的不同。它可以向商务客人提供更多、更细致、更具个性的专业化服务。

（1）单独设接待处。凡预订行政楼层的客人都可以在进店后直接在楼层快速登记入住，以及离店时在本层结账退房。接待处设计制作精巧，环境氛围轻松，旁边设置有沙发等休息座位，使得这种"一对一"式的轻松、开放专用的服务接待方式更显个性化，更具温馨的感受。

（2）单独设酒廊。在商务楼层设置环境优雅、设计独具匠心的专用酒廊（Lounge），并提供冷饮、热饮、早餐、午茶，还可以安排鸡尾酒会及会晤朋友，是行政楼层吸引商务客人的重要场所。这种酒廊的设置，提高了行政楼层客人始终被尊重的"身份感"，使客人体会到"家"的感受。

（3）单独设商务中心。商务楼层一般设有专用商务中心及规格不等的会议室、洽谈室等设施，以供商务客人随时召开会议，或与客户会晤及洽谈生意。商务中心设备先进、种类齐全，从文件打印、复印、分拣至装订等一应俱全，而且服务效率高。

（4）个性化的服务。商务客人之所以优先选择商务楼层，设施及环境的舒适条件固然是重要因素，但他们最看重的是行政楼层所提供的细致入微、个性化的服务。

（四）商务楼层的客房服务

商务楼层的客房服务通常由专人或相对固定的服务人员担任，以便在工作中观察、了解客人习惯与爱好，提供更有针对性的服务。客房服务中要严格遵循尽量少打扰客人原则。

商务楼层管理人员对客房要做"白手套"式检查，以确保每间客房都符合清洁卫生标准。

　　在商务楼层从事接待服务的管理人员及服务人员，在形体、形象、气质、知识、技能及外语等方面条件突出，均接受过严格、系统的专业培训。他们在熟练掌握前台预订、接待、结算等技能的同时，还应掌握商务中心、餐饮方面的服务技能和技巧，尤其善于与宾客沟通交往，能够圆满地处理客务关系。

　　商务楼层的接待服务人员只要见过客人一次，第二次再见面时就可以称呼客人的姓氏和头衔，客人由此产生被重视和被特别关照的心理满足感和荣誉感。

　　商务楼层的接待服务人员对每一位在此下榻的客人都要做详尽的客史档案记录，记录下客人的喜好、癖好、偏好，使客人每次下榻时都会惊喜地看到按自己的习惯和喜爱的方式所布置的房间，甚至连所喜爱的某种品牌或特殊规格的物品都已放在熟悉的位置。至于客人生病送上粥、费尽心思为客人过生日更是家常便饭，甚至连有的客人每次多要一根香蕉等小小的需求，服务员也都记得牢牢的。而正是这些细致入微的服务才吸引了商务客人一次次地上门。因此，商务楼层的房价虽然大大高出普通客房的房价，但是却不断吸引着众多的回头客及商务客人。

第 5 节　收银服务

　　前台收银处（Front Office Cashier）亦称前台收款处。其隶属关系视饭店而定。通常，其业务方面直接归口于饭店财务部，其他方面则由前厅部管理。前台收银处位于大厅显眼处，且与接待处和问讯处相邻。在饭店经营中，前台收银处是确保饭店经济收益的关键部门。

　　客人在饭店住宿期间所支付的费用，就是饭店的最主要的营业收入。现代饭店一般向住客提供一次性的结账服务，以便于顾客消费，增加饭店的销售额。然而，由于饭店产品构成复杂，销售点多，采用一次性结账，客观上增加了收入控制的难度，因此，加强饭店的客账管理是确保饭店真实地实现其利润目标的重要手段。

　　所谓客账管理，是指以客人在店的消费为管理内容，对宾客在住店过程中通过提供服务、销售商品而形成的收入的发生、计算、取得、汇总等一系列过程进行账务管理和控制。

　　前厅客账管理工作是一项十分细致、复杂的工作，时间性和业务性都很强，其工作的好坏，直接关系到饭店的经济效益和饭店经营业务的活动状况，也反映了饭店的服务水平和经营管理效率。前厅收银处，是前厅部客账工作的执行者，具体负责以下几项工作：

一、客账记录

　　客账记录是前厅收银处的一项日常工作。前厅接待处给每位登记入住的宾客设立一份账户，记录该宾客在住店期间的房租及各项花费，它是编制各类营业报表的情况来源之一，也是宾客离店时结算账目的依据。通常，饭店为散客建立个人账户，为团队建立团体账户，团队中若有不愿意受综合服务费标准限制的宾客，则可另立个人账户。为避免工作中的差错，发生逃账漏账情况，客账记录要求账户清楚，记账准确，转账迅速。现在饭店普遍采用计算机收银系统，从而使这一工作的准确性和效率有了很好的保证。

二、结账服务

现代饭店大都采用"一次性结账"。所谓"一次性结帐"，是指在饭店的全部花费于离店时一次结清的收款方式。即宾客的结账方式一般有三种：一是现金支付；二是用信用卡支付；三是使用企业之间的记账单支付。宾客离店时，收银员根据客账记录结账，并将各种凭据归类存档，以便夜间审核。

三、夜间审核

收银处工作人员还要承担夜间审核和营业报表编制的夜间工作，即收银处夜间工作人员将从上个夜班核查以后所收到的账单及房租登录在宾客账户上，并做好汇总和核查工作。夜间审核的工作流程包括以下几次：

（1）审核各项未付的款项。保证将所有宾客应收的费用入账。

（2）核对客房状况。将前厅部提供的客房状况报告与客房部提供的房务报告进行双重核对，检查客房入住天数是否有出入。

（3）审核各营业部门营业额是否账款平衡。即汇总所有原始账单上的营业额，核查与汇总实收现金收入、应收账款收入是否总额平衡。

（4）核对在住宾客房价。根据客房差异报告和账务情况分析表，与房单逐一进行核对。

（5）核对预订而未到宾客情况。对确认类预订宾客，撤出订单并标明该宾客未抵店；对保证类预订宾客，根据饭店管理规定收取订金。

（6）编制部门收支平衡报告。根据各营业部门送来的原始单据和凭证，以及房费的累计过账，编制部门详细收支平衡报告。

夜班人员还负责制作各种报表，做好客房收入统计、餐饮收入统计、综合服务收入统计以及全店收入审核统计，送交饭店总经理和财务部、餐饮部、客房部等管理部门，作为掌握和调整经营管理的重要依据。

为了避免前台收银工作对客户各项服务费用发生"漏账""跑账""坏账"等问题，除必须建立健全各项规章制度外，还应根据业务经营和会计核算的需要，设置"营业日记簿""营业日报表"，及时记录反映客房的经营业务和应收的宾客结算款及结算情况，同时，也为饭店管理者分析问题和解决问题提供了有意义的指导，所以，要切实加强对前台收银、收入审计工作的管理。

四、有效防止客人逃账

防止客人逃账是饭店前厅部收银管理的一项重要任务，收银台的员工应该掌握防止客人逃账的技术，以保护饭店的利益。一般来说，饭店防止客人逃账的方法有以下几种：

（1）收取预订金。收取预订金不但可以防止客人因临时取消预订而给酒店造成的损失，同时，如果客人如期抵达，则预订金也可以当作预付款使用，从而有效防止客人逃账。

（2）收预付款。对初来乍到、未经预订、信用情况不了解或信用情况较差的客人，要收取预付款。办理入住登记手续时要认真检查客人的有效证件。但是，对于重要客人及某些常客和旅游团体或有接待单位的客人，则可以免收预付款。

（3）对持信用卡的客人，可采取提前向银行要授权的方法，提高客人的信用限额。如信用卡公司拒绝授权，超出信用卡授权金额的部分，要求客人以现金支付。

（4）制定合理的信用政策。信用政策包括付款期限、消费限额、折扣标准等。

（5）建立详细的客户档案。通过建立详细的客户档案，掌握客户企业的性质和履约守信程度，据此决定给予客人什么样的信用政策。

（6）从客人行李多少、是否列入黑名单等发现疑点，决定是否收留。在很多国家，饭店如发现有逃账、赖账等不法客人，就会立即将这类客人的名单递交饭协会，协会将其列入黑名单，定期通报下属酒店，饭店可以拒绝接待这类客人留宿。

（7）加强催收账款的力度。催账是防止逃账的一种重要手段，尤其是那些即将倒闭而被迫赖账或准备赖账的公司、客户，要加强催款力度。特别要注意到是，催收时要注意方式方法，以免得罪客人。

（8）与楼层配合，对可疑宾客密切注意其动向。总台收银处要与楼层配合，对可疑宾客密切注意其动向，以防逃账发生。

（9）为离店客人开结账单。客人离店结账后，收款人要给客人开一张结账单，门童送行李时要确认客人是否有结账单。

五、营业日报表的编制

营业日报表是全面反映饭店当日营业情况的业务报表，一般由前厅收银处夜审人员负责编制，其中一份于次日清晨递送饭店总经理办公室，以便总经理及时掌握营业情况。另一份送交财务部门作为核对各项营业收入的依据。

编制饭店营业日报表的依据是各营业部门上报的部门营业日报表。部门营业日报表的内容包括各营业项目的名称及金额、营业收入合计、营业收入的结算情况及各项结算合计，夜审人员将各部门营业日报表的各项内容依次填入营业日报表的相应栏目。另外，营业日报表还列出这些数据在本日、本月的累积值，并与去年同期的有关数据进行比较，为饭店管理者分析问题和解决问题提供有指导意义的数据。

六、外币兑换服务

外国客人外出旅游时所带的旅费大多是外国货币或旅行支票，饭店为方便客人，受银行委托，根据国家外汇管理局公布的外汇牌价，代办外币兑换业务。这就要求收银员熟悉各国货币及有关货币兑换规定，并能鉴别真伪，严格按照程序进行兑换服务。收银处一般也提供旅行支票兑换服务。旅行支票是以现金向银行购买的一种支票，只要有充分证据证明持票人是真正持有人，就可以进行兑换。为了稳妥起见，一些饭店在宾客兑换旅行支票时，要求宾客签字，并加以核对，还要求宾客出示本人护照等证件，加以检查。

外币兑换的整个服务过程，要求收银员热情、礼貌、周到、细心，外币兑换准备及时，手续完善，不发生私换外币，以及票据和现金差错。目前，中国银行除收兑外国货币现钞业务，还办理旅行支票、信用卡等收兑业务。前台收银员应了解这方面的业务知识，并接受技术技能的培训，以做好外币兑换服务工作。

七、贵重物品保管服务

饭店为保障住店客人的财产安全，通常在总台收银处后面或旁边一间僻静的房间，设有贵重物品保险箱，由收银员负责，免费为客人提供贵重物品保管服务。每个保险箱有两把钥匙：一把由收银员负责保管；另一把由客人自己保管。只有这两把钥匙同时使用，才能打开或锁上保险箱。若客人钥匙丢失，迅速通知保安部、工程部有关人员，四方在场，由工程部人员强行打开保险箱，请客人取走所有物品。其钥匙丢失和修理费用按饭店规定向客人收取，做好记录，以备查核。

案例分析 ┈┈

客人购买孔雀和鸵鸟

某年的春交会期间，一如既往，商贾云集广州白天鹅宾馆，2023 房的泰国客人给饭店金钥匙柜台打了一个电话，说想买 2000 只孔雀和 4000 只鸵鸟。在大多数饭店职员看来，这似乎是一个童话故事，因为在广州几乎没有机会见到这么多来自远方的动物。这正是考验中国饭店"金钥匙"的想象力的时候，因为在他们的字典中，"不可能"是不轻易出现的。没有看见，没有听说过不等于没有，饭店"金钥匙"不愿意随便说"对不起……""金钥匙"小孙就是这样一个人。在接到这一特殊的委托代办任务后，大家都觉得这事只能向动物园打听，但动物园回答只有几只孔雀和鸵鸟，正在一筹莫展之际，"金钥匙"小孙忽然想到几年前曾看到过一篇报道，内容是有一位姓方的"广州市十大杰出青年"办了一个野生动物养殖场，不知是否有希望。于是电话发挥作用了，经过耐心的查找，并在同事的帮助下，小孙终于找到了该养殖场的地址和电话。不知是运气还是缘分，这家养殖场还真有大量的孔雀和鸵鸟。这样，就在客人提出要求后的 25 分钟，小孙已帮客人联系到了购买这批动物的途径。第二天上午，小孙为客人安排了一辆车和一位翻译，把客人送到了养殖场洽谈有关购买的事宜。这位泰国客人非常满意，因为饭店"金钥匙"的能量和效率确实超出了他原来的想象。

案例讨论题

1. "金钥匙"的含义是什么？
2. 通过此案例，你认为"金钥匙"所体现的服务哲学是什么？

思考与练习

1. 前厅的礼宾服务有哪些？
2. 金钥匙服务的理念是什么？
3. 电话总机服务的内容和基本要求是什么？
4. 问讯员在回答客人询问时要注意哪些问题？
5. 商务楼层的服务要求有哪些？
6. 前台收银业务范围有哪些？

第 5 章　房价管理与客房经营统计分析

【学习目标】

1. 了解客房价格的特点、种类，影响客房定价的主要因素。
2. 熟悉前厅主要统计报表的内容和客房经营重要统计指标的含义。
3. 掌握房价的各种确定方法。
4. 掌握客房经营主要分析指标的计算方法。
5. 培养运用统计数据进行客房经营状况分析的能力。

【内容结构】

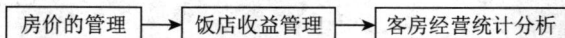

房价的管理 → 饭店收益管理 → 客房经营统计分析

【重要概念】

房价　饭店收益管理　客房出租率　客房销售效率　实际平均房价

第1节 房价管理

饭店企业的经济效益如何，很大程度上取决于饭店的销售价格，价格是饭店经营的最重要组成部分，它不仅能调节需求，帮助应对竞争局势；还能提高收入，增加利润；更能反映饭店形象。住宿企业经济效益的取得在很大程度上取决于饭店的定价机制、价格策略、收益管理方法等价格管理水平。

房价管理是饭店经营管理的一项重要工作。房价合理与否，直接影响到饭店的市场竞争能力和经济效益。而且客房的销售，仅仅靠低价位和高折扣，是得不偿失的。一定要处理好客房出租率和平均房价的关系，使客房收益最大化。

一、客房房价的构成、特点及其影响因素

（一）客房房价的构成

客房房价是指客人住宿一夜所应支付的住宿费用，它是客房商品价值的货币表现。客房收入作为饭店经济收入的主要部分，决定于有限时间内的客房出租率和单位客房的日出租收入两个因素。房价合理与否，直接影响到饭店的市场竞争能力、经济收入和利润水平。因此，房价管理是饭店经营管理的关键性工作。

同一般商品一样，客房商品的价格构成也是由其成本和利润构成的。

（1）客房商品的成本。客房商品的成本，包括建筑投资及由此产生的利息、客房设备、修缮费、物资用品、土地资源使用费、客房人员工资福利、经营管理费、保险费以及营业税等。

（2）利润。利润包括所得税和客房利润。

（二）客房价格的特点

客房商品的特殊性，决定了其价格的自身特点，正确认识这些特点，有助于我们正确制定价格策略和定价方法，做好房价管理工作。

（1）局限性。客房商品不同于一般商品，它的使用价值是靠零星出卖为旅游者提供住宿环境，满足其物质和精神享受的需要，在一个区间内出租客房的使用权，实现其价值。重复消费不可能，在超区间范围内消费也不可能，因此房价具有局限性。

（2）价值的不可储存性。客房商品的价值完全随时间而消逝。客房在规定的时间内不出售，当天的效用就自然失去，客房当天的价值也就永远不能实现。客房作为综合性商品，其基本内涵就是服务，客房商品价值的实现是服务过程与消费过程的统一，在时间上是不可分离的，即客房服务人员利用客房各种设备用品为住客服务的过程，也是客人的消费过程。

（3）价格的季节波动性。客房出租受季节、气候及节假日等因素影响较大，出租率在时间上常呈明显的淡旺季差别。特别是观光型饭店和度假型饭店，这种出租率的季节波动更为明显，即使是商务旅游者或会议旅游者，也会在旅游时机上有所选择。再如，由于双休日的原因，在周末商务客人会明显减少。这一特点决定了客房商品价格应更具有灵活性。

（4）价格有限度。现代饭店客房商品的一次性投入很大，而经营过程中的劳动耗费很小，在客房经营费用中，不变费用占绝大比重，而可变费用较小。所以，鉴于不变费用的负担，在确定客房价格时，必须考虑所定房价能够实现保本点的最低出租率。这又决定了客房定价要有一个最低限度；另外，国家和地区对不同档次的饭店的客房价格也有一定的限制，因此价格是有限度的。

（三）影响客房定价的因素

制定饭店客房价格要服从国家价格政策的规定，在国家价格政策允许的范围内制定相应的价格。客房的价格要符合市场需求，了解宾客对饭店产品价格的评估，研究不同类别宾客的需求，针对不同类别的宾客确定不同的价格策略。饭店客房价格的制定，要根据饭店同档次的市场竞争状况，以饭店自身所处的竞争局势及相对的竞争地位进行定价。饭店的价格制定，还需考虑饭店经营状况，要使饭店在经营上和经济上都切实可行。

制定房价是企业自主经营活动，可以自由地选择定价目标。但是，由于市场环境和企业内部条件的制约，使得定价自由度受到一定的限制，合理制定房价，必须综合考虑影响房价的各种内在因素和外在因素。

1. 影响客房定价的内在因素

（1）投资成本。投资成本是影响客房定价的基本要素。筹建一家饭店首先需要大量投资，这项投资的回收期长，对企业将在长时期内产生影响。饭店必须在一定时期内，用营业收入抵偿投资成本，并获得较好的收益。尽管饭店的营业项目很多，如餐饮、娱乐、商场等，但是客房收入通常要占到饭店总收入的50%以上，投资成本的抵偿主要依靠客房收入。所以，客房价格的制定要考虑对投资成本的偿付问题。

（2）非营业部门费用分摊。这些部门主要包括饭店的财务部、人事部、工程部、保安部及其他行政管理和后勤保障部门。这些部门在正常的运转中要耗费一定的资金费用，这部分费用支出也要分摊到包括客房在内的各创利部门的产品价值中。因此，客房价格要能够抵偿非营业部门的部分费用支出。

（3）非营利性服务支出。饭店的一些服务项目并不是直接赢利的，如楼层卫生、客房设备维修等。但这些服务是饭店经营活动顺利进行所必不可少的，要投入一定的人力、物力，这些也需客房收入予以偿付。所以，制定房价时需予以考虑。另外，饭店要为一些特殊客人提供优惠价甚至免费住宿。由此所导致的客房服务成本增大也要正常房价来补偿。

（4）饭店的等级标准。饭店的等级标准不同，其产品价格水平也明显不同，一般来说，高星级饭店高档豪华，建筑造价高，设备先进，服务项目齐全，服务质量高，这样，饭店的客房价格也相应要高些；而中低星级饭店，相对来说，条件差些，造价低些，价格也应低些。

（5）饭店的服务水准。服务是饭店向客人提供的产品，是客人最直接的利益所得，它的质量水平高低，直接影响客人的购买。客人对服务质量的看法往往和价格有一定联系，客人愿意支付的价格是根据他们对某项服务的价值的看法而定。对一定质量水准的服务，客人愿意支付的价格是有限度的。如果价格过高，客人就不会购买；如果价格过低，饭店就无盈利，而且会使客人产生低价劣质的印象。高质量的服务水准不仅需要先进的设施设备作保证，更需要有高素质的服务人员和管理人员，这些人员需要经过专门的训练，需要更多的投入。所以，从成本角度来看，成本高价格也高。

除以上因素外，客房的位置、方向、外景等也会对房价的制定产生一定的影响。

2. 影响客房定价的外在因素

（1）饭店所在地区和位置。饭店的地理位置不同，交通条件不同，满足旅游者精神和物质需要以及实现其旅游目的的程度不同，对旅游者的吸引力也不一样。"商业饭店之父"斯塔特勒说过："对任何饭店来说，取得成功的三个根本要素是地点、地点、地点。"可见，饭店的地理位置对饭店经营是何其重要，一般来说，旅游业发达城市比一般城市饭店客房价格高，处在市中心、风景区的饭店要比处在一般地区、偏远地区的饭店的房价高。这种差价是合理的，它体现了价值规律的要求。

（2）供求关系。当供过于求时，就不得不考虑降低房价；当供不应求时，则可以考虑提高价格；而当供求平衡时，当前的市场价格即为合理价格。供求关系是不断变化的，平衡是暂时的，而不平衡则是绝对的。因此，客房价格应随供求关系的变化，不断地进行调整。

（3）市场竞争。在制定房价时，除了要考虑其本身的价值形成和市场供求关系外，竞争者的价格也是必不可少的影响因素。如果本地相同类型档次的饭店少，竞争对手少，那么这家饭店在制定房价时就有较大的自由度和灵活性。相反，如果本地区有多家类似的饭店，那么每个饭店的市场占有率是有限的，房价的制定要受到竞争对手的制约，缺乏自由度和灵活性。因此，在制定房价时，一定要对本地区饭店的数量、等级、类型、客房价格水平及其策略做好调查，制定出既切合本饭店实际情况又有竞争力的房价。在市场竞争中，饭店要根据自身的优势，尽量选择能体现特色的目标市场，这样可以提高饭店的竞争能力，减少其他因素的影响。如果本地区饭店较多，但本饭店有自己的经营特色，有自己特定的比较稳定的客源，那么，本饭店制定房价的自由度就相对大些，在一定范围内提高或降低房价不会引起其他饭店的强烈反应，但如果没有经营特色，即使本地区只有数量较少的饭店，也会因目标市场的选择相同，使竞争加剧，房价制定的自由度较小。

（4）国家政策与国际国内形势。制定房价是饭店企业自主的经营活动，但是必须服从国家对价格的控制与协调。没有任何国家允许百分之百的自由定价和自由竞争，政府总是要以各种方式来干预企业价格的制定，以维护国家利益，保护本地市场。国家为保护旅游业的正规发展，防止发生不正当竞争，对各等级饭店制定了最高房价和最低房价的限制。国际国内形势对制定房价也有一定影响。如世界政局动荡、经济发展速度减缓、国家或地区间的战争等，都会导致旅游业大幅度滑坡，从而引起饭店房价的波动。

（5）汇率变动。汇率是指两国货币之间的比价，即用一国货币单位来表示另一国货币单位的价格。我国的汇率变动，主要指人民币对美元、日元、港币等的比价变动趋势，这一变动直接影响饭店房费的外汇收入水平。在其他因素不变时，人民币汇率的趋势是升值时，则房价不宜定得过高；人民币汇率的趋势是贬值时，如贬值幅度较大，则应相应提高房价水平。因此，要注意了解有关国际汇率的变动趋势，以便合理制定房价。目前，我国旅游涉外饭店对外报价一般应用美元报价，以减少汇率变动所带来的损失。

此外，诸如通货膨胀，客人的消费心理、需求弹性、季节变动以及其他自然因素（如地震、洪灾等）都是制定房价时需要考虑的客观因素。

总而言之，制定房价要综合考虑各种影响因素，并根据这些因素的变化及时进行调整。而房价的制定与调整应该有一个区间范围，其下限是饭店为了保本赢利或亏损最小所能接受的最低价格，其上限是对饭店产品价值评价最高的消费者所愿意接受的最高价格。最优化的房价应是在这个变动区间内，既能使饭店收入最大化，又能最大限度地吸引客人。

二、房价的种类与计价方式

饭店有多种房价类型和计价方式。饭店决策者应同营销部、前厅部、客房部等有关部门和人员认真研究、合理制定。

（一）房价的种类

房价的种类有以下几种：

（1）标准房价。标准房价（Rack Rate）又称"门市价""牌价"，是由饭店管理部门制定的，价目表上明码公布的各类客房的现行价格。该价格不含任何服务费或折扣等因素。

（2）商务合同价。商务合同价（Commercial Rate），饭店与有关公司或机构签订房价合同，并按合同规定向对方客人以优惠价格出租客房。房价优惠的幅度视对方能够提供的客源量及客人在饭店的消费水平而定。

（3）团队价。团队价（Group Rate）是饭店提供给旅行社团队、会议团队及航空公司机组人员等团队客人的一种折扣房价。其目的是确保饭店长期、稳定的客源，保持较高的客房出租率。团队价可根据旅行社等团队的重要性、客源的多少以及淡、旺季等不同情况确定。

（4）旺季价。旺季价（Busy Season Rate）是饭店在经营旺季所执行的客房价格。这种价格一般要在标准房价的基础上，上浮一定的百分比，有时上浮的比例很大，以求得饭店的最大收益。

（5）淡季价。淡季价（Slack Season Rate）是饭店在经营淡季所执行的客房价格。这种价格一般要在标准房价的基础上，下调一定的百分比，有时下调的比例很大，以刺激需求，提高客房出租率。

（6）小包价。小包价（Package Rate）是饭店为客人提供的一揽子报价，除房费外，还可以包括餐费、游览费、交通费等其他费用，以方便客人。

（7）折扣价。折扣价（Discount Rate）是饭店向常客、长住客、订房客人或其他有特殊身份的客人提供的优惠房价。

（8）白天租用价。白天租用价（Day Use Rate）是饭店为白天到饭店休息，不在饭店过夜的客人所提供的房价。白天租用价一般按半天房费收取，所以又称半日价，但也有一些饭店按小时收费。

（9）免费房。为了促进客房销售，建立良好的公共关系，饭店还为某些特殊客人提供免费房（Complimentary）。这些特殊客人主要包括：社会知名人士、酒店同行、旅行代理商、会议主办人员等。按惯例还需对满 15 名付费成员的团队，免费提供双人间客房的一张床位，即所谓十六免一。饭店免费提供客房要严格控制，通常只有总经理才有权批准。

另外，还有家庭租用价（Family Plan Rate）、加床费（Rate for Extra Bed）等。

（二）饭店的计价方式

按照国际惯例，饭店的计价方式通常有以下五种：

（1）欧式计价。欧式计价（European Plan，EP）是指饭店标出的客房价格只包括客人的住宿费用，不包括其他服务费用的计价方式。这种计价方式源于欧洲，在美国及世界绝大多数饭店被广泛使用。我国的旅游饭店基本上采用这种计价方式。

（2）美式计价。美式计价（American Plan，AP）是指饭店标出的客房价格不仅包括客人的住宿费用，而且包括每日三餐的全部费用。因此，又被称为全费计价方式。这种计价方式多用于度假型饭店。

（3）欧陆式计价。欧陆式计价（Continental Plan，CP）是指饭店标出的客房价格包括客人的住宿费和每日一顿欧陆式简单早餐的计价方式。欧陆式早餐主要包括冻果汁、烤面包、咖啡或茶。有些国家把这种计价方式称为"床位连早餐"计价。

（4）百慕大计价。百慕大计价（Bermuda Plan，BP）是指饭店标出的客房价格包括客人的住宿费和每日一顿美式早餐的计价方式。美式早餐除含有欧陆式早餐的内容以外，通常还包括火腿、香肠、咸肉等肉类和鸡蛋。

（5）修正美式计价。修正美式计价（Modified American Plan，MAP）是指饭店标出的客房价格包括客人的住宿费和早餐，还包括一顿午餐或晚餐（二者任选一个）的费用。这种计价方式多用于旅行社组织的旅游团队。

三、房价的确定方法

在影响饭店产品定价的诸多因素中，最主要的是产品成本、需求与市场竞争。因此，饭店产品定价的基本方法不外乎以成本为中心的定价、以需求为中心的定价和以竞争为中心的定价三种类型。

（一）以成本为中心的定价法

此方法是以饭店经营成本为基础制定客房产品价格的一种方法，以产品成本加企业盈利即为产品的价格。从饭店财务管理的角度来看，客房产品价格的确定应以成本为基础，如果价格不能保证成本的回收，则饭店的经营活动将无法长期维持。

具体方法有以下几种：

1. 经验定价法

经验定价法又称"千分之一法"，是以饭店总建造成本为基础计算的。具体方法是将每个房间所占用的建造成本除以 1000，得出客房的平均价格。计算公式为：

$$平价房价 = \frac{饭店建造总成本}{饭店客房数} \times 1‰$$

例如，某酒店建造总成本为 1 亿美元，客房总数为 800 间，其平均房价用千分之一定价法可计算如下：

$$平均房价 = 100000000（美元）/ 800（间客房）\times 1‰ = 125（美元）$$

饭店建造总成本包括建筑材料费用，各种设施设备费用，内装修及各种用具费用，所需的各种技术费用、人员培训费用、建造中的资金利息费用等。

"千分之一法"是人们在长期的饭店经营管理的实践中总结出来的一般规律。人们认为饭店的造价与房价之间有直接的关系，所以，通过三年左右的经营，饭店的建造总成本应通过客房的销售收入收回来。这种方法计算简单，管理人员可以迅速地做出价格决策。但是，这种方法也存在一些问题。首先，这种方法有一定的假设条件：饭店有一定百分比的举债筹资和产权筹资；计划期内债务数额不变；其他营业部门能提供一定数额的部门利润；在扣除资本费用前，饭店需达到一定百分比的利润等。如果这些方面所作的假设与实际情况不符，那么，应用"千分之一法"就不能制定出合理的房价。其次，"千分之一法"只考虑了投资成本的因素，而没有考虑饭店的实际经营费用、供求关系和市场状况等因素。因此，"千分之一法"仅可作为制定房价的出发点，还要综合分析其他各种因素，这样的房价才具有合理性、科学性和竞争性。

2. 盈亏平衡定价法

该定价法是指饭店在既定的固定成本、变动成本和产品估计销量的条件下，实现销售收入与总成本相等的客房价格，也就是饭店不赔不赚时的客房价格。其计算公式为：

$$客房价格 = \frac{每间客房日费用额}{（1 - 税率）}$$

其中，每间客房日费用额包括客房固定费用分摊额和变动费用部分。客房固定费用分摊额可依据不同类型客房的使用面积进行分摊：

$$每平方米使用面积固定费用 = \frac{全年客房固定费用总额}{客房总使用面积 \times 年日历天数 \times 出租率}$$

客房变动费用总额可以按客房间数进行分摊：

$$每间客房日变动费用 = \frac{全年客房变动费用总额}{客房数 \times 年日历天数 \times 出租率}$$

$$每间客房日费用额 = 客房使用面积 \times 每平方米使用面积固定费用$$
$$+ 每间客房日变动费用$$

3. 成本加成定价法

饭店经营其实质就是经营饭店的资金以获取利润。在正常的经营情况下，饭店的资金必须获取正常利润。这样，饭店经营者首先要运用成本加成定价法来制定出保证饭店客房商品取得合理利润的基本价格。

这种定价法也称为"成本基数法"。其定价方法是按客房产品的成本加上若干百分比的加成额进行定价。即

$$客房价格 = \frac{每间客房总成本 \times （1 + 加成率）}{（1 - 税率）}$$

按照这种定价方法，饭店客房价格可分三步确定：

（1）估算单位客房产品每天的变动成本。

（2）估算单位客房产品每天的固定成本。

（3）单位变动成本加上单位固定成本就可获得单位产品的全部成本，全部成本加上成本加成额，就可获得客房价格。

4. 目标收益定价法

这是另一种以成本为中心的定价法，其出发点是通过定价来达到一定的目标利润，以期在一定时期内全部收回投资。其基本步骤如下：

（1）确定目标收益额（或投资报酬表）。

（2）确定目标利润额，计算公式为：

$$目标利润额 = 总投资额 \times 目标收益率$$

（3）预测总成本，包括固定成本和变动成本。

（4）确定预期销售量。

（5）确定客房价格，计算公式为：

$$客房单价 = \frac{总成本 + 目标利润额}{预期销售量} \div （1 - 利率）$$

美国饭店和汽车饭店协会主席罗伊·赫伯特主持发明的一种类似于目标收益定价法的客房定价法，称为赫伯特公式法（Hubart Formula），它以目标投资回收率作为定价的出发点，在客房成本计算的基础上，在保证实现目标利润的前提下，根据计划的销售量、固定费用和需达到的合理的投资收益率来测算客房的平均单价。

（二）以需求为中心的定价法

以成本为中心的定价方法有一个共同缺点，即忽视了市场需求和竞争因素，完全站在企业角度去考虑问题。以需求为中心的定价方法是以市场导向观念为指导，从客人的需要出发，认为商品的价格主要应根据客人对商品的需求程度和对商品价值的认同程度来决定。

1. 理解价值定价法

理解价值定价法，是指根据客人理解的某种价值即买主的价值观念来制定价格。这就要求企业运用营销组合中的非价格因素影响客人，使其对饭店客房产品形成一种价值概念，并根据这种价值概念制定相应的价格。

采用理解价值定价的饭店，其经营管理人员必须善于识别和创造本饭店所能给予客人的区别于竞争对手的独特利益，并把这种利益恰如其分又别出心裁地宣传给客人。在这里，客人对饭店所能给予他们的这种独特利益的认识和判定，是他们选择饭店的关键。

采用理解价值定价法的饭店，经营管理人员必须善于了解客人的需求，了解客人对本饭店的评价。在做房价决策时，还应分析这一价格能否产生理想的利润。如果这个价格能适应市场需要，同时又能使饭店获得长期最大利润，那么价格就可以确定下来。

2. 需求差异定价法

这种定价方法根据客房产品的销售对象、销售地位和销售时间不同而产生的需求差异的产品进行定价。饭店在使用需求差异定价法时，要充分考虑到顾客的需求、顾客的心理、产品差异、地区和时间差别等因素。例如，对顾客群体进行细分，针对不同职业、阶层和收入的顾客，制定不同的价格；对季节性强的产品和服务规定不同的季节差价。

（三）以竞争为中心的定价法

这种方法是以饭店面临的竞争环境作为制定房价的主要依据。处于激烈竞争中的饭店，往往会把对抗竞争或谋求一定的市场占有率作为定价的出发点。

1. 随行就市定价法

这是一种在竞争激烈、价格之间存在差别时期，饭店普遍采用的方法。它以竞争对手客房产品的平均价格水平要求作为定价依据，而对本饭店的成本和市场需求考虑较少。他们认为，市价在一定程度上反映了行业的集体智慧，随行就市定价能使饭店获得稳妥的收益率，减少定价的风险。

2. 率先定价法

有些饭店经营者认为，应有率先定价的魄力，为当地其他饭店树立榜样。率先定价饭店所制定的价格若能符合市场的实际需要，即使是在竞争激烈的市场环境中，也可获得较大的收益。当然，这种方法使用起来要冒一定的风险，尽管如此，若使用恰当，会对饭店产品的销售起到一定的作用。

恰当的房价既是饭店促销的手段又是饭店收益的工具，因为是房价必须低得足以吸引消费者，而又高得足以赚取合理的利润。即使在如今这个高科技的计算机时代，计算房价还要有大量的猜想和直觉。房价里含有难以捉摸的心理学。对一个客人有吸引力的房价可能对另一个客人就显得太高或太低。对于一些人，高房价意味着自我标榜的经营，而对于另外一些人，低价则意味着质量差。

寻求并力达完美的房价是困难的。即使在决定并制定了房价以后，房价有时还是很快就改变了。价格随季节波动，根据客房类型改变，随着特别客人的折扣变化，还作为效益经营的一个职能而变换。尽管已经有一些制定好的方法计算适当的房价，但是这些方法永远也不能将常理和市场需求排除在外来使用。赫伯特房价计算公式和建筑成本房价公式是制定房价最常用的两个方法。

四、房价的控制

客房价格制定之后，还要有各种政策和规定与客房价格的制定相适应，并认真贯彻执行这些政策和规定，使房价具有连续性、一致性和相对稳定性。但是，房价又不是一成不变的，由于情况变化，饭店需要对房价及时进行调整，以使房价更适应客观实际。

（一）房价的限制

饭店所制定的房价，是由前厅部和营销部负责执行的。在贯彻执行过程中，涉及前台销售的房价限制和团队房价管理两方面的工作。

1. 前台销售的房价限制

对于饭店制定的各类房价，前台服务人员要严格遵守。同时，饭店还须制定一系列的规章制度，以便于前台工作人员操作执行。这些规章制度要明确以下几项内容：

（1）对优惠房使用的报批制度。

（2）各类特殊用房的留用数量的规定。

（3）与客人签订房价合同的责任规定。

（4）有关管理人员对浮动价格所拥有的决定权的规定。

（5）对优惠价格的享有者应具备条件的规定。

（6）对一些优惠种类和程度的规定。

限制房价的目的是提高实际平均房价。如果根据预测，将来某个时期的客房出租率很高，这时总经理或前厅部经理就会对房价进行限制，如限制出租低价客房或特殊房价客房；不接待或少接待团队客人；房价不打折扣；不接受住一天的客人等。

前厅部管理人员必须熟知本饭店客房出租率的动态，善于分析近期客房出租率的变化趋势，准确预测未来的各种客人对客房的需求量，及时做出限制某种房价的决定。

2. 限制团队房价

对团队房价的限制，是前厅部与营销部的共同职责。营销部应逐日预测团队客人数量和客房需求数，并将预测结果通知有关人员。如果根据预测，某一时期的客房出租率可能会接近100％，这时，饭店就只应接待支付较高房价，甚至最高房价的团队客人。

但是，饭店使用团队房价限制时，要谨慎行事。任意地限制团队房价，会产生消极影响，甚至破坏房价的完整性。有关人员必须对未来的客房出租情况做出正确的推测，并制订可行性计划，提出正确的团队和散客接待比例，以保证营业收入和经营利润目标的实现。

（二）房价的调整

饭店的客房价格制定之后，在实际运用过程中应保持相对稳定。但是，房价并不是一成不变的，由于情况变化，饭店就需及时调整房价，以使房价更适应客观现实。房价的调整有两种情况：一是调低房价；二是调高房价。

1. 调低房价

调低房价是饭店在经营过程中，为了适应市场环境或饭店内部条件的变化，而降低原有的房价。饭店降低房价的主要原因有：

（1）饭店业市场供大于求。在这种情况下，应通过加强促销活动，改进服务产品质量等途径来稳定客房的销售。如果成效不大，就可以考虑调低房价。

（2）在激烈的竞争中，饭店的市场份额日趋减少。尤其是在竞争对手调低价格时，为了保持和提高本饭店的市场占有率，有时也要采取降价的方法，使房价与竞争对手的价格处于同一水平线上，从而提高竞争能力。

（3）采用率先定价策略的饭店，希望通过降低房价，增加客房销售量或降低成本。这些饭店希望通过低价销售，增加市场份额，以利于在市场上确定牢固的地位。

但是，调低房价也会引发一些问题。例如，房价降低了，客房销售量不一定就会增加，即使销售量有所增加，但营业收入的增加往往无法抵消价格下降的影响。价格降低了，客人会对饭店的产品质量产生怀疑，从而影响饭店自身在市场上的声誉，同时还会打乱饭店客源的类型。尤其要注意的是，靠降价竞争将会导致饭店之间的价格大战，当大家都竞相降价，饭店会面临无法控制房价的局面，最终导致饭店业的全行业亏损，这种竞争也就变得毫无意义。因此，饭店在降低房价的问题上，应采取慎重的态度，进行周密的分析和研究，只有在调低房价之后，饭店仍能实现所预期的销售量，并提高饭店的利润水平，降价才是有意义的。

案例 5 – 1

盲目竞争的恶果

某著名旅游城市的一家四星级饭店，其设备设施均达到一流水平。由于当地市场竞争越来越激烈，各饭店为了抢客源开始推行一系列的竞争手段，该饭店是挑起这场竞争的重要成员。该饭店率先推出了"淡季五折酬宾"，活动同时，又通过降低团队价的方式进一步将价格下拉，由此揭开了该市饭店业降价大战的序幕。此状况愈演愈烈，在不到半年的时间里，该市饭店行业的价格水平下降了2/3。由于价格下滑，导致成本上扬，各饭店纷纷采取措施降低成本，其中包括大量使用临时工、降低客用品和食品原材料质量，导致客人投诉激增，致使旅行社因客人投诉不得不在设计其旅游行程中放弃该市而选择其他城市。由于团队客源的不足，该饭店便在散客上做文章，因此他们向出租汽车司机推出"拉客费"，这笔费用由最初每位 20 元攀升到客房价格的一半，致使饭店苦不堪言。面对愈演愈烈的"杀价、打折和回扣风"等，该饭店一筹莫展，其他饭店也叫苦不迭。

（资料来源：李任芷：《旅游饭店经营管理服务案例》，中华工商联合出版社）

分析提示

酒店降价抢生意，其刺激作用是有限的。酒店应该学会控制局面，而不是妥协降价，大幅度的降价只会影响酒店的品牌和声誉，对酒店的长远发展无益。

2. 调高房价

一般来讲，调高房价往往会引起客人和代理商的不满，但是，如果做得成功，就会极大地增加饭店的利润，对饭店而言是有利的。饭店调高房价时，要考虑的主要因素有以下几方面：

（1）客房供不应求。当客房需求量大于现有客房数量时，可以通过提高房价来限制需求量，实现供求平衡。

（2）市场物价上涨。由于物价上涨，饭店的成本费用不断增加。这时饭店须调高房价，并使调价幅度不低于市场物价上涨幅度，以保持或增加饭店的利润水平。

（3）饭店服务质量或档次有明显提高。服务质量、服务档次与价格有直接的联系。所以，如果其他因素不变，饭店的服务质量或服务档次提高，就可以考虑适当提高房价。

无论是提价还是降价，都会对客房销售造成一定影响，引起客人和竞争者的各种反应。因此，饭店应充分考虑各种可能，做好准备工作，使房价的调整真正能够达到预期目标。

第 2 节　饭店的收益管理

前厅销售的最高目标是使饭店获得最大的经济收益，即最大限度地提高客房销售收入和饭店经营的利润。在具体工作中，前厅部经理应与总经理及其他部门经理协商，采取自上而下、自下而上、左右相结合的方式，确立实际可行的具体目标。

一、饭店收益管理的含义

（一）收益管理的定义

收益管理是自 20 世纪 80 年代发展起来的一种现代科学营运管理方法。其核心是通过制定一套灵活的且符合市场竞争规律的价格体系，再结合现代化的微观市场预测及价格优化手段对企业资源进行动态调控。使企业在实现长期目标的同时，又在每一具体营运时段充分利用市场出现的机遇来获取最大收益。概括而言，收益管理目标是使企业产品能在最佳时刻，以最好的价格，通过最优渠道，出售给最合适的顾客。这一管理方法在许多信息发达的国家，尤其是欧美国家已经被许多行业采用，并累计创造了上亿美元的效益。

20 世纪 80 年代末，收益管理的概念出现于饭店管理层，并越来越受到饭店的重视。饭店产品的特点与航空公司相似，因为它们商品的特点都具有不可储存性和季节性。但在实行收益管理中，饭店与航空公司最大的不同在于，饭店的客人入住饭店后还会对饭店的各种产品及服务进行消费，而飞机乘客在旅途中却没有大额消费的机会。因此，饭店在考虑实施收益管理时还必须考虑客人的经济实力及追加消费的可能性。

补充阅读材料 5 -1

有关收益管理

收益管理（Yield Management）源于航空业。20 世纪 80 年代初，民航机票打折现象非常普遍，造成了民航难以跟踪的多种票价现象。当时，航空公司对一些时段的机票价格进行了限制，潜在乘客要么按所给价格预订机票，要么选择其他的交通工具。各家民航公司开始在需求预测的基础上试验调节票价。早早提前购走的打折机票被用来确定最低程度的座位占用率和预测总需求。机票在淡季和某些季节也会打折。在飞机趋于满员和接近起飞时间时，票价会越来越高。最后几个空位会卖成全额机票，这个票价在飞机空着时是根本不可能实现的。

饭店业从民航业借鉴了收益管理思想。民航和饭店非常相似。两者都有相对稳定的可供产品（座位和客房），两者的产品都会随时间的移动而消失。20 世纪 80 年代，民航业已经有了另一优势，即已经到位和发挥作用的强大的计算机处理能力。这些大型系统有能力对占有率（座位或客房）和两个行业推出的各类票价同时进行跟踪。

（资料来源：《现代饭店管理技巧——从入住到结账》，旅游教育出版社）

早期的收益管理主要应用于民航客运业，经过 20 多年的理论研究和实践检验，价格和收益管理的概念已经广泛地被其他领域吸收和应用。一些根据各行业特点而设计的价格和收益管理系统已成为许多行业用于市场竞争不可或缺的有力武器。

在饭店业，随着计算机和信息技术的迅速发展，多数饭店已经引入了计算机联网的预售及客房管理系统，使得饭店管理进入了数字化阶段。相应地，饭店业的价格与收益管理系统的功能也显得日益重要。过去手工操作时的粗线条管理模式已不能满足日益激烈的市场竞争的需要，取而代之的是大数据量的微观分析以及针对具体客户的精确的定量管理。就收益管理的方法来说，先后由点式管理、网式管理发展到了结合客户服务的综合管理。在价格管理方面，从单一静态价格，到多重动态价格，再到结合市场竞争的优化价格控制。这一切虽使得价格与收益管理系统变得日益复杂，但同时其创造的效益也日益显著。根据用户统计分析，一个现代化的收益管理系统每年可为公司增加 4% ~ 8% 的额外收益。

（二）饭店收益管理的定义

饭店提高客房营业收入的办法不外乎两种：一是提高单位房价；二是提高客房出租率。饭店收益管理就是通过对客房出租率及房价的限制与管理以实现饭店收益最大化的管理方法。那些经验老到的饭店经理在某一特定日子会随客房出租率的上升而提高房价，或在假日和特别活动期间向客人报较高的房价，或为延长住店时间的预订留下最后几间客房，这些做法都是收益管理的运用。它关注的焦点是：如何寻找一个房价与出租率的最佳结合点，其收益衡量可通过计算收益率来实现。

无论在何种情况下，没能被安排住宿的客人代表着酒店收益的丧失。订房员试图挽回失掉的预订的方法有多种：在几乎客满的时期为客人提供优惠房价，在房价不是很高的情况下，为客人提供不同的房价甚至为客人提供附近社区同一连锁下的饭店客房。

饭店实行收益管理是为了争取最大的客房出租率和最能使饭店获利的客人。采用收益管理方法可以激励饭店总经理、前厅经理、营销经理等找准最佳客房出售时机、发展营销计划，为饭店创造最理想的经济效益。

二、实施收益管理的前提

收益管理的基本原理是通过对市场的细分，对不同目的的顾客在不同时刻的需求进行定量预测，然后通过优化方法来确定动态的控制，最终使得总收益达到最大化，并保持公司收益的持续增长。当然对不同的饭店和饭店集团，由于各自的市场定位、顾客来源、管理理念、控制机制的不同，其价格和收益管理的方法及其作用也不尽相同。但总体而言，饭店的价格和收益管理系统可通过以下几个方面来发挥作用：

（1）顾客分类及需求预测。不同的顾客对饭店的要求往往不同。尽管每一饭店都有其自己的市场定位，但顾客的性质、来源渠道以及消费特点仍有诸多不同之处。收益管理的一个重要功能就是通过科学的方法对不同的顾客进行分类，并得出各种行为模式的统计特性，然后再对每一类顾客的未来需求进行精确的预测，包括预订的迟早，入住的长短，实际入住和预订的差异，提前离店和推迟离店的概率等。有了这些精确的预测，再根据各种客人对价格的敏感度等，饭店就能很好地控制资源，提高收益。

（2）节假日价格需求控制。节假日以及特殊事件日往往是酒店获利的最佳时机，许多酒店在此期间一般能达到很高的入住率。但高入住率并非就是高利润率。要使得收益和利润最大化，还必须有一套完善的节假日需求预测及控制方法。

（3）动态价格设定。酒店的定价及其管理是调节一家酒店盈利能力的最直接的杠杆。常见的以成本为基础的定价方法虽简便易行，但往往缺乏竞争的灵活性，且不能反映市场需求的动态变化。而建立在收益管理基础上的一些定价方法，如实时竞标定价（Bid－Price）、浮动定价（Dynamic—Pricing）、竞争定价等则通过对市场的细分和有效的控制使得价格杠杆的功能发挥到极致。

（4）超售和免费升级控制。由于预售和实际入住往往存在一定的差异，因此如何预测及控制这种差异从而保证实际入住率是酒店经常要解决的一个问题。尤其是在高峰季节，这一问题尤其突出。对酒店而言，既要保证尽可能高的入住率，又要避免超售而使客人无房的尴尬，因此，一种精确的超售控制是保证酒店在最大收益条件下使得客户服务损失变得最小的一个重要工具。

（5）团体和销售代理管理。团体销售几乎是每一家酒店都有的业务，且多数情况下有一定的折扣。但如何定量地对这项业务进行分析并有效地控制折扣程度，则是收益管理的重要部分。相应地，对代理销售及批发代理等，也都可通过抽象的模式来进行优化控制。

要使饭店的收益管理实现其预期目标，前厅起着不可低估的作用。除了努力以最佳房价销售出最多的客房，前厅员工在使当前客人增加除客房消费之外的额外消费过程中，同样扮演着重要角色。

补充阅读材料 5－2

最佳客房出租率与最佳房价

最佳客房出租率即以最高房价取得 100% 的客房出租率；最佳房价即最大可能接近

最高房价（客房牌价）的房价。在取得最大收益的同时，必须保持以上两者之间的平衡。

例如，一家饭店拥有客房 400 间，以 300 元的价格售出了 100 间客房，以 350 元的价格售出了 200 间客房，以 500 元（客房牌价）的价格售出了 50 间客房。这种组合平均房价约为 357 元，获得的收益为 62.5%。如果运用收益管理方法，以 450 元的价格售出 300 间，以 500 元的价格售出 50 间客房，则最佳房价约为 457 元，更接近 500 元的客房牌价，其收益也增加为 80%。

三、饭店收益管理的基本方法

（1）超额预订。超额预订是一些饭店经常采用的预订策略。为了减少预订客人在最后一分钟不到饭店或客人在规定的截止期内取消预订等情况的损失，饭店接受预订的数量超过饭店客房实际数量的情况。实行超额预订，必须制定有关超订比例以及超员后的处置办法。

（2）折扣配置。折扣配置是指通过运用折扣策略，寻求出租率和房价的最佳结合，达到饭店客房收入的最大化。这一办法的关键在于需求预测是否准确，并寻找饭店销售的规律性。例如，度假饭店，其销售高峰一般为星期五、星期六、星期日三天，而其余四天则为淡季，这就为饭店的折扣配置提供了基本依据，即对星期五、星期六、星期日这三天的预订规定某些限制条件，并采取不打折扣或实行折扣限制，而对淡季四天的销售，则采取折扣价刺激，以提高客房出租率。又如，在团体销售和散客的销售上，如果饭店按较低折扣价提前接受过多的团体预订，就会失去按标准价接待商务散客预订的机会。所以饭店应特别重视为较晚购买、愿意支付较高价格的散客预留适当数量的客房。当然，如果预订某一段时间商务散客的需求量较低，则应利用折扣价来吸引团队消费。

（3）预订控制。停留多日的客人为饭店带来的收益显然远远高于只停留一天的客人，预订控制就是饭店在客房销售中，根据供求状况和客人的住宿时间的长短来决定接受客人预订的先后顺序和优惠程度。这就意味着在住宿高峰的某一天，尽管有现成的房间，但只停留一天的客人的预订要求可能被婉拒。此外，对住宿不同天数的客人给予不同程度的折扣也是预订控制的常用办法。

（4）升档销售。升档销售是指饭店通过恰到好处的推销，促使客人接受高档次客房，以实现收益最大化的一种策略。升档销售应注意销售对象和时机，其对象主要是价格敏感度较低的商务客人，而升档销售的最佳时机一般为客房紧缺和夜深人静之时。

收益管理是提高饭店客房收入的有效策略，但必须符合公平买卖的原则。饭店在实施收益管理时，必须公布各种不同的价格及限制性条件，均衡买卖双方的利益，并注意兼顾眼前利益和长远利益，不能因一时的收益而不顾信誉。

四、饭店收益管理系统的应用现状

世界许多著名酒店集团，特别是欧美的主要酒店集团管理层都对收益管理高度重视，先后建立了专门的收益管理部门，并配置了能进行大量数据分析和实时优化处理的计算机系统。这些系统和酒店的前台系统、预售系统以及数据库相连，对酒店管理提供了多功能、快速的决策辅助、使得饭店从被动式的管理变为主动式控制，从而在市场竞争中获得先机。

由于收益管理是计算机智能和人为经验高度结合的产物，因此一个成功的收益管理是包括系统功能、员工素质、规章制度等因素的综合结果。许多情况下，饭店最高层的介入、支持以及建立一套完善的管理结构是保证系统有效工作的基础。随着使用者对系统功能的日益深入和了解，管理者和管理系统能够充分互动，相辅相成，把机器的客观精确性和人的对突发事件的灵活反应有机地结合起来，进一步扩大收益。

一个有效的收益管理系统不仅能对一个酒店的资源进行最佳管理，同时还是提高酒店管理人员现代管理意识的有效工具。特别是面对日益激烈的竞争环境和越来越复杂的产品组合，收益管理在许多情况下已成为一种不可或缺的甚至是唯一的决策工具。

第 3 节　前厅与客房经营统计分析

前厅部作为饭店经营活动的中心和信息中心，要利用经营与服务过程中所获得的统计信息资料，分析研究客房商品经营状况和对策，也是前厅管理的重要内容之一。

一、前厅统计报表

前厅统计报表是根据饭店经营管理的要求而设置的，是饭店管理者了解经营情况的首要途径，是饭店管理者做出正确决策的依据，也是饭店其他各部门获取信息的重要来源，所以前厅报表不容忽视。

前厅部每天需要向饭店及有关部门报送的表格数据种类很多，有些前面已经介绍过。在各种前厅报表中，最主要的是客房营业日报表。客房营业日报表又可称为每日客房统计表，是由接待处夜间值班员制作的一份综合反映每日客房经营状况的表格。此表一式数联，报送饭店总经理、副总经理、财务部、客房部等，作为饭店管理人员了解情况，做出经营决策的重要依据。

客房营业日报表的格式与内容因饭店而异，但大致包括各类用房数、各类客人数、出租率、客房收入等方面内容（表 5 - 1）。

表 5 - 1 营业日报表

	今天		本月累计	与去年同期比较	
客房总数					
饭店自用房					
维修房					
免费房					
可出租客房					
已出租客房					
客房出租率					
客房收入					
平均房价					
	人数	房数	今天在店	人数	房数
预订			散客		
预订未到			团队		
取消预订			长住客		
按预订已到			VIP		
其中：团队					
未预订开房			备注		
绿住					
饭店实际					
原定今天离店					
延长停留					
提前离店					
今天实际离店					
明天预期离店					
明天预期抵店					
明天预期在店					
预计明天空房					

制表人：_____

主要营业统计数据计算如下：

（一）当日出租的客房数与在店客人数

1. 当日出租客房数

当日出租客房数 = 昨天出租的客房数 - 当日离店客人用房数 + 当日抵店客人用房数

2. 当日在店人数

当日在店客人数 = 昨天在店客人数 - 当日离店客人数 + 当日抵店客人数

（二）计算客房出租率和各类平均房价

1. 客房出租率

（1）日出租率 $= \dfrac{日出租客房数}{可供出租客房数} \times 100\%$

（2）月出租率 $= \dfrac{\text{月出租客房间天数}}{\text{可出租客房数} \times \text{月营业天数}} \times 100\%$

（3）年出租率 $= \dfrac{\text{年出租客房间天数}}{\text{可出租客房数} \times \text{年营业天数}} \times 100\%$

2. 平均房价

（1）总平均房价 $= \dfrac{\text{客房房租总收入}}{\text{已出租客房数}}$

（2）散客平均房价 $= \dfrac{\text{散客房租收入}}{\text{散客占用客房数}}$

（3）团队平均房价 $= \dfrac{\text{团队客房租收入}}{\text{团队客占用客房数}}$

（4）长住客平均房价 $= \dfrac{\text{长住客房租收入}}{\text{长住客占用客房数}}$

3. 客人的平均房价

客人的平均房价 $= \dfrac{\text{客房房租总收入}}{\text{入住客人数}}$

（三）计算各类客人占用客房的百分比

1. 散客房间占用百分比

散客房间占用百分比 $= \dfrac{\text{散客占用房间数}}{\text{已出租房间数}} \times 100\%$

2. 团队客房间占用百分比

团队客房间占用百分比 $= \dfrac{\text{团队客占用房间数}}{\text{已出租房间数}} \times 100\%$

3. 免费房间占用百分比

免费房间占用百分比 $= \dfrac{\text{免费占用房间数}}{\text{已出租房间数}} \times 100\%$

4. 预订客人占用百分比

预订客人占用百分比 $= \dfrac{\text{预订客人占用房间数}}{\text{已出租房间数}} \times 100\%$

（四）计算各类订房变化的比率

1. 空订百分比

空订百分比 $= \dfrac{\text{预订不到客人数}}{\text{预订客人数}} \times 100\%$

2. 取消预订的百分比

取消预订的百分比 $= \dfrac{\text{取消预订客人数}}{\text{预订客人数}} \times 100\%$

3. 提前离店客用房百分比

提前离店客用房百分比 $= \dfrac{\text{提前离店客用房数}}{\text{预期离店客用房数}} \times 100\%$

4. 延长停留客用房百分比

$$延长停留客用房百分比 = \frac{延长停留客用房数}{预期离店客用房数} \times 100\%$$

二、客房经营主要指标分析

（一）客房出租率

客房出租率是反映饭店经营状况的一项重要指标，是已出租的客房数与饭店可以提供租用的房间总数百分比。其计算公式为：

$$客房出租率 = \frac{已出租客房数}{可供出租客房总数} \times 100\%$$

上式比值越大，说明实际出租客房数与可供出租的客房数之间的差距越小，也就说明饭店的客源市场越充足，在一定程度上越表明饭店经营管理的成功。

客房出租率是饭店经营管理中所要追求的重要经济指标，其直接关系到饭店的盈亏状况。为此，饭店的盈亏百分比也是以客房出租率来表示的，即保本出租率。

一家饭店的保本出租率可根据财务部门提供的数据进行计算。计算方法如下：

$$保本出租率 = \frac{保本营业额 \div 平均房价}{可供出租客房间天数} \times 100\%$$

其中：

$$保本营业额 = \frac{固定成本总额}{1 - 变动成本率 - 税率}$$

例如，某饭店拥有客房 200 间，年固定成本 1000 万元，变动成本率 12%，营业税税率 5%，当年每间客房平均房价为 300 元，则：

$$客房保本营业额 = \frac{1000}{1 - 12\% - 5\%} = 1204.82（万元）$$

$$保本出租率 = \frac{12048200 \div 300}{200 \times 365} \times 100\% = 56\%$$

计算结果表明，这家饭店的保本出租率是 56%，如果出租率低于 56%，饭店会处于亏损性经营；反之，饭店就能赢利。

如果本饭店的保本出租率高于竞争对手，则要考虑如何降低成本；如果本饭店的保本出租率低于竞争对手，则可适当考虑利用价格优势争夺客源市场。

显而易见，饭店要获得更多的赢利，必须扩大客房销售，提高客房出租率。但是，这并不是说客房出租率就越高越好。因为饭店要想严格质量控制，在市场竞争中保持长久的实力，就必须有意识地控制客房使用，为客房维修和全面质量控制创造机会。如若一味地追求高出租率，一方面，设施设备超负荷使用，长此下去，必然会出现设施设备得不到必要的保养维修，用具功能失灵、建筑物使用寿命缩短等问题。另一方面，常年过高的出租率必然使客房服务人员被牢牢地固定在服务工作岗位，无暇参加培训教育，加之工作疲劳，使服务质量下降，造成管理工作的极大困难。除此之外，饭店还要考虑一些具体的经营安排，一些专家提出了较为理想的年平均客房出租率是在80%左右，最高不能超过85%。

案例5-2

一味追高客房出租率的后果

北方滨城某饭店是一座集住宿、餐饮、旅游、康乐出租与客运于一身的三星级饭店，1990年开业。当时正值中国经济快速增长，饭店业进入了全面快速发展的大好时机，加之饭店服务热情周到，所以生意一直很好，客房出租率连年居高不下，取得了经济效益和社会效益的双丰收。饭店曾先后荣获国家质量管理奖、全国用户满意单位、全国餐饮业经济效益最佳单位、所在省旅游综合实力评价十强饭店、优秀星级饭店等30余项殊荣。

但是，由于多年来饭店经营者只抓经营，只强调软件服务，不注重硬件设施的建设与改造，使设施设备长期超负荷运行，维修保养不到位，这样几年下来，该饭店的外墙面、中央空调系统以及前厅、餐厅、后厨、客房等重要部位的设施设备损坏和老化现象已十分严重，客人抱怨越来越多，难以为住店客人提供必要的三星级标准服务，只能靠不断降价来勉强维持经营。针对这种状况，市旅游局多次对这家饭店进行检查和通报，并下达限期整改通知，直至2002年11月取消了该饭店的三星级资格。

分析提示

饭店一味地追求客房出租率，使设施设备长期超负荷运行，致使设施设备得不到必要的维修保养，这是一种破坏性经营，最终必然走向服务运行上的恶性循环。这种硬件的超负荷运行会使服务人员工作疲劳，无暇参加培训，而且在这样的环境下工作，服务员也会慢慢地失去自豪感和服务热情，降低服务质量水准。

（二）客房销售效率

客房销售效率是实际客房出租所得销售额占全部可出租房间的全价出租的销售总额的百分比。其计算公式为：

$$客房销售效率 = \frac{客房实际销售额}{全部客房牌价出租的总销售额} \times 100\%$$

例如，某饭店拥有可出租客房270间，其中：单人间50间，房价40美元；标准间180间，房价70美元；普通套间30间，房价125美元；豪华套间10间，房价180美元。某日的客房收入额合计为12000美元。试计算客房销售效率。

$$客房销售效率 = \frac{12000}{50 \times 40 + 180 \times 70 + 30 \times 125 + 10 \times 180} \times 100\% = 59.55\%$$

客房销售效率实际是以价值量表示的客房出租率，在客房经营统计分析中，比单纯以数量变化得出的出租率更完善、更准确。它不仅能反映客房销售数量的多少，还反映了客房平均销售价格的大小，以及客房销售类型结构的变化等因素，因而衡量出客房销售的实际效果。为了更好地确定销售目标，准确分析并预测销售状况，可以将客房销售效率与客房出租率结合运用。

（三）双开率

双开率即双倍客房出租率，是指两位客人同住一个房间的房数占所出租房间总数的百分比。其计算公式为：

$$双开率 = \frac{客人总数 - 已出租客房数}{已出租客房数} \times 100\%$$

例如，某饭店下榻客人数为 390 人，当日出租客房数 280 间，其客房双开率为：

$$双开率 = \frac{390 - 280}{280} \times 100\% = 39.3\%$$

双开率还有一种表示方法，是以房间为单位，双开率表示每一间已出租的房间所住的客人数：

$$双开率 = \frac{客人总数}{已出租客房数}$$

代入上例的数据，则双开率 = 1.393，即每个房间平均住 1.393 人。

双开率指标可以反映客房的利用状况，是饭店增加收入的一种经营手段，其前提是一个房间（单人间除外）划出两种价格。比如，一个标准间住一位客人时，房价 90 美元；住两位客人时，每位只收 60 美元。这样，客人可节省约 1/3 的房费开销，而饭店又增加了 1/3 的收入，同时，饭店的劳动成本的增加却很小。但是客房双开率只有与客房出租率配合使用时才有意义。在客人有限的情况下，总台接待员应首先考虑多销售客房，提高客房出租率，而不是有意提高双开率。

（四）实际平均房价

实际平均房价是饭店经营活动分析中仅次于客房出租率的第二个重要指标，它是客房总收入与实际出租客房数的比值。其计算公式为：

$$实际平均房价 = \frac{客房总收入}{出租客房数}$$

例如，某饭店某日客房总收入为 36000 元，当日出租的客房总数 150 间，则实际平均房价为：

$$实际平均房价 = \frac{36000}{150} = 240 （元）$$

实际平均房价的高低直接影响饭店的经济收益。影响实际平均房价变动的主要因素是实际出租房价，客房出租率和销售客房类型结构。实际平均房价与客房出租率密切相关。一般来说，要提高客房出租率，会使平均房价降低；反之，要保持较高的平均房价，会使客房出租率下降。所以，处理好客房出租率和平均房价的关系，既能得到合理的平均房价，又能保持较高的客房出租率，使客房收益最大化，这是饭店经营管理的艺术。片面追求某一方面，都是不正确的。

销售客房类型结构的变化也是影响实际平均房价高低的一个重要因素。目前大多数饭店都确定 4～5 个等级的房间。房间等级不同，价格也不相同。一般来讲，饭店标准间要占饭店客房数的大部分，其价格基本上趋于平均房价，是饭店前厅部、营销部主要向客人推销的客房。在其他因素不变的情况下，高档客房销售增加，则平均房价就会提高，所以总台接待员应掌握一定的推销技巧，以成功地推销较高档次的客房。

（五）理想平均房价

理想平均房价是指饭店各类客房以现行牌价按不同的客人结构出租时可达到的理想的平均房价。它是一定时间内，从最低价出租客房和从最高价出租客房价格得出的平均值。计算理想平均房价时，要结合客房出租率、双开率及客房牌价进行。

例如，某饭店共有客房 400 间，其类型及出租牌价见表 5 – 2。预计未来饭店客房出租率可达 80%，双开率 30%，求其理想平均房价。

表 5 – 2　某饭店客房数量与牌价表

客房类型	数量（间）	牌价（元）	
		1 人住	2 人住
单人间	50	140	
标准间	300	200	260
普通套间	40	300	400
高级套间	10	450	600

理想平均房价计算如下：

1. 从低档到高档，计算平均房价

即为客人排房时，先从最低档的单人房开始，依次向高一档的客房类型递进，直到把客人全部安排完为止［饭店平均每天开房数为：$400 \times 80\% = 320$（间）］。由此计算出的平均房价为低价出租客房平均房价。

（1）每日客房收入为：

$$50 \text{ 间} \times 140 \text{ 元} = 7000 \text{（元）}$$

$$270 \text{ 间} \times 200 \text{ 元} + 96 \text{ 间} \times 60 \text{ 元} = 59760 \text{（元）}$$

每日客房收入总计：

$$7000 \text{ 元} + 59760 \text{ 元} = 66760 \text{（元）}$$

（2）平均客房价格为：

$$\text{平均客房价格} = \frac{66760}{320} = 208.6 \text{（元）}$$

2. 从高档到低档，计算平均房价

即为客人排房时，先从最高档的高级套房开始，依次向低一档的客房类型递进，直到把客人全部安排完为止。由此计算出的平均房价为高价出租客房平均房价。

（1）每日客房收入为：

$$10 \text{ 间} \times 450 \text{ 元} + 3 \text{ 间} \times 150 \text{ 元} = 4950 \text{（元）}$$
$$40 \text{ 间} \times 300 \text{ 元} + 12 \text{ 间} \times 100 \text{ 元} = 13200 \text{（元）}$$
$$270 \text{ 间} \times 200 \text{ 元} + 81 \text{ 间} \times 60 \text{ 元} = 58860 \text{（元）}$$

每日客房收入总计：

$$4950 \text{ 元} + 13200 \text{ 元} + 58860 \text{ 元} = 77010 \text{（元）}$$

（2）平均房价为：

$$平均房价 = \frac{77010}{320} = 240.7 \text{（元）}$$

（3）将低价出租客房平均房价与高价出租客房平均房价加以简单平均，即得理想平均房价。

$$理想平均房价 = \frac{208.6 + 240.7}{2} = 224.7 \text{（元）}$$

理想平均房价为 224.7 元，即饭店在未来一个时期内的平均房间标准收益是 224.7 元，将实际平均房价与这个标准收益进行比较，可以较为客观地评价客房经营的收益程度，如果实际平均房价高于理想平均房价，说明经济效益好，饭店可获得较为理想的赢利。这种比较也可以在一定程度上反映牌价是否符合市场情况的需要，如果二者相去甚远，说明牌价可能过高或过低，不符合市场状况，需要调整。

思考与练习

1. 客房价格的特点是什么？

2. 影响客房价格的主要因素是什么？

3. 饭店的计价方式有哪些？

4. 如何做好饭店的前厅与客房的收益管理？

5. 客房营业日报表的基本内容是什么？

6. 怎样处理好客房出租率和房价的关系？

7. 一座新建饭店拥有 500 间客房，总造价为 4500 万美元，按照千分之一法计算其平均房价。

8. 某饭店下榻客人数为 400 人，当日出租客房数 300 间，计算客房双开率。

9. 在当地选择一两家星级饭店并收集有关客房经营数据，计算其主要经营指标。

第6章 客房管理概述

【学习目标】

1. 了解客房部在现代饭店经营管理中的功能和地位。
2. 熟悉客房部的组织机构设置与主要管理岗位的职责。
3. 了解客房部与其他部门之间的沟通。
4. 掌握饭店客房的种类和装饰布置原则。

【内容结构】

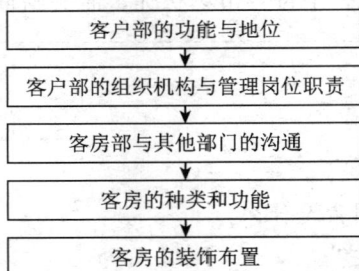

客户部的功能与地位

客户部的组织机构与管理岗位职责

客房部与其他部门的沟通

客房的种类和功能

客房的装饰布置

【重要概念】

客房部　主题客房　绿色客房

第 1 节　客房部的功能与地位

　　客房部（Housekeeping Department）又称房务部、管家部，是饭店管理有关客房事务，向客人提供住宿服务的管理部门。客房部担负着客人住店期间的大部分服务工作，其业务范围涉及整个饭店和公共区域的清洁卫生、物资用品消耗的控制、设备的维修保养等。

　　客房部的管理范围主要是：楼层客房区域、饭店公共区域、客房（房务）中心、布草房、洗衣房，其中主要产品是客房。

一、客房部的功能

　　在现今的饭店业中，客房部扮演着非常重要的角色。客房部在饭店中的地位是由其特殊功能所决定的。客房部的基本功能包括以下几方面：

　　（1）生产客房商品。客房，是饭店的基本设施和主体部分，是饭店向客人提供住宿和休息的场所，是饭店经济收入的重要来源。客房管理是连接客房产品生产和消费的纽带与桥梁。客房经营管理的好坏，直接关系到饭店的声誉，影响饭店的效益和饭店产品的质量。饭店经营即为出租房间，客房是饭店出售的最重要的商品。因此，客房部的员工要日复一日地工作，为客人提供清洁、美观、舒适、安全的客房商品。完整的客房商品包括：房间、设备设施、用品和客房综合服务。因此，客房布置不仅要美观，设备设施要完备、舒适耐用，日用品方便齐全，服务项目还要全面周到，保障客人财物和人身安全。客房产品是由满足客人物质享受的各类客房设备设施及物品等构成的有形产品和满足客人精神享受的各种客房服务所形成的无形产品的组成。它是由具有专业技能的劳动者遵循标准化、程序化的要求进行的，具有质量的特性，可以按照相关标准进行评定。高质量的客房具有清洁、美观、舒适、安全等质量特性。

　　（2）为饭店创造清洁优雅的环境。客房部的一项重要功能是保证饭店客房及公共区域的清洁卫生，其中客房的清洁卫生十分重要。客房是否洁净卫生，是宾客选择是否住宿的重要条件之一。客房部还要负责饭店内所有公共区域的清洁、美化、设备设施及植物保养、环境布置，使饭店时刻处于清洁、优雅、常新的状态，让饭店所到之处都能给住客留下美好印象。

　　（3）为饭店各部门提供洁净美观的棉织品。饭店的棉织品除了客房使用的一系列品种外，还有餐饮部门的台布、餐巾，康乐部的棉织品，桑拿部的浴巾、面巾等以及饭店所有窗帘、沙发套、员工制服。这些棉织品的选购、洗涤、收发保管、缝补、熨烫，都由客房部所属的洗衣房负责。另外，有的大饭店的洗衣房是单独设立的一个部门，与客房部平级，有的小饭店的客房部不设洗衣房，其洗衣熨烫任务交由社会上的洗衣公司负责。另外，饭店所有工作人员的制服和客房部、餐饮部、康乐部等部门全部布件的收发、分类储存也由客房部的布件房负责。

（4）为顾客提供其他服务。客房属高级消费品，要能满足客人的多方面需要。在有些饭店，客房部还要给客人提供其他服务，如楼层的接待服务、洗衣、缝纫、送餐服务、叫醒服务等热情周到的服务。在提供这些服务时，服务员必须真心诚意地有礼貌、迅速地为宾客服务。

（5）保障饭店及客人生命和财产的安全。安全是客人最基本的需求之一，也是客人投宿饭店的前提条件。饭店的不安全事故大都发生在客房。因此，客房员工必须具有强烈的安全意识，平常应保管好客房钥匙，做好钥匙的交接记录。一旦发现走廊或客房有可疑的人或事，或有异样的声音，应立即向上级报告，及时处理，消除安全隐患。

除了以上提到的功能外，客房部还要严格控制饭店清洁用品和各种用品的成本；管理物品的供应，保证客房内的产品符合饭店设定的标准。

二、客房部在饭店中的地位

虽然现代饭店越来越向多功能方向发展，但满足客人住宿要求仍是其最基本、最重要的功能，客房仍是饭店不可或缺的基础设施。

（1）客房是饭店的基本设施和主体部分。人们外出旅行，无论是住招待所、旅馆还是饭店，从本质上说都是住客房。所以，客房是人们旅游住宿最主要的场所，是饭店的最基本设施。另外，客房的数量还决定着饭店的规模。国际上通常按客房数量的多少将饭店划分为大型饭店、中型饭店和小型饭店三类。饭店综合服务设施的数量一般也由客房数量决定，盲目配置将造成闲置浪费。从建筑面积来看，客房面积一般占饭店总面积的 70% 左右。如果加上客房商品营销活动所必需的前厅、洗衣房、客房库房等部门，总面积将达 80%。客房及内部配备的设备物资无论种类、数量、价值都在饭店物资总量中占有较高比重，所以客房是饭店设施的主体。

（2）客房收入是饭店经济收入的主要来源。饭店的经济收入主要来源于三部分：客房收入、饮食收入和综合服务收入。其中，饭店房费收入一般占饭店全部营业收入的 50%～60%，功能少的小型饭店可以达到 70% 以上。从利润来分析，因客房经营成本比饮食部、商场部等都小，所以其利润是饭店利润的主要来源，通常可占饭店总利润的 60%～70%，高居首位。另外，客房出租又会带动其他部门设备设施的利用，给饭店带来更多的经济效益。

（3）客房商品质量是饭店商品质量的重要标志。客房商品质量如何，直接关系到客人对饭店的总体评价和印象。如客房清洁卫生、装饰布置、服务员的服务态度与效率等。饭店公共区域如前厅、洗手间、电梯、餐厅、舞厅等，客人同样希望这些场所清洁、舒适、优雅，并能得到很好的服务。非住店客人对于饭店的印象更是主要来自于公共区域的设施与服务，所以客房商品质量及其外延部分是客人和公众评价饭店质量的重要依据。

（4）客房部的管理直接影响饭店的运行管理。如前所述，客房部能为饭店的总体形象和其他部门的正常运行创造良好的环境和物质条件，加之客房部员工占饭店员工总数的比例较大，其培训管理水平对饭店员工队伍整体素质的提高和服务质量的改善有着重要意义；另外，客房部的物资设备众多，对饭店成本控制计划的实现有直接作用。因此，客房部的管理对于饭店的总体管理关系重大，是影响整个饭店运行管理的关键部门之一。

第 2 节　客房部的组织机构与管理岗位职责

一、客房部的组织机构

科学、合理的组织机构是客房部顺利开展各项工作，提高管理工作效率的组织保证。客房部负责客房产品的生产，通过有效的营运，为宾客创造一个清洁、美观、舒适、安全的住宿环境。客房部的有效营运依赖于合理的组织，这种组织因饭店业务范围和饭店规模不同可以有若干种不同的组织形式，其业务分工和员工的岗位职责也各有不同。客房部组织机构应是专业分工明确、统一指挥、沟通顺畅的有机整体。客房部的组织机构因饭店规模、档次、业务范围、经营管理方式不同而有所区别。

（1）常见的大中型饭店客房部组织机构（图 6 - 1）。

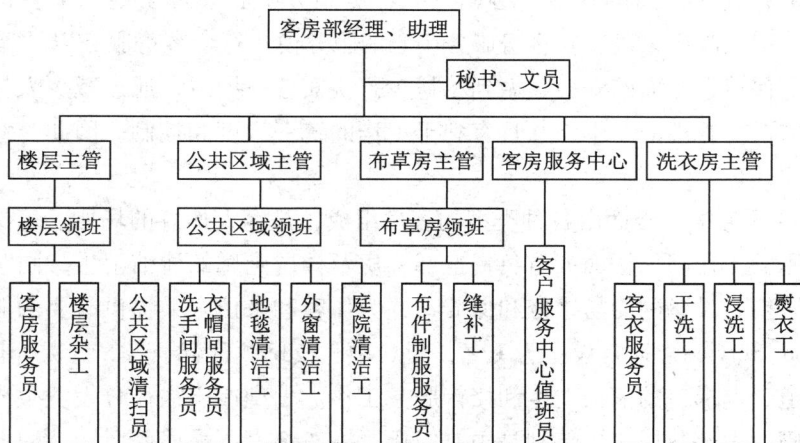

图 6 - 1　大中型饭店客房部组织机构

（2）小型饭店客房部组织机构。小型饭店可对其进行适当的压缩、合并，去掉主管（或领班）的中间管理层（图 6 - 2）。

```
                          ┌─────────┐
                          │ 客户部经理 │
                          └────┬────┘
                               │──────────┐
                               │      ┌───┴───┐
                               │      │  秘书  │
                               │      └───────┘
          ┌────────────────────┼────────────────────┐
     ┌────┴────┐          ┌────┴────┐          ┌────┴────┐
     │ 楼层主管  │          │公共区域主管│          │ 布件房领班 │
     └────┬────┘          └────┬────┘          └────┬────┘
       ┌──┴──┐             ┌───┴───┐            ┌───┴───┐
   ┌───┴─┐ ┌─┴───┐    ┌────┴─┐ ┌───┴──┐    ┌───┴──┐ ┌──┴──┐
   │客房 │ │楼层 │    │公共 │ │衣帽 │    │布件房│ │缝补上│
   │服务 │ │杂工 │    │区域 │ │间服 │    │服务 │ │     │
   │员   │ │     │    │清扫 │ │务员 │    │员   │ │     │
   │     │ │     │    │员   │ │     │    │     │ │     │
   └─────┘ └─────┘    └─────┘ └─────┘    └─────┘ └─────┘
                         洗手间服务员
```

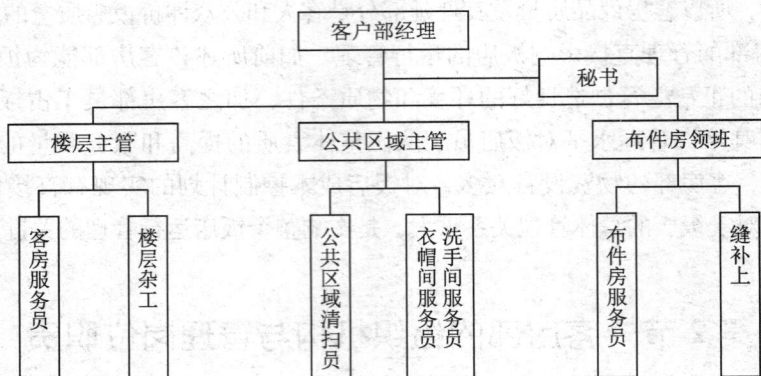

图 6－2　小型饭店客房部组织机构

二、客房部各机构的职能

（1）客房服务中心。中外合资酒店及由外方管理的酒店通常都设有客房服务中心（Guest Service Center）。客房服务中心既是客房部的信息中心，又是对客服务中心，负责统一调度对客服务工作。客房服务中心的主要职责是：凡有关客房部工作的信息一般都要经过客房服务中心处理、掌握和控制客房状况；处理宾客失物的保存和认领等事宜；发放客房用品，管理楼层钥匙，及时通知有关楼层服务员为宾客提供相应服务，同时承担为 VIP 准备礼仪物品的责任；保存客房部所有的档案资料，并及时补充和更新；保持与前厅部和其他部门的联络、协调等。客房服务中心通常设主管 1 名，值班员若干。下设早、中、晚 3 个班次。客房服务中心的服务模式符合客房服务以"暗"的服务为主的特点，保持了楼面的安静，做到尽量少打扰宾客。同时，通过减少人员编制，节省了人力，减低了管理的成本，并且有利于工作的统一调度和控制。因此，欧美国家普遍采用此种模式。

（2）楼层服务组。楼面由各种类型的客房组成，是客人休息的场所。每层楼都设有供服务员使用的工作间。楼面人员负责全部客房及楼层走廊的清洁卫生，同时还负责客房内用品的更换、设备的简易维修和保养，并为住客和来访客人提供必要的服务。楼层服务组（Floor Service）通常设主管 1 名，早、中、夜班领班若干名。负责所有住客楼层的客房、楼道、电梯口的清洁卫生和接待服务工作。大型饭店往往分设卫生班、台班和服务班。我国的大部分饭店，特别是国有饭店，一般都设有楼层服务台，配备专职的台班服务员，对客人提供面对面的服务，同时加强对楼层的安全管理。不过，设有客房服务中心的酒店可不设楼层服务台。

（3）公共区域。负责饭店各部门办公室、餐厅（不包括厨房）、公共洗手间、衣帽间、大堂、电梯厅、各通道、楼梯、花园和门窗等公共区域的清洁卫生工作。公共区域

（Public Area）服务组通常设主管 1 名，早、中、晚领班各 1 名。负责饭店除厨房外的所有公共区域的清洁卫生。

（4）洗衣房。负责收洗客衣，洗涤员工制服和对客服务的所有布草、布件。洗衣房（Laundry Room）的归属，在不同的饭店有不同的管理模式。大部分饭店都归客房部管理，但有的大饭店，洗衣房则独立成为一个部门，而且对外服务。小型饭店则可不设洗衣房，饭店的洗涤业务委托社会上的洗衣公司负责。洗衣房通常设主管 1 名，早、中班领班若干，下设客衣组、湿洗组、干洗组、熨衣组。主要负责洗涤客衣和饭店所有布件与员工制服。

（5）布草房。布草房（Linen Room），有的饭店称其为布件房，负责饭店所有工作人员的制服，以及餐厅和客房所有布草的收发、分类和保管。对有损坏的制服和布草及时进行修补，并储备足够的制服和布草以供饭店经营周转使用。布草房通常设主管、领班各 1 名，下设布件、制服服务员和缝补工若干。主要负责饭店布件、员工制服的收发、送洗、缝补和保管工作。

第 3 节　客房部与其他部门的沟通

客房虽然是饭店向客人提供的最重要的产品，但如果没有饭店其他部门的配合支持，将无法保证客房商品具有客人满意的质量。因此，客房部必须与饭店各部门保持密切的沟通联系，使房务工作得以顺畅进行。

一、客房部组织内部的沟通

客房部是饭店的主要赢利部门，服务效率直接关系到酒店星级服务的水平。内部沟通仅仅依靠内部程控电话，不仅扰客，而且常常因为服务员不在值班室，客人提出的要求得到无法及时提供；饭店内部寻呼系统的无线呼叫和无线数据传输已经越来越多地应用到饭店的入住迎宾、客房服务、退房、查房等工作流程中。如客房服务呼叫，客人需要服务时，通过房间电话呼叫客房中心，客房中心通过内部寻呼系统可将客人的服务需要无线发送给相关楼层服务员，服务员可移动接收中英文信息。服务员收到信息后可立即到达客房或打电话给客人，完成服务内容后，再向客房中心电话确认。据统计，可提高服务反应速度达 40% ~ 70%，因而极大地提升了饭店的服务质量和形象。

总之，为了做好对客人的各项服务工作，客房部内部进行沟通与协调是非常重要的，但是要做好协调工作，客房部内部员工之间的相互协作也是十分必要的。还要理解客房部与其他部门之间是合作的关系，而非竞争关系。

二、客房部与其他部门的沟通

在饭店中，客房部的工作不是孤立进行的，而是与其他部门密切配合才能完成。客房服务工作是整个饭店对客服务工作中的重要一环，客房部的业务管理是整个饭店经营管理工作中的重要组成部分。一方面，客房部要利用自身的资源为其他部门提供服务，配合其工作；另一方面，客房部的工作也需要其他各部门的帮助和支持。所以，客房部与其他各部门之间应保持沟通渠道畅通，建立紧密的协作关系。客房部在运行过程中会与饭店的前厅部、工程部、餐饮部、采购部、财务部和人力资源部等部门发生业务关系。

（1）客房部与前厅部的沟通。客房部与前厅部的联系最为密切，很多饭店的前厅部与客房部是合二为一的。事实上，多数饭店是以业务流程的形式来明确客房部与前厅部之间的协作关系，即客人结账离店，前厅部及时通知客房部，客房部以最短的时间将客房整理完毕，检查后交回前厅部供饭店继续出租。前厅部在未接到客房部确认信息前，不能将走客房出租给下一位客人。客房部与前厅部之间这种不间断地交换最新房况信息的做法，是饭店提高客房出租率的一项基础性工作。此外，客房部与前厅部之间的协作关系还体现在以下几方面，①客房部要依据前厅部提供的有关住店客人的信息和资料，做好客人抵店前的准备工作以及客人住店后的对客服务工作；②客房部根据前厅部提供的客情预报，安排落实饭店客房与公共区域的维修和清洁计划；③客房部与前厅的礼宾部配合，做好客人行李的入房、收取或存放服务。

（2）客房部与工程部的沟通。从饭店运营角度来看，客房部与工程部作为两个职能部门，有着相同的工作目标，它们有理由建立良好的工作关系，以保证客房工作取得最佳服务效果。然而，由于垂直领导关系，这两个部门之间常会出现一些隔阂。例如，客房部服务人员经常抱怨要替工程部承担因维修不及时而招致客人的批评或投诉，以及因为维修所带来的额外工作；工程部人员则常常不满于客房服务员操作不当所造成的设备损坏等问题。因此，饭店要想这两个部门做到默契配合并非易事，必须督促部门经理关注并改善部门之间的关系。客房部需经常进行一些基本的维修养护工作，其中的绝大部分要由工程部负责完成。客房部与工程部的协作关系始于客房部，客房部员工在日常工作中首先发现设施设备问题，然后提交工程部要求维修处理。饭店工程部为保证店内设施设备的正常运转，也会有计划地进行定期维护和保养。为了使这项工作顺利进行，前厅部要及时向工程部通报客情状况，以便工程部安排落实客房的大修理计划。

案例 6 -1

客房马桶坏了之后

李先生是宾馆的熟客，喜欢住 8 楼，与同楼服务员也挺熟，一般他有什么事情都会找楼层服务员。他找到楼层服务员小何，告知房间马桶坏了，请派人来维修。小何非常抱歉地对李先生说："真不好意思，给您添麻烦了，我会尽快通知人来维修的。"听了小何的回答，李先生满意地回到自己的房间，到大堂吃完早餐后，就外出了。

小何马上打电话通知房务中心，报了维修马桶的房号。房务中心做好维修记录，并及时通知工程部派人去修理 816 房的马桶。工程部接到通知后，把任务交给小万去完成。当小万来到 816 房，观察到客房内有声音并且有灯光，小万认为房内有客人在。因此，小万怕打扰客人，未敢敲客人的门，准备迟些时间再去修理。小万在没有告知服务员的情况下，就离开楼层干其他事去了。之后，小万完全忘记了修理 816 房间马桶的事。

下午 6 时，李先生回来，急着上洗手间，发现马桶根本没有人来维修，他不得不去大堂的公共卫生间。之后李先生非常生气地向大堂副理投诉："我早上就跟服务员反映，到现在都没人来维修马桶，你们酒店效率怎么这么差。"大堂副理诚恳地向李先生道歉，并认真倾听李先生的投诉，做好记录，然后征求李先生的意见，是否现在就给他维修。客人同意后，大堂副理向李先生承诺尽快修好，立即打电话通知工程部派人来维修。

与此同时，大堂副理请客人先到咖啡厅休息，赠送李先生一杯饮料，并告诉他马桶修理好后就通知他。安顿好李先生后，大堂副理亲自到楼层检查修理情况，并调查此事。马桶修好后，又安排向李先生赠送了一张酒店夜总会的入场券，并再一次向李先生道歉。最后，李先生满意地接受了大堂副理的道歉和解决方法。

分析提示

本案例中，暴露出了工程部与客房部的沟通管理不善。对设施设备进行维修要跨越部门，工程部与客房部必须做好沟通。例如，先打电话询问楼层服务员哪里需要维修，或者是工程人员到楼层后可以找服务员先了解情况，然后再去看能否完成维修任务，做到心中有数，并请楼层服务员随时留意情况，随时反馈信息。客房部对维修情况进行跟进，及时发现问题、处理问题，尽可能地避免投诉发生。

（资料来源：何丽芳编著：《酒店服务与管理案例分析》，广东经济出
版社）

（3）客房部与餐饮部的沟通。客房部要负责餐厅范围的清洁卫生、布件和员工制服的洗涤熨烫工作，还要协助餐饮部搞好客房送餐、客房小酒吧食品饮料的清点补充工作，以及配合餐饮促销活动，在客房放置餐饮宣传材料。

（4）客房部与保安部的沟通。客房部要协助保安部对客房和公共区域进行检查，做好防火、防盗等安全工作；提供可疑住客和访客的情况，并在必要时协助保安部、公安局打开客房门；对重要外宾，将由保安部提供特别保卫；对住客报失案要会同保安部处理。

（5）客房部与采购部的沟通。客房部所需物资种类繁多，为保证客房服务质量的稳

定，应向采购部提供所需设备物资的规格、质量要求，特别是在客房更新改造前，提出切合实际的采购建议；为控制客房成本，也应对价格问题提出建议。采购部应按要求采购美观适用、价格合理的设备物资，保证及时足额地供应。

（6）客房部与财务部的沟通。客房部要协助财务部做好客房有关账单的核对、固定资产的清点；在财务部的协助下制定房务预算、定期盘点布件和其他物料用品。

（7）客房部与公关销售部的沟通。客房部应协助销售部的公关促销宣传活动，在客房内放置饭店宣传卡，宣传推销客房和饭店其他设施和服务；对公关销售部陪同来参观客房的客人，客房部要积极配合给予方便并热情介绍房间内设施。

（8）客房部与人力资源部的沟通。客房部员工较多，接待旺季还将雇用临时工，为保证客房服务质量应协调人力资源部做好客房部员工的招聘、使用与培训工作。

第 4 节　客房的种类和功能

客房是饭店最基本、最主要的产品。不同类型、档次的饭店，为了满足客人住宿需要，设置了不同类型的客房。随着市场经济的变化和饭店之间竞争的加剧，饭店的客房种类、内部设备设施用品的配备趋向多样化，以适应不同类型客人的需求。

一、客房的种类

客房的分类方法有很多，有按房间配备床的种类和数量划分，有按房间所处的位置划分等。客房类型多样，价格高低有别，才能满足不同旅游者的需求，尤其是适应不同的消费能力的宾客。

饭店客房一般主要分为单间客房和套房两种类型，在单间客房里，按客房配备床的种类和数量划分的客房种类有以下几种：

（一）单间客房

（1）单人间。单人间（Single Room）又称单人客房，是在房内放一张单人床的客房，适合单身客人使用。传统的单人间属于经济档，一般饭店单人间数量很少，并且多把面积较小或位置偏僻的房间作为单人间。根据卫生间设备条件，单人间又可分为无浴室单人间（Single Room without Bath）、带淋浴单人间（Single Room with Shower）和带浴室单人间（Single Room with Bath）。

（2）大床间。大床间（Double Room）是在房内放一张双人床的客房，主要适用于夫妻旅行者居住。新婚夫妇使用时，称作"蜜月客房"。高档商务客人很喜欢大床间的宽敞舒适，也是这种房间的适用对象。目前高星级饭店出现的商务单人间就是以配备大床并增设先进办公通信设备为特色。在以接待商务客人为主的饭店，大床间的比例逐渐增加，多者可占客房总数的 50% ~ 60%。

（3）双床间。双床间（Two—Bed Room）的种类很多，可以满足不同层次客人的需要。其类型主要有：①配备两张单人床。中间用床头柜隔开，可供两位客人居住，通常称为"标准间"（Standard Room）。这类客房占饭店客房数的绝大部分，适合于旅游团队和会议客人的需要。普通散客也多选择此类客房。②配备两张双人床（Double—Double Room），可供两个单身旅行者居住，也可供夫妇或家庭旅行客人居住。这种客房的面积比普通标准间大。③配备一张双人床、一张单人床（Double—Single Room），或配备一张大号双人床、一张普通双人床（Queen—Double Room）。这类房间容易满足家庭旅行客人的需求。

（4）三人间。三人间（Triple Room）内放三张单人床，是属经济档客房。中高档饭店这种类型的客房数量极少，有的甚至不设。当客人需要三人同住一间时，往往采用在标准间加一张折叠床的办法解决。这种客房在新兴城镇或市郊的饭店还是有客源的。

（二）套房

套房（Suite Room）也有以下多种类型：

（1）普通套间（Junior Suite）。普通套间一般是连通的两个房间，称双套间，又称双连客房。一间作卧室（Bed Room），另一间作起居室（Living Room），即会客室。卧室中放置一张大床或两张单人床，并附有卫生间。起居室也设有供访客使用的盥洗室，内有便器与洗面盆，一般不设浴缸。

（2）豪华套间（Deluxe Suite）。豪华套间的室内陈设、装饰布置、床具和卫生间用品等都比较高级豪华，通常配备大号双人床或特大号双人床。此类套间可以是双套间，也可以是 3 ~ 5 间。按功能可分为卧室、客厅、书房、娱乐室、餐室或酒吧等。

（3）复式套间（Duplex）。复式套间是一种两层楼套间，由楼上、楼下两层组成。楼上一般为卧室，楼下为起居室。

（4）总统套间（Presidential Suite）。总统套间通常由五间以上的房间构成，多者达20 间。套间内男女主人卧室分开，男女卫生间分用。还设有客厅、书房、娱乐室、会议室、随员室、警卫室、餐室或酒吧间以及厨房等，有的还设室内花园。房间内部装饰布置极为讲究，设备用品富丽豪华。因房价昂贵，出租率低，一般四星级饭店才设。总统套间并非总统才能住，只是标志该饭店已具备了接待总统的条件和档次。

（三）按客房位置划分的客房种类

（1）外景房。外景房（Outside Room），其窗户朝向公园、大海、湖泊或街道的客房。

（2）内景房。内景房（Inside Room），其窗户朝向饭店内庭院的客房。

（3）角房。角房（Corner Room），位于走廊过道尽头的客房。

（4）连通房。连通房（Adjoining Room），其室外两门毗连而室内有门相通的客房，将连通门关闭时可成为两间独立的客房。

（5）相邻房。相邻房（Connecting Room），其隔墙有门连接的客房。

（四）特色客房

21 世纪是崇尚个性的时代，各种各样的消费品都已改头换面，从整齐划一向品位各异发展，从更深层次满足消费者的"个性"需求，使消费者得到自我实现的满足。饭店产品属于高消费产品，在个性设计上更应注重客人这一精神需求，更深层次地关怀、尊重客人，从而体现出饭店产品本身的个性。主题客房、绿色客房正是在这一形势下产生发展的。

1. 主题客房

主题客房是根据一个主题而设计的特色客房，比一般的客房更具有特色，是运用多种艺术手法，通过空间、平面布局、光线、色彩、多种陈设与装饰等多种要素的设计与布置，烘托出某种独特的文化气氛，突出表现某种主题的客房。

主题客房除了在客房产品上突出主题外，相应的客房服务与普通的客房服务相比，也更具有针对性。所以，主题客房的功能不再只局限于传统意义上的休息睡眠场所，更注重给予客人精神上的享受。主题客房具有以下几个特点：

（1）独特性。千篇一律的标准房已经无法满足广大宾客的个性需求，特别是对于饭店的回头客。主题客房具有与其他普通客房截然不同的环境气氛，其独特的陈设装饰与布置，给人以全新的感受。对于下榻饭店的房客，如果每次入住都能找到一些新鲜感，无疑将带给客人更多的惊喜。

（2）文化性。不同的主题客房表现不同的主题文化。主题文化可以从客房的名称、设计风格、陈设装饰上体现出来。浓厚的文化气息渗透在整个房间的各个细节中，让客人感受到深刻的文化内涵，沉浸在主题客房的文化氛围中。

（3）针对性。主题客房并不是适合于所有的客人。但每一间主题客房因其所表达的主题与个性都吸引着相应的客户群，因而成为这些客人的第一选择。饭店可以针对目标市场的一些个性需求，设计一定比例的主题客房，增加饭店产品的特色以吸引更多的消费者。

主题客房有多种类型，比如以客人年龄、性别和职业为主题，可分为老年人客房、女人客房、蜜月客房、儿童客房等；以某种时尚、兴趣爱好为主题，可分为汽车客房、足球客房、邮票客房、电影客房等；还有以某种特定环境为主题的客房，如监狱客房、梦幻客房、海底世界客房、太空客房等。

主题客房与传统客房相比，种类繁多，在设计开发时应紧密结合目标客源的需求特征及兴趣偏好，从更深层次上满足客人的要求。不仅提供给客人一个休息的场所，更是客人一次难忘的住宿经历。

补充阅读材料 6 - 1

各种主题客房

以某种时尚及兴趣爱好为主题的客房对有这方面兴趣的客人具有很大的吸引力，客人在这种主题客房住宿的同时，也满足了其在兴趣爱好方面的需求，享受了一个丰富的夜晚。

（1）以汽车为主题。客房中张贴着各种不同产地、品牌、型号汽车的图片，或者在橱窗中摆放一些汽车的模型，摆放汽车杂志及有关汽车的介绍，深受汽车爱好者欢迎。

（2）以足球为主题。客房中张贴一些球员、球队的照片，摆放足球杂志与足球报以及足球赛预告等，并以足球图案进行装饰，使爱好足球的客人在此能找到共鸣。

（3）以邮票为主题。客房中挂有各式邮票镜框，并附有简介，供爱好集邮的客人欣赏。

（4）以网络为主题。网络在现代生活中已占据了重要的地位，以网络为主题的客房中自然不可或缺可供上网的计算机，并在客房中摆放一些有关网络的报刊，为上网一族提供服务。

（5）以书为主题。虽然网络文学列入时尚的队伍中，但是依然有很多人钟情于散发着油墨清香的各式书籍。以书为主题的客房可以使客人畅游在书的海洋中，客人可根据客房内的书单向服务中心借阅心仪的书籍，补充精神食粮。

（6）以电影为主题。看电影依然是很多人热衷的娱乐消遣方式，在以电影为主题的客房中自然贴有精美的电影海报并摆放着各类影视杂志，设有 VCD 点播系统，客人可以选择自己喜爱的影片，享受一个惬意的夜晚。

（资料来源：邹益民、张世琪编著：《现代饭店房务管理与案例》，辽宁科学技术出版社）

2. 绿色客房

随着全世界范围内掀起的"绿色浪潮"，饭店业也积极引入可持续发展的原则，认为饭店必须为社会提供舒适、安全、有利于人体健康的产品，并在整个经营过程中，以一种对社会、环境负责的态度，坚持合理利用资源，保护生态环境。由此，"绿色饭店"的称谓应运而生。

"绿色"一词往往用来比喻"环境保护""回归自然"等。国际"绿色饭店"的英文应为"Eco—efficient Hotel"，意为"生态效益型饭店"，意思是充分发挥资源的经济效益。绿色饭店在我国也可译为"Green Hotel"，是指在饭店建设和经营管理过程中，坚持以节约资源、保护环境为理念，以节能降耗和促进环境和谐为经营管理行动，为消费者创造更加安全、健康服务的饭店。由我国商务部等六部委起草的《绿色饭店国家标准》，对饭店的建筑设计、施工、建材的选择，以及饭店的运营管理、卫生控制、安全等各环节是否符合节能、环保，都有详细的标准和要求。

"绿色客房"是绿色饭店所提供的客房产品，它必须满足"绿色饭店"的一些基本要求，包括客房设备的运行对环境的影响最小，客房的物资消耗降到最低，客房环境符合安全卫生的标准，提供给客人良好的住宿空间。

创建绿色客房的要求有以下几方面：

（1）节约能源。绿色客房内应摆放节约水资源，减少不必要资源消耗的棉织品洗涤宣传卡，倡导客人绿色消费、保护环境。并且，可以通过适量减少水龙头水流量及抽水马桶冲水量等措施节约水资源消耗。再者，我国星级标准规定三星级以上饭店 24 小时供应热水，这同样也是能耗的重要方面。水温若从 70℃ 降到 50℃，就能节约能源 23%，所以饭店应正确设定水温，节约能耗。总之，饭店应通过制定每日能耗通报制度、节约用电制度、节约用水制度等对饭店客房区域的能耗进行有效控制。

（2）设备设施。使用环保型空调器及环保型冰箱无氟电器，并且配备空气清洁设备及饮用水清洁设备。完善各项设备设施的保养维护工作，延长设备的使用寿命。

（3）客房环境质量。客房环境质量是创建绿色客房时容易忽视的问题，客房环境质量主要指客房内的建材质量、空气质量、噪声、光环境与饮用水质量。主要表现在以下几方面：①建材质量。绿色客房室内墙面应采用环保型涂料，并选择抗菌卫生陶瓷和釉面砖、低甲醛释放的板材等。②空气质量。目前饭店客房内空气质量的最大缺陷是空气洁净度不符合要求，原因在于新风系统送风量达不到规定的要求。③噪声治理。客房的噪声治理包括对室外噪声的治理、建筑物内部噪声的治理（包括客房内的各项电器设备，如风机盘管、换气扇、电冰箱等发出的噪声）以及客房隔音材料的选择及配备。④室内照明。国家涉外饭店星级评定与划分标准上专门列有一条"灯光设计具有专业性"，绿色客房在室内照明上更应体现出健康、方便与节能。⑤饮用水质量。绿色客房应配备质量上乘的饮用水，一些饭店自行安装饮用水系统，还有一些饭店采用外购瓶装矿泉水或纯净水，但应杜绝二次污染。

（4）物品控制。绿色客房的物品消耗控制应注意减少浪费以及减少废弃物。主要表现在以下几方面：①减少消耗量。减少物品消耗量有助于减少废弃物的产生，根据客人实际需求严格控制客房物品摆放的数量，减少浪费。每日一换或每客一换（当客人停留天数较短时）都将造成浪费，所以应改为小包装，使客房易耗品更精致实用而避免浪费。减少客房物品包装也是减少废弃物产生的重要渠道，目前一些饭店已向国外饭店学习，将以往独立包装的沐浴液与洗发液改为安装在浴室墙上的固定容器中。并且将所使用洗浴产品的品牌标志印制在液盒表面，使客人放心使用。②提供绿色产品。客房内提供绿色产品与绿色食品，做到无污染、安全与优质。例如，世界排名第 22 位的美国特许经营饭店系统（U. S. Franchise System）在绿色饭店已卓有成效的基础上推出称之为"常青客房"（Evergreen Room）的绿色客房。它们为每间客房花费 350 美元的收入，增设两个空气净化器、过滤可饮水系统、过滤淋浴龙头，保证向客人提供常青水（Evergreen Water）。③再利用。绝不废弃可以再使用的物品，如将报废床单改制为洗衣袋，将用过的纸张、废旧报纸收集再利用，将客人用过的肥皂收集制成洗涤剂进行再利用等。④替换使用。尽量将一次性使用的物品替换为可以重复使用的物品。例如，将一次性塑料制品改为可以重复使用的布制品，不使用一次性毛巾、牙刷、梳子、容器等。⑤循环回收。对于某些饭店无法利用的废弃物，可分类投放，由专门的工厂重新处理后作为资源进行再生利用，进行循环回收。例如，玻璃、金属、纸包装、塑料包装和铁皮包装、旧电池、废灯管等物品。

　　未来饭店业将更注重保护大气臭氧层、生态环境平衡及节约能源和材料耗费。饭店的建筑应尽可能减少现代建筑带来的光污染，利用先进的几何造型，使室内采光度好；饭店的能源尽量利用太阳能，节省普通能源的消耗，降低大气层的污染；饭店不使用塑料等无机化合物易耗品，而改用易分解的纸制品或木质品，以益于生态环境的平衡；客房的床单毛巾最好是纯天然的棉织品或亚麻织品，肥皂宜选用纯植物油脂皂，尽量体现绿色服务；客房不再每日更换一次性用品，床单、毛巾的更换也根据客人的需要而定。不少饭店已经在客房内放入这样的卡片："如果您不需要更换被单，请把卡片放到您的枕头上。"培养人们的绿色意识和消费精神。

　　随着饭店业的发展，一些有远见、有创新意识的饭店已经开始营造自己的特色，而客房的类型是其区别于其他饭店的一个重要方面。由此，客房类型呈现多样化发展的趋势。如商务客房、会议客房、休闲度假客房、无烟客房、女士客房、儿童客房、残疾人客房、盲人客房、组合客房等。在客房类型趋向于多样化的情况下，饭店也逐渐形成了自己的特色，并尽力使住宿客人满意。

二、客房的功能

（一）睡眠功能

　　（1）床。睡眠空间是客房最基本的空间，其中配备的最主要的家具是床。床的质量要求是重量轻、牢度好，弹簧床垫（席梦思）软硬度适宜；床架底部有活动走轮和定向轮，可以方便移动，以及有优美的造型。

　　（2）床头柜。床头柜是客房中必不可少的家具之一。床头柜可分为单人用床头柜和双人共用床头柜。传统的床头柜，只是作为客人摆放书籍及小物品的家具；而现代饭店的床头柜的功能则可满足客人在就寝期间的各种基本需要：上面放有一部电话、便条纸和一支削好的铅笔，为客人通信联络提供便利。有的饭店还在床头柜上放置晚安卡和常用电话号码卡。床头柜配有音响设备，供客人收听有关节目及欣赏音乐，并带有各种开关和按钮，如电视机、地灯、床头灯、房间灯、中央空调、请勿打扰的开关、时钟以及呼唤服务员的按钮等。

　　补充阅读材料 6－2

饭店"安眠房"

　　几年前，希尔顿饭店集团宣布暂定在檀香山、芝加哥、纽约及华盛顿的四家饭店试验性提供"安眠房"。所谓"安眠房"即专门为离家后夜不成眠的人而设，有额外隔音设备、较厚地毯、染色玻璃窗、可调节的垫褥、各种供选择的枕头等。当然，住客在小酒吧内不会找到咖啡，而只会有可诱发频频哈欠的芝士以及饼干、药茶、曲奇饼及牛奶等。

此外，"安眠房"还有其他设备：

声浪机发出柔和的海浪声及下雨的淅沥声；促睡袋装有面罩及耳塞；床头柜备有教人进入梦乡的小册子及短篇小说；可编程序声音邮件服务，防止住客想睡时受到骚扰；倘若住客到预定时间仍高卧不醒，书桌上的唤醒系统就会连响两次。

此外，还有诸如家庭客房、健身客房、婚房、高科技客房等新概念客房在饭店中被逐渐推出。

国内有一些饭店虽没有推出新概念客房，但是它们也在客房内进行了一些创新。例如，某宾馆特色套间内，增设了夜间灯光控制系统，当客人起床时，从床头通向卫生间的地灯及卫生间的照明灯自动打开，当客人从卫生间回到床上时，这些灯会在设置的时间内自动熄灭。另外，还有的饭店在卫生间坐便器上方增设顶灯，以方便客人阅读，淋浴间增设挂墙式凳子等创新措施。

（资料来源：宋雪鸣：《饭店创新经营与策划》，中国旅游出版社）

（二）盥洗空间

盥洗空间即浴室，又称卫生间。卫生间的主要卫生设备有浴缸、便器、洗脸盆与云台三大件。

（1）浴缸。浴缸应带有冷、热水龙头，并装有淋浴喷头——既能固定也可手拿。浴缸底部采用光面和毛面相间的防滑结构。浴巾架固定在浴缸水龙头对面的墙上。另外，还有活动的晒衣绳供客人晾晒衣物。豪华房间的浴缸内还可装上能产生漩涡的水疗装置，也可在卫生间装上带有小型电动蒸气发生器的桑拿浴和蒸汽浴装置。

（2）便器。便器分坐式和蹲式两种。一般房间只装坐便器，但高级套房两种都装，并在坐便器旁设有下身冲洗器。

（3）洗脸盆与云台（洗脸台）。洗脸盆一般镶嵌在由大理石面、人造大理石面或塑料板面铺设而成的云台里，上装冷、热水龙头各一个。在墙面配一面大玻璃镜，大镜面里或大镜面侧装有放大镜，以供客人剃须或化妆使用。为了解决因客人沐浴而使镜面蒙上水蒸气，有的饭店还在镜子的背面装有除水雾装置。云台上可放置各种梳洗、化妆及卫生用品。此外，卫生间应有通风换气设备，地面还应有泄水的地漏口。

（三）起居空间

起居空间应在标准间的窗前区。这里放置着软座椅、茶几（或小圆桌），供客人休息、会客、观看电视等。此外，还可供客人在此饮茶、吃水果及简便食品。

（四）书写和梳妆空间

标准间的书写与梳妆空间在床的对面，沿墙设置一长方形的多功能柜桌。一般包括行李架、写字台和电视机柜。

（1）写字、化妆台。客房使用的写字台和化妆台一般为全木质品。标准间的写字台和化妆台一般兼作两用，并装有抽屉，可放置文具。写字、化妆台所靠的墙面应设有梳妆镜，梳妆镜的高度应能使客人站在写字台前照全其头部。为了达到好的化妆效果，上方应装有照明灯以提高亮度。

（2）电视机柜。电视机柜（架）是每个房间的必备物品，有木质、金属和金属与木料混合结构三种类型。电视机柜上方放置电视机，下方柜内往往是放置各种饮料的小冰箱，即 Mini-Bar。

（3）行李架。所有客房都应设有行李架或行李台。它可以设计成写字、化妆台的扩充部分或者作为单独的一件家具。行李架的表面一般都有木条按一定间距固定在面层，以防止皮箱的金属饰钉损害行李架，同时不能有任何尖锐物品突出以免损坏客人的皮箱。有的饭店还在行李架上附设有软垫或靠背，当箱件收藏好后，便可以作为座位来使用。

（五）储存空间

（1）壁橱。设在客房入口的小过道内侧，便于客人在离开饭店时检查橱内东西是否取完。为了方便挂衣，同时又保证长衣服不致触地，挂衣杆高度应为170厘米，杆上部应留有7.5厘米的空间，以便衣架的移动取挂。橱门可以用推拉门，也可用折叠门。壁橱内应有照明灯。采用随门开启而亮的照明灯是为了节约用电、方便客人的一种举措。有的橱内还设有鞋箱。

（2）酒柜。酒柜上层摆放烈性酒、酒具、茶水具以及小吃食品，下层为储存饮料的小冰箱，以满足客人饮用；同时还可让茶几留出更多的面积，供客人摆放自己的物品。饭店客房如标准间必须具备以上功能，才能满足客人住宿的基本要求。而套房则是分别用专设的房间来各司其职：标准套间是一间卧室，一间起居室。在五间以上的套房间，可分别具有主要功能，如卧室、卫生间、起居室、书房、餐室等。

第 5 节　客房的装饰布置

客房的陈设与装饰是饭店对客服务的软环境。同等档次的饭店，客房的陈设与装饰设计不同，对客人的消费意向产生的影响有很大差异，也将直接影响客房经营的状况。

一、客房装饰布置的意义和原则

（一）客房装饰布置的意义

现代饭店的客房室内环境艺术和装饰布置是饭店客房商品价值的重要组成部分。客房的装饰布置不仅是建筑、装修部门的事情，更是客房管理的一项重要的工作内容。客房的装饰布置是指将客房各种设备和用品有机地组织起来，通过装饰美化，使房间环境美观，舒适典雅，具有家居气氛和艺术魅力。做好客房的装饰布置工作，对于提高客房商品质量，提高客房服务水平，扩大客房商品的销售，取得饭店的最佳经济效益和声誉具有十分重要的意义。

（二）客房装饰布置的原则

做好客房装饰布置，应遵循以下三项基本原则：

1. 功能与美观相统一的原则

功能、设计手法和室内形象是饭店客房装饰布置的基本要素。功能是就"用"而言的，即客房室内空间、设施设备及材料的主要用途。客房是饭店的核心产品，其功能布局与装饰要以客人的需要为中心，设施设备应方便客人使用。《旅游饭店星级的划分与评定》（GB/T14308－2003）对客房等核心区域增加了整体舒适度要求。

如前所述，在客房室内空间处理上，通常可具体分为睡眠空间、盥洗空间、起居空间、书写空间和储存空间五个功能区域。标准间分为卧室和卫生间两部分，其中卧室需要集多种功能于一身，因此，首先考虑卧室空间的合理安排和使用，将卧室划分为各种不同的功能空间并合理布局。而套房则是分别用专设的房间来各司其职，或具有某种主要功能，同时兼顾其他功能。

功能性体现在装饰布置的材料选择上，要求：一要安全，二要易于清洁。安全就是选用的材料要具备防火、防滑、防碰撞以及防盗等性能。如防火的墙面隔板、墙纸、地毯，防滑的地砖和浴缸，防碰撞的圆轮廓家具等。易于清洁是从服务员的工作效率出发的，客房的墙面、地面、家具、灯具以及其他摆设，其材料都要考虑清洁的因素。

客房不仅要有完善的功能，还应有美的内涵和情调。通过室内空间处理，材料选用与装修、灯光气氛、色彩、情调等方面的设计，以及各种室内陈设艺术手法的运用，为客人创造优美典雅、具有魅力的住宿环境，树立美好的室内形象。

功能和美观是客房装饰布置必须兼顾的两个方面，两者不可偏废。

2. 具有时代感，并体现民族风格和地方特色的原则

现代旅游者有一个重要的心理特征，即在旅游过程中，既要求舒适、方便，又要求能够改变环境，调节一下生活，领略异国他乡的民族情趣。因此，客房装饰布置要既是现代化的，又要体现民族风格和地方特色，使二者有机地结合起来，以满足客人的物质需求和心理需求。一般来讲，室内各种电器和卫生间的各种设备，以及装修材料和装修手法等，必须是先进的，紧跟时代步伐的，以顺应客人的需要。室内的装饰风格、字画、部分装饰用品、家具的造型等应体现民族风格和地方特色。

补充阅读材料 6 －3

高科技客房

进入 21 世纪，高科技在客房服务和管理中得到了广泛的应用。比如：客房内可为

客人提供网络浏览、E—mail 收发、FTP 文件下载、Telnet 远程登录、网络游戏等多项服务，甚至为客人提供更个性化的服务。

法国雅高集团在巴黎正在尝试"高科技客房"这一新概念客房。客房中床很宽，卫生间更大，照明也更好，采用可旋转的液晶显示电视屏幕，遥控芳香治疗系统，环绕音响系统等。雅高的市场研究部指出，客人离家出走，在心理上和生理上都会变得脆弱，因此会特别留意细节。

（资料来源：佚名：《酒店客房产品的创新策略》，中国旅游景点网，http：//www. cnlyjd. tom）

就目前状况来看，一方面，客房装饰布置越来越趋于规范化、标准化；另一方面，各饭店之间的差别、特点等越来越不明显。我国是一个有着几千年文明史的古国，传统的建筑和家具都明显区别于其他国家，书法、绘画、雕塑和民间工艺更是别具一格，丰富多彩。而且我国幅员辽阔，民族众多，各地都有本地本民族的独特文化和风土人情。因此，饭店管理者应该根据饭店的地域文化特征和目标客源的需求，在客房特色上下功夫，敢于独树一帜，确立饭店客房独特的格调，以具有独特艺术魅力的住宿环境吸引更多的客人。

饭店产品发展到今天，顾客已经明显感觉到"标准房"的那种整齐划一、千店一面的乏味。为了满足客人的需求，主题客房以其鲜明的独特性、浓郁的文化气息和产品与服务的针对性，成了客人的新宠，成为饭店竞相展示文化魅力的又一舞台。主题客房就是运用多种艺术手段，通过空间、平面布局、光线、色彩、多种陈设与装饰等多种要素的设计与布置，烘托出某种独特的文化气氛，突出表现某种主题的客房。

案例 6 - 2

欧洲的"老人酒店"

在法国戛纳的奥泰利亚饭店里，所有客人的平均年龄 83 岁。而这里的一切设施设备几乎都是为老人，尤其是 80 岁以上的老人特别设计的。在这里，信号显示用大号字，沿墙有扶手，电梯里有座椅，床是坐卧两用的，卧室里可以挂家人肖像。卫生间是用防滑玻璃纤维修造的，并设有软垫长椅，在那里可以安全洗浴。无论何时，一按铃就有人来查看。经常举办各种适合老人的娱乐活动。而且无须预订，长住短住都无妨。但有一点必须特别声明，这里接待的不是病人，而是需要关怀、照顾的老年客人。

罗马尼亚首都的"富罗拉"饭店，专门从事接待 70 岁以上的客人，所以又叫"寿星饭店"。客人入店之初，先要服一种由老年研究专家研制的"返老还童"药，对恢复老年青春活力很有帮助。

分析提示

主题客房在客房产品和服务上比一般的客房更具有针对性。所以主题客房的功能不再只局限于传统意义上的休息睡眠场所，更注重给予客人精神上的享受，一次在文化之舟的停泊，一段美好而难忘的经历。

主题客房表现不同的主题文化，可以从客房的名称、客房的设计风格、客房的陈设装饰上体现出来。浓厚的文化气息渗透在整个房间的各个细微之处。

饭店可以针对目标市场的一些个性需求，设计一定比例的主题客房，增加饭店产品的针对性及个性化。

（资料来源：何丽芳编著：《酒店服务与管理案例分析》，广东经济出版社）

3. 体现客房的等级和礼遇规格的原则

客房等级不同，礼遇规格不同，对客房商品质量的要求就不同，因而对装饰布置的要求也就不同。经济型的低档饭店客房可以用一般材料和一般设备。高档豪华饭店客房则必须用高档豪华材料和设备。同一饭店中，套间比标准间档次要高，豪华套间则比普通套间更高一档次。一家饭店特别豪华的房间（如高档豪华饭店的总统套房）虽然占极少比例，但却代表了这家饭店的最高装饰布置水准。同样道理，VIP 房的装饰布置水平要高于一般房间。

二、客房装饰布置的处理方法

客房装饰布置涉及美学、建筑学、服务心理学等多种学科，饭店管理者应当遵循上述原则，运用各种艺术处理手法，从空间处理、色彩应用、照明灯光、家具布置及物品陈设装饰等多方面进行研究，创造出适合客人心理特点和住宿要求的室内环境。

如前所述，客房的功能包括睡眠、盥洗、书写阅读、起居、储存、饮食等多方面。功能不同，其装饰布置要求就不同。

（一）卧室

卧室是一个私密性较强的地方，其主要功能是睡眠，但还要考虑阅读及观看电视等。其环境要求通常以宁静舒适为主。

卧室的家具以床为中心，与床相配套，还要有床头柜、床头灯。对床的要求是稳固、舒适、美观，床的位置应避免对着窗或者紧贴窗。床头灯便于入睡、阅读和夜间醒来使用。床头柜可放置电话和供客人放置物品，床头柜应装有各种电器的控制开关，以方便客人使用和享用室内的其他设备、设施。卧室的主要家具还有梳妆台（或写字台），可根据具体情况布置在适当的空间。

卧室的窗帘一般为双层帘，即厚帘和薄帘。厚帘具有很好的遮蔽性，并有一定的调温性能和隔音功能。薄帘主要是用来调和光线，使室内进光不致太亮刺眼，还可用以屏蔽外来视线，以及增加室内的轻柔、飘逸气氛。由于窗帘在室内占有较大面积，且正好处在人的视平线上下，客人进房时，总是不自觉地先看到窗帘，所以其装饰效果尤其重要。窗帘的图案、色彩、质感、悬挂方式等对卧室的气氛和格调关系极大。

晚间卧室的照明应选用低强度的普通光，作漫射照明，以床头局部照明为主。床头灯照明范围要控制，尤其双人卧室，当一个人用灯时，不应影响另一位睡眠。

卧室的色调以淡雅、温柔为好。色彩的选用还要注意特殊客人的民族习惯、宗教信仰，根据他们的喜好和禁忌，调整室内色彩，以真正体现"宾客至上"的服务宗旨。

卧室的观赏品以文静、雅致为多。如陶瓷制品、山水花鸟画、静物写生等。观赏品的风格要与室内建筑、家具的风格相协调。如传统中式房间，应用中国书画和民族传统的工艺饰品布置；古典西式房间，用古典写实油画等西式有分量的画或工艺品布置；现代式房间，则应选用现代派绘画、装饰画及水彩画布置。

单室客房（包括单人间和双人间）的卧室装饰布置，还要兼顾会客、书写等功能。

（二）起居室

起居室也称会客室，其功能包括起居、会客在内的大部分室内活动。

起居室一般是套间中采光和通风等比较好的一间。其装饰布置要求是宽敞、舒适、安逸。起居室的主要家具是沙发、茶几和陈设橱等，还有电视、音响、观赏品等设备物品。

起居室的主色调可以热情、明快一些，多用浅红、淡红或其他颜色。有条件的可以按季节变更陪衬色调，以从心理上改变室温。豪华套间、总统套间的起居室应选用庄重、富贵的色彩。

起居室一般要根据客房档次、风格和结构，有针对性地布置水墨画、书法作品或其他绘画，适当摆放鲜花或盆栽、盆景和雕刻等饰品，并可根据不同季节予以更换。

起居室的灯具较丰富，一般都设置一个主灯（吊灯或顶灯），辅助照明有落地灯、台灯、壁灯等。所有灯具的风格应一致，要与室内建筑风格、物品布置风格相适呼应。灯光选用低强度的普通光，根据不同的室内陈设，空间分割，采用相应的照明。

双套间的起居室兼有书房（或工作室）的功能，所以在家具的配置、色彩、照明的处理和观赏品的摆放上，要将两者兼顾。

标准间的起居空间应设在窗前区。这一区域应放置一些软座椅、茶几（或咖啡桌），并配备有关用具用品，供客人休息、会客、观看电视等。

（三）书房

书房是为客人提供一个用于阅读、书写和学习的静态空间。书房也可作为客人的工作室或办公室。主要家具有写字台、椅子和书柜等，高档套房还应适当增加一些供工作学习后小憩的家具。客人对书房的要求是安静和有秩序，所以在装饰布置上要求简洁和有条理。色调以暖色为好，从而使客人思路清晰，情绪稳定，工作学习有效率。书房照明适宜于局部照明，如可以自由灵活改变角度的弯折式台灯、轨道射灯等。书房中的观赏品一般要求文静高雅和具趣味性，如中国式书房需摆放文房四宝和古玩，墙上可挂水墨画或书法作品。书房布置盆栽等绿化饰品可以给人幽静、宽松的感觉。

标准间的书写阅读空间一般安排在床的对面，这里放置写字台和一张凳子。写字台上放有台灯，并配备常用文具。在普通标准间内，写字台还可兼做梳妆台，所靠的墙面设有梳妆镜，上方装有照明灯，以提高亮度，达到良好的化妆效果。

（四）餐室

三间以上的豪华套间一般设有餐室。餐室也可兼作会议室，供客人开会或谈判之用。

餐室的家具设备主要有餐桌、餐椅以及橱柜、电冰箱等。

餐室布置在整体上以引起人的食欲为前提。室内色彩应是暖色调，给客人以舒适、赏心悦目的感受。餐室灯光应是柔和的，主要灯具是顶灯或吊灯，还设有用于食品及观赏品的装饰灯。有时也可用烛光，以造成温馨浪漫的气氛。墙上挂画题材一般为花草、山水风景、蔬果以及鱼蟹海鲜等。桌面中间可摆放鲜花。

（五）卫生间

卫生间的功能是满足客人盥洗、洗浴和如厕的需求。在现代饭店的客房中，卫生间占有极为重要的地位，它是饭店规格档次的重要标志之一。

客人在卫生间，通过沐浴可以清除一天的疲劳，恢复体力。卫生间的基本设备是浴缸、便器和洗脸盆三大件。各种设备和用品在风格上要一致，在色彩上要和谐。卫生间的墙面、地面要有严格的防水功能，中高档次的饭店多采用瓷砖或大理石材料。地面还要有防滑措施。卫生间的照明应采用较强的普通光，在玻璃镜前设置肤色灯。

卫生间装饰布置的要求是清洁、舒适、使用方便。卫生间台面上摆放着饭店提供给客人使用的清洁用品，包括香皂、牙具、浴液、浴帽、梳子等一次性用品。这些物品必须是成套购买、包装统一、色彩一致，且摆放有序，给客人以清爽愉悦之感。高星级饭店会在台面上摆放鲜花，使质感坚硬的卫生间增添一缕温馨。

随着饭店业的发展和旅游者需求的变化，饭店客房的卫生间越来越讲究，越来越被人们重视。主要表现在：一是空间大；二是设备用品齐全、讲究，装饰温馨、浪漫。饭店房间硬件的竞争，在卫生间上是大有文章可做的，21 世纪的客房卫生间会给客人以更多的方便和舒适。对此，饭店经营管理者应予以充分的重视。

案例分析

周到的服务

台湾商人贾先生在某大饭店总台办完住店手续后，行李员提着箱子送他到 7 楼。电梯门刚一打开，一名服务员已在电梯口迎候着。贾先生走南闯北，住过许多饭店，这样的事情也不是第一次遇到。然而，令人惊奇的是，这家饭店刚开业几个月，服务效率如此之高真不简单。稍事休息后，他打开放在桌上的《服务指南》，里面有提示说，客人如有事情请直接打电话到客房中心，旁边写有客房服务中心的电话号码。刚合上《服务指南》，贾先生坐到沙发上，门铃响起，打开房门，原来是他本打算明天接待的某衬衫厂厂长和销售部经理。寒暄一番后，他想起要给客人送两杯茶来，便拿起电话拨通了客房中心的号码。

3 分钟后，楼层服务员出现在门口，手里托着茶盘。"速度这么快！"贾先生不由得夸奖起来。无意间他看到服务员腰间别着一个 BP 机，方知是客房服务中心通过 BP 机告知服务员给自己送的茶。

案例讨论题

这家饭店在服务规程方面有哪些可取之处？

思考与练习

1. 简述客房部的工作任务及其在饭店中的地位。

2. 客房服务的组织模式有哪些？

3. 简述客房部与饭店前厅部门之间的关系。

4. 普通的客房应具有何种功能？

5. 客房装饰布置的原则是什么？

6. 绿色客房如何做到环保？

7. 登录网站或实地参观考察，了解当地几家星级饭店的组织结构、服务模式、客房类型等情况，并加以分析。

第7章　客房部的系列服务

【学习目标】

1. 了解客房部服务管理的内容。
2. 熟悉和掌握客房清洁整理工作的基本内容和操作程序。
3. 了解饭店公共区域卫生的特点、业务范围。
4. 掌握客房系列服务的内容和要求。

【内容结构】

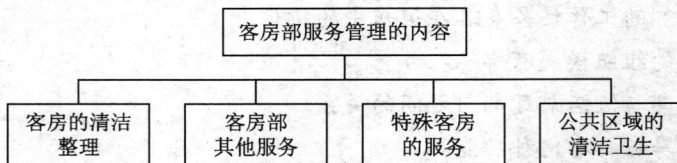

【重要概念】

小整理服务　贴身管理服务　管家服务

第1节　客房部服务管理的内容

客房服务是饭店服务的重要组成部分，在很大程度上体现了饭店的管理水平。客房服务质量的高低直接影响到宾客的满意程度及对饭店的整体评价。本章将介绍客房服务的主要内容、客房的清洁整理和客房部提供的其他对客服务。

一、客房部对客服务工作的内容

客房部对客服务工作是指客房服务人员面对面地为宾客提供各种服务，满足宾客提出的各种符合情理的服务要求。服务内容包括：客房的清洁服务、迎送宾客服务、贵宾服务、送餐服务、洗衣服务、客房小酒吧服务、管家服务、擦鞋服务、托婴服务、失物招领服务等。

客房部对客服务的管理是确保客房处于常新和舒适状态、满足客人住宿需要的各项管理工作的总称。其以提供优良住宿环境、整理房间卫生、提供优质服务、确保客房安全为主要工作内容。

客房部对客服务工作由各个楼层房务人员来提供，因此要做好楼层房务的组织工作，创造优良住宿环境，提供高质量、高效率的服务，控制成本费用开支，降低劳动消耗，提高客房经济效益。为做好这些房务服务工作，应做好以下四个方面的工作。

（1）合理选择房务管理组织模式。饭店客房楼层房务管理的基本模式有两种：一是楼层设客房服务台，24 小时值班。客房清扫服务员和楼层值班服务员形成两个工种。他们在楼层主管和领班的领导下，负责楼层房务管理的各项服务工作，由此形成以楼层服务台为中心的房务管理模式。二是楼层不设客房服务台，只设卫生班。同时设立客房服务中心，负责客人住宿期间的各种服务工作，由此形成另一种房务管理模式。各饭店宾馆应该选择哪种模式，要根据饭店楼层规模、建筑设计状况、楼层自身条件、房务管理需要等多种因素来确定。这是做好客房楼层房务管理的前提和基础。

（2）做好房务管理的人员配备和组织。饭店所选择的楼层房务管理的组织模式不同，其房务管理的人员配备、人员数量、工种划分和职责规范及其具体工作任务也不尽相同。为此，要做好楼层房务管理工作，就必须在合理选择房务管理模式的基础上，根据不同模式的工种划分设置工作岗位，各岗位员工的职责范围，分派劳动任务、制定质量标准。然后做好督导检查，保证各项任务的顺利完成。

（3）提供优质高效的客房服务。组织服务人员每天做好客房卫生。一是做好房间布置，创造优良住宿环境；二是做好客衣服务、客房酒吧服务和客人需要的其他各种服务，切实提高服务质量。

（4）控制成本费用消耗，提高经济效益。在合理配备设施设备、做好维护保养、降低固定成本消耗的同时，要制定员工劳动定额、客房物品消耗定额，做好人事成本和变动费用控制，才能降低消耗，提高客房管理的经济效益。

二、客房服务的组织模式

客房服务的组织模式是影响客房服务质量和宾客满意度的一个极为重要的因素。目前，国内的饭店客房对客服务的组织模式主要有两种：一是设立楼层服务台；二是设立客房服务中心。我国传统饭店多采用楼层服务台模式，国外饭店以及中外合资（合作）饭店多采用客房服务中心模式。

（一）楼层服务台模式

设置楼层服务台的目的主要是保障客房楼层的安全和方便客人。因此，楼层服务台模式的特点有以下几方面：

（1）为客人提供更加主动、热情、及时、周到的服务。

（2）有利于显示饭店具有"人情味"服务，使客人一踏入楼层就能够感受到温馨。

（3）有效地保障客房安全。楼层值台员 24 小时值班，对各类人员进出情况尽收眼底，可以及时发现可疑迹象，报告处理。

但是，楼层服务台的设置也有其不利的一面，主要表现在以下几方面：

（1）增加营业费用。设置楼层服务台必然要安排值台人员，从而增加劳动力成本。

（2）使客人有受监视的感觉。客房是住店客人的私密空间，客人会认为在楼层受到监视，是对其隐私权的侵犯。

（3）影响楼层安静。客房是客人休息的场所，要求绝对安静，而楼层服务台的设置往往会破坏这种气氛。

（二）客房服务中心模式

客房服务中心模式是世界上大部分国家和地区的饭店所采用的服务模式，将客房部各楼层的对客服务工作集中在一起。这种模式克服了楼层服务台服务的诸多弊端，其主要特点是：减少客房服务人员编制，降低劳动力成本；有利于对客服务工作集中统一调控，强化客房管理，服务更加专业化；安静而且私密性强，可以提高饭店客人特别是外国客人的满意度。

近年来，许多国内饭店也开始逐步取消楼层服务台，代之以客房服务中心，也可以说，这是客房服务管理的发展趋势。

但采用这种模式，使得面对面的服务相对减少，随机性服务差，服务缺乏亲切感和针对性。另外，它对硬件设施的要求也比较高。

现在客房服务中心配备专职联络员，负责客房服务工作的联络协调。客人需要服务时，可用客房内的内线电话通知客房服务中心。联络员进行详细记录，并迅速将客人的需求通知有关楼层的服务员，服务员则根据有关要求和标准完成对客服务工作。必要时，联络员可以跟踪、了解、观察服务员服务工作效率和质量如何。客房服务中心大多24 小时运行。如果夜间客房楼层没有服务员，可以安排专职夜班服务员，负责夜间的对客服务工作，从而保证全天 24 小时的对客服务。客房服务中心的联络员必须知识全面、反应敏捷，能够熟练地处理各种情况。

饭店设立客房服务中心必须具有完善的安全措施。一方面，客房楼层需与其他区域分开；另一方面，楼层出入口等关键部位应有安全监控设备；另外，应加强保安人员对客房楼层的巡视。

为保证服务质量，客房内的设备用品配置要方便客人进行自我服务，一般问题客人可以自行解决，如烧开水等。同时，《服务指南》上要把各种服务设施和服务项目详细说明，以方便客人联系和安排。

饭店在确立客房服务的组织模式时，要根据自身各方面条件，综合分析各种利弊，做出正确选择，切不可简单照搬。有些饭店的客房部从先前的楼层服务台服务模式向客房服务中心模式转换后，在运行中又感到种种不便，故而出现了一些将楼层服务与客房服务中心合二为一的服务模式。

三、客房部管理人员的岗位职责

由于各饭店客房部规模、管理方式不同，这里只介绍主要岗位的管理职责。

（1）客房部经理。客房部经理全权负责客房部的运行与管理，负责计划、组织、指挥及控制所有房务事宜，通常对客房部的各机构进行总的领导、控制和监管。其职责范围非常广泛，客房部经理必须高效、有序地管理客房服务和客房清洁工作，同时通报客房状态的有关情况。客房部经理与其下属员工一样，在必要时须亲自参加客房清洁整理工作。同时还要督导下属管理人员的日常工作，确保为住店客人提供热情、周到、舒适、方便、卫生、快捷、安全的客房服务。

（2）楼层主管。楼层主管的工作职责是接受客房部经理指挥，主持所分管楼层的房务工作；督导楼层领班和服务员的工作；巡视楼层，抽查客房卫生，查看 VIP 房和走客房；处理夜间突发事件及投诉；与前厅接待处密切合作，提供准确的客房状况。

（3）客房服务中心主管。客房服务中心主管的工作职责是保持与前厅部、工程部等有关部门的沟通联络；做好宾客借用物品的保管和保养；负责为 VIP 客人准备礼品；负责饭店拾遗物品的保存和认领事宜；负责本部的员工考勤；受理住客投诉，与宾客协商解决问题。

（4）公共区域主管。公共区域主管的工作是主管饭店所有公共区域的清洁卫生、绿化美化工作；督导领班和清扫员的工作；巡视公共区域，重点检查卫生；指导检查地毯保养、虫害防治、外窗清洁、庭院绿化等专业性工作；安排全面清洁工作；协助部门经理对下属员工进行培训考评。

（5）洗衣房主管。洗衣房主管主要负责饭店内的商业性洗衣工作。洗衣部主管必须高效、有序地管理和经营饭店的洗衣房。通过合适的员工配备，洗衣房主管应按计划和预算向客房部和宴会部提供干净的布质品。

（6）布件房主管。布件房主管在客房经理的领导下负责布件房的日常管理工作，及时保持与前厅部、工程部以及客人之间的联系是布件房主管的首要工作职责。在布件房主管当班期间，要对其下属员工的工作进行监督；控制布件和制服的运转、储存、缝补和再利用，制定保管领用制度，监察盘点工作；定期报告布件制服损耗量，提出补充或更新计划。其下属员工的主要工作是分发各种客房用品，如床单、床罩、毛毯、窗帘等。

饭店客房业务管理的主要目的，是保证客人在住宿期间能满足客人使用设施与享用物资的需求，为客人提供清洁卫生、设备用品齐全、舒适美观的客房，满足客人享受各种服务的要求，为客人提供物质上和精神上的享受。

第 2 节　客房的清洁整理

清洁卫生工作是客房部的一项主要任务。同时，也是饭店一切工作的基础和前提。清洁卫生服务与管理工作的好坏直接影响着饭店的形象、气氛乃至经济效益。所以，客房部必须运用一些必要的方法来有效地管理和控制这项工作。

客房是客人在饭店逗留时间最长的地方，也是其真正拥有的空间，因而他们对于客房的要求也往往比较高。客人需要在客房睡眠、休息、盥洗、阅读书写等。为了满足客人的各种需求，客房部需要提供各项服务。市场调查表明，客人选择饭店需要考虑各种要素。这些要素对不同类型、不同层次的客人来讲是不尽相同的，但是对客房清洁卫生的要求甚高却是相同的。美国康奈尔大学饭店管理学院的学生曾花一年的时间，调查了3万名顾客，其中60%的人把清洁、整齐作为饭店服务的"第一要求"。因此，做好客房的清洁整理，保证客房清洁卫生、舒适典雅、用品齐全是客房部的一项重要任务。

一、客房清洁整理的准备工作

为了保证客房清洁整理的质量，提高工作效率，必须做好客房清洁整理前的准备工作。

（一）签领客房钥匙

客房服务员应准时上岗。上岗前，应按饭店的规定换好工作装，整齐着装，整理好仪容仪表，然后到客房中心签到。值班经理或领班须对服务员的仪容仪表、精神状态进行检查，然后下达工作任务。下达工作任务时，需要让每位服务员明确自己的工作楼层、客房号、当日客情、房态以及特殊要求或特殊任务等。

服务员听取工作任务后，要领取工作钥匙。工作钥匙由客房中心值班员统一收发保管。领取工作钥匙时，必须履行签字手续，填写"钥匙收发登记表"。服务员领取钥匙后必须随身携带，然后尽快到达自己的工作岗位并立即进入工作状态。

（二）了解分析房态，决定客房清扫程度和顺序

服务员在开始清扫整理前，须了解核实客房状况，其目的是确定房间清扫的程度和清扫顺序。这是必不可少的程序。

不同状况的房间，其清扫要求是不同的：空房属于简单清扫的房间，一般只需清理房间的表面卫生和放掉水箱、水龙头等积存的陈水。住客房和走客房都属于彻底清扫的房间。而长住房利用客人休假也应给予彻底清扫。

（1）决定清扫顺序。服务员在了解并核实了自己所要打扫的客房状态后，应根据客房住客情况、客人的服务要求和领班的特别交代来决定开房的急缓先后，决定房间的清扫顺序。客房的一般清扫顺序为：①VIP 房。此类房间须在接到清扫通知的第一时间清扫，并按饭店规定的礼遇规格要求进行布置。②挂有"请清理房间"的客房。③住客房。④走客房。⑤空房。

（2）合理安排清扫顺序。其目的在于既满足客人的特殊需求，又要优先考虑加速客房出租的周转。因此，以上清扫顺序不是一成不变的，如遇特殊情况可做灵活变动。如果在旅游旺季，客房较为紧张时，也可考虑先打扫走客房，使客房能尽快重新出租。长住房应与客人协商，定时打扫。待修房因房内有质量问题需要维修，应检查是否修好。如果尚未修好，一般不予清扫。挂有"请勿打扰"（DND）牌或亮有"请勿打扰"的指示灯的房间，是客人要求不受打扰，一般在客人没有取消这一要求前，客房不予打扫。但是，如果客房长时间挂着"请勿打扰"牌或亮着指示灯而超过饭店规定的时间，则应按规定的程序和方法进行处理。

（三）准备工作车和清洁工具

工作车是客房服务员清扫整理房间的重要工具。准备工作车，就是将其内、上擦拭整理干净，然后将干净的垃圾袋和布草袋挂在挂钩上，再把棉织品、水杯、烟灰缸、文具用品及其他各种客用消耗品备齐（准备数量为客房一天的消耗量），按规定的标准整齐地摆放在车上，要求工作车完好无损，车上房间用品和清洁工具齐全整齐，摆放有序。最后备齐各种清扫工具。

吸尘器是客房清扫不可或缺的清洁工具，使用前，要检查各部件是否严密，有无漏电现象，如有问题要及时修好，还要检查蓄尘袋内的灰尘是否倒掉。

工作车和清洁工具的准备工作，一般要求在前一天下班前做好，但第二天进房前，还须再做一次检查。

服务员在做好以上准备工作后，应再次检查一下自己的仪容仪表，然后将工作车和吸尘器推到自己负责的清扫区域，停在走廊靠墙的一侧，以免影响客人行走。

二、房间的清洁整理

为了保证房间的清洁整理工作能够有条不紊地进行，提高工作效率，同时避免过多的体力消耗和意外事故的发生，客房部要制定卫生操作程序，实行标准化管理，这是客房清洁卫生管理的首要内容。这些卫生操作程序规定服务员的操作步骤、操作方法、具体要求、质量标准等应根据不同的客房，严格按照清扫的程序和方法进行，使之达到饭店规定的质量标准。

（一）走客房的清洁整理

1. 敲门进入房间

进入客房前必须敲门，得到允许后方可进入房间。敲门时要先轻敲三下，然后报称客房服务员（Housekeeping），待客人允许后方可启门进入。如果三四秒钟后客房内没有回答，再轻敲三下并报名。重复三次仍没有回答时，可用钥匙慢慢地把门打开。进房后，无论客人是否在房间，都不得将门关严。如果客人在房间，要立即礼貌地向客人讲明身份，征询是否可以进房清扫。如进房后发现客人在卫生间，或正在睡觉，抑或正在更衣，应立即道歉，退出房间，并关好房门。需要注意的是：敲门时不得从门缝或门视镜向内窥视，不得耳贴房门倾听。

进房清扫整理前，将"正在清扫"牌挂在门锁上。把空调开大，并关掉开着的灯，拉开窗帘。如房间有气味，打开窗或喷洒空气清新剂。

整个清扫过程中，房门必须始终敞开。清扫一间开启一间，不得同时打开几个房间，以免客人物品被盗。

2. 清理垃圾杂物，撤走用过的客房用品

（1）将卫生间垃圾和房间垃圾、烟灰缸里的烟头倒入垃圾桶内，清理纸篓，然后将烟灰缸放到卫生间内。倒烟灰缸时，要检查烟头是否熄灭，不可将烟头倒入马桶内。要注意消耗品的回收和再利用，同时注意如有剃须刀等尖利物品和废电池等对环境有污染的物品应单独处理。

（2）撤出客人用过的餐具、茶杯、冷水杯等，如果房间内有免费招待的水果，要将不新鲜的水果及果皮盘一同撤走。

清理住客房垃圾杂物时，不经客人同意，不得私自将客人的剩余食品、酒水饮料及其他用品撤出房间。

（3）将棉被折叠整齐，放于电视柜内或壁橱内。

（4）逐条撤下用过的床罩、枕套、毛毯和床单，放进工作车，并带入相应数量的干净床单和枕套。撤床单时要抖动一下以确定未夹带衣物等。床上有客人衣物时，要将其整理好。

3. 做床

这里的做床指西式做床,其一般做法是:

(1)拉床。站在床尾将床连同床垫同时慢慢拉出离床头板 50 厘米。对正床垫,并根据床垫四边所标明的月份字样,将床垫按期翻转,使其受力均匀平衡。

(2)铺第一条床单(垫单)。抖单:站在床头或床尾中间位置(或床的一侧居中位置),抖开床单,将毛边向下抛盖在床的正中位置上。定位:抖单的同时看准方向和距离,有褶皱的卷边要稍加整理。包角:掀起床垫尾部将床单塞入夹缝,按对称手法将床的两侧包成四个 45°角。

(3)铺第二条床单(盖单)。抖单方法同上,注意应将其毛边向上,中线与垫单对称,床单头部与床头板对齐。

(4)铺毛毯。盖毯:盖上毛毯,中线对齐,毛毯上端距床头约 25 厘米,注意将毛毯商标朝外在床尾下方。包角:将毛毯尾部连同盖单下垂部分塞入夹缝中,将床尾两个角包成信封角。包边:将盖单由床头部向上反卷包住毛毯头,将床两侧下垂的毛毯同盖单一起塞入夹缝。

(5)套枕套。拆离枕芯,套上枕套,装好后的枕芯要把枕套四角冲齐。

(6)放置枕头。将套好的枕头放置在床的正中,单人床将枕套口反向于床头柜,两个枕头重叠摆放。双人床枕套口方向相对。

(7)盖床罩。将折叠好的床罩放好打开,床尾及两边定位,两边均等,床尾部分距地面 5 厘米;站在床头位置将床罩置于枕头上边,将多余部分分别均匀填入上下枕头夹缝中;整理加工,使其美观。

(8)将床推回原处。把床身缓缓推回原位置,最后再将做完的床查看一次。对不够整齐,造型不够美观的床面,尤其是床头部分,稍加整理。

西式做床的优点是挺括美观,但因包角过紧,客人常常感到不方便和不舒适。

一些饭店对传统的西式做床进行了改进并受到了客人的欢迎。有的饭店取消了这种做床方式,改用丝棉被铺床,这不仅使铺床速度加快,而且可使客人入睡时更加舒适。

4. 抹尘

(1)从门外门铃开始抹至门框。按顺时针或逆时针方向抹,先上后下,先里后外,先湿后干,不留死角。灯泡、镜面、电视机等要用干布抹。

(2)将物品按规定摆放整齐,抹的过程中应默记待补充的物品。

(3)每抹一件家具、设备,就要认真检查一项,如有损坏,应在"楼层服务员做房日报表"上做好记录。

抹尘时抹布要有分工,即房间用抹布和卫生间用抹布必须分开。不得用客人的"四巾"做抹布。

5. 清洗卫生间

卫生间是客人最容易挑剔的地方，因为卫生间是否清洁美观，是否符合规定的卫生标准，直接关系到客人的身体健康，所以卫生间清洗工作是客房清扫服务的重点。

（1）进入浴室，撤出客人用过的皂头、浴液、发液瓶及其他杂物。清理纸篓，用清洁剂全面喷一次"三缸"（浴缸、洗脸盆、马桶）。

（2）用毛球刷擦洗脸盆、云石台面和浴缸的表面，然后用花洒放水冲洗。用专用的毛刷洗刷马桶。

（3）用抹布擦洗三缸及镜面、浴帘。马桶要用专用抹布擦洗，注意两块盖板及底座的卫生，完后加封"已消毒"的纸条。

（4）用干布抹干净卫生间的水渍，要求除马桶水箱蓄水外，所有物体表面都应是干燥的，不锈钢器应光亮无迹，同时默记卫生间需补充的物品。

清洗卫生间时必须注意不同项目使用不同的清洁工具、不同的清洁剂。清洁后的卫生间必须做到整洁、干净、干燥、无异味、无脏迹、皂迹和水迹。

6. 补充客用物品

补充房间和卫生间内备品，按规定的位置摆放好。整理房间时，将客人的文件、杂志、书报等稍加整理，放回原来的位置，不得翻看。尽量不触动客人的物品，更不要随意触摸客人的照相机、计算器、笔记本和钱包之类的物品。

7. 吸尘

吸尘时要由里向外吸，先吸房间，后吸卫生间。注意行李架、写字台底、床头柜底等边角位的吸尘。

8. 复查

（1）吸尘后，客房的清扫工作就告结束。服务员应回顾一下房间、卫生间是否干净，家具用品是否摆放整齐，清洁用品是否遗留在房间等。检查完毕，把空调拨到适当的位置上。

（2）关好总电开关，锁好门，取下"正在清扫"牌。若客人在房间，要礼貌地向客人表示谢意，然后退出房间，轻轻将房门关上。

（3）填写"楼层服务员做房日报表"。

案例 7 –1

来自垃圾中的客户资料

一天下午，饭店楼层服务员周利完成了房间整理工作，准备将垃圾运走。这时，1508 房的客人官先生急匆匆地来到服务台："小姐，请问你收拾房间时，有没有看到一份资料？"周利迅速地回忆了一下，"对不起，先生，没有。"她如实地说。

宫先生顷刻焦急起来，额头直冒冷汗。周利赶快拿来一条热毛巾给他擦汗。"宫先生，您先别急，我们客房的安全工作您绝对可以百分之百地放心。资料是怎么丢的，您能不能回忆一下，我们再一起想想办法，好吗？"宫先生接过毛巾，擦了擦汗，他稍稍平静之后说："这两张资料是公司在这里的客户情况介绍。如果找不回，我这次上海之行将难以取得预期的效果。""您最后看资料是什么时候？"周利问。"最后呀，我想想……我昨晚和一位老朋友见了面，高兴起来就喝了点酒，有点醉了，回来后……哦，回来后还看了几眼摊在桌上的两张资料，啊！天哪，我好像把它们撕碎了，然后就顺手扔到垃圾桶里了，哎，这、这可怎么办好啊！"说到这里，稍微平静的宫先生又顿时惊慌失措起来。

资料撕碎、丢失，问题确实是挺大的，可房间是早上清扫的，如果有，也可能给收拾走了。而要从一大堆垃圾中找出两张资料的碎片，又谈何容易！可看到宫先生如此焦急，周利也不禁替他着急起来，这时她突然想起酒店常给员工的教导"想顾客之所想，急顾客之所急"。于是，她定了定神，微笑着安慰宫先生："您别急，这样吧，您先回房休息，我尽全力帮您找。"宫先生听了，很是感动："那就拜托你啦，小姐！资料对我来说真的很重要。"他怀着希望走回房间。

周利将垃圾袋从工作车上取下来，一点一点地扒垃圾，仔细查找每一片纸片。尽管垃圾袋中散发着刺鼻的气味，她也顾不上这些，只是认真地寻找。功夫不负有心人，撕碎的几张资料终于找全了！她又找来胶水，将碎片一一粘好，碎片又变成了整张的资料。宫先生看到这两张虽有污迹，但完整无缺的资料，激动地紧紧握住周利的手说："小姐，太感谢你了，没想到贵酒店员工的服务这么好，真不愧是享誉中外的名牌酒店。住贵酒店将是我永远的选择！"

分析提示

本案例中，两张撕碎的资料，酒店服务员本可不必承担任何的责任。然而，楼层服务员周利却时刻牢记酒店平日对员工的要求，在麻烦面前不忘酒店的名牌声誉，用自己对顾客的热诚和对工作的认真负责，弥补了客人的失误。她弥合的不仅仅是两张资料，而且弥补了顾客在酒店的遗憾，为酒店提高了声誉。

（资料来源：何丽芳：《酒店服务与管理案例分析》，广东经济出版社）

（二）空房的清洁整理

空房是客人走后，经过清扫尚未出租的房间。空房的清洁整理，主要是擦净家具、设备，检查房间用品是否齐备。空房的整理虽然较为简单，却必须每天进行，以保持其良好的状况，随时能住进新客人。具体做法有以下几方面：

（1）仔细查看房间有无异常情况。

（2）每天更换热水瓶的热水。

（3）用干湿适宜的抹布抹拭家具、设备、门窗等（与住客房程序相同）。

（4）卫生间马桶、地漏放水排异味，抹卫生间浮灰。

（5）连续空着的房间，每隔 3 ~ 4 天吸尘一次。同时，卫生间的各水龙头放水 1 ~ 3 分钟，直到水清为止，以保水质洁净。

（6）卫生间"四巾"因干燥失去柔软性，须在客人入住前更换新的。

（7）检查房间设备情况，要看天花板、墙角有无蜘蛛网，地面有无虫类。

（三）小整理服务

小整理服务是对住客房而言的，是指在住客外出后，客房服务员对其房间进行简单的整理。其目的是使客人走进房有一种清新舒适的感觉，使客房经常处于干净整洁的状态。小整理服务是充分体现饭店优质服务的一个重要方面。各饭店应根据自己的经营方针和房价的高低等实际情况，决定是否需要提供小整理服务。一般应至少对 VIP 房和高档房间提供这项服务。具体做法有以下几方面：

（1）拉回窗帘，整理客人午睡后的床铺。

（2）清理桌面、烟灰缸、纸篓内和地面的垃圾杂物，注意有无未熄灭的烟头。

（3）简单清洗整理卫生间，更换客人用过的"四巾"、杯具等。

（4）补充房间茶叶、热水和其他用品。

（四）夜床服务

夜床服务就是对住客房进行晚间寝前整理，又称"做夜床"或"晚间服务"。夜床服务是一种高雅而亲切的服务，其作用主要是方便客人休息；整理干净使客人感到舒适；表示对客人的欢迎和礼遇规格。

夜床服务通常在晚上 6 时以后开始，因为这时客人大多外出用餐而不在房内，既可避免打扰客人，又方便服务员工作。夜床服务的基本程序是：

（1）敲门进入房间，敲门时报称"客房服务员"。如客人在房内，先礼貌地询问客人是否要做夜床，征得同意后方可进入。客人不需做夜床，要向客人表示歉意，并道晚安。若房内无人，则应启门进入房间。

（2）开灯，将空调开到适宜温度，轻轻拉上窗帘。

（3）整理清理烟缸、废纸杂物。同时查看热水是否备妥，物品有无短缺。

（4）做夜床（开床）。①将床罩取下，折叠整齐，放于规定的位置。②将床头柜一侧的盖单和毛毯一起向外掀起，折成45°角。一室两床的房间，如住一位客人，尤其是住一位女宾时，一般开内床（即靠墙壁的一张），或按客人习惯开床。不要同时开两张床。③折松枕头并将其摆正，如有睡衣应叠好放在枕头上，同时摆好拖鞋。④按饭店的规定在床头的枕头上放置晚安卡、小礼品等。

（5）整理卫生间。冲洗马桶，擦洗脸盆、浴缸等，撤换 VIP 房用过的毛巾、杯具等，其他客房稍做整理。

（6）补充房间茶叶、热水和其他用品。

（7）检查一下房间及卫生间，查看是否有纰漏，然后将灯关掉（床头灯、廊灯除外）。最后退出房间，关好门。若客人在房间，要向客人道声"打扰了，晚安"，然后将门轻轻地关好。

（8）填写晚间服务记录。

（五）叫醒服务

叫醒服务由饭店总机室负责提供，但对电话振铃无法叫醒熟睡中的客人，接线员必须请客房服务员前去敲门，直到叫醒为止。在低星级或非星级旅游饭店，虽然国家旅游局未规定必须有此服务，但客房服务员仍会按客人需要在早晨某一时间叫醒欲赶路的客人。

"喂……到点了，起床！说你呢，别睡了……"这不会是饭店标准化的叫早服务。

"您好！欢迎您入住本酒店。现在是早晨×点××分，这是您预定的叫醒服务。希望您在本酒店住得舒服。"这是标准的叫醒服务，饭店希望能给宾客如家的感受，遗憾的是，如此的叫醒服务会让原本把饭店当成家的宾客重新想起自己身处饭店。

更有些饭店为了节省人力，引入计算机叫醒服务系统，计算机机械化的语句留给宾客的印象是冰冷的，难以突出饭店的热情服务。这些叫醒服务都不适应现代人们对酒店服务提出的高标准。随着个性化时代的到来，毫无新意的服务方式不能引起宾客的兴趣，更有可能引起宾客的反感甚至是投诉。

在讲究细心服务的饭店，客房服务员还会应客人需要按时提醒客人与客户电话联系、外出会客、吃药、办事等，将单纯叫醒服务扩大为"提示服务"。

案例 7-2

个性化的叫醒服务

在北美和西欧国家的一些饭店实行的叫醒服务是根据客人的个性需求提供不同类型的叫醒服务方式。比较常用的有以下三类：

（1）饭店的计算机系统控制装有芯片的电灯，到了定点时间电灯逐渐变亮，直至如同正午时的光亮。

（2）宾客可以根据自己的生理特点，选择可以催醒自己的香味（茉莉花型、柠檬型甚至是某些奇怪的香味），饭店会把客人的喜好记录到客史档案中，如果一次剂量不够或过多，就在下一次的叫早服务中加以调整。

（3）音乐叫醒服务。特别受到那些喜爱音乐的宾客的欢迎。日常生活中许多声音可以唤醒人们，但是常会令人头痛、心情烦躁进而影响一整天的工作生活。而音乐种类有很多，宾客可以根据自己的爱好、心情选择不同的音乐，甚至可以每天变换音乐，只要觉得自己可以准时起床就可以。

分析提示

心理学家研究发现，人体生物钟的唤醒不一定只能通过人的声音来实现。像大自然的声音、光线、香味等都能影响到人体生物钟。由此，饭店推出的这三类叫醒服务方式，恰恰从"以人为本"出发，从宾客的心理和生理特点出发，个性化地提出选择方案，供客人自行选择，尊重宾客的个性需求，让宾客觉得自己的喜好都能得到尊重，自身的尊严和价值得到认同。酒店个性化的叫早服务能使宾客得到如家般的温馨感，使其提高宾客的满意度，同时也增强宾客对饭店的忠诚度。

（资料来源：张延：《酒店个性化服务与管理》，旅游教育出版社）

三、客房计划卫生

计划卫生即周期性的清洁保养工作。客房计划卫生是指在做好客房日常清洁工作的基础上，拟订一个周期性的清洁计划，采取定期循环的方式，对清洁卫生的死角或容易忽视的部位及家具设备进行彻底的清扫和维护保养，以进一步保证客房的清洁保养质量，维持客房设施设备的良好状态。

各饭店根据自己的设施设备和淡旺季合理地安排计划卫生的内容、周期和时间。

饭店计划卫生一般分为两类：

（1）除日常的清扫整理外，规定每天对某一部位或区域进行彻底的大扫除。例如，客房服务员负责 12 间客房的清扫，每天彻底大扫除一间，则 12 天即可完成他所负责的所有客房的彻底清扫。也可以采用每天对几个房间的某一部位进行彻底清扫的办法。例如，对日常清扫不到的地方通过计划日程，每天或隔天彻底清扫一部分，经过若干天后，也可以完成全部房间的大扫除。

（2）季节性大扫除或年度性大扫除。这种大扫除只能在淡季进行。清扫的内容不仅包括家具，还包括对某一楼层实行封房，以便维修人员利用此时对设备进行定期的检查和维修保养。

第 3 节　客房部的其他服务

客房服务的内容可以分为清洁卫生服务和接待服务两部分。有关客房的清洁卫生服务，我们已在上一节讲述过，这里主要介绍客房部迎送宾客、贵宾接待、小酒吧服务、送餐服务、洗衣服务、访客接待服务、擦鞋服务和其他服务。

一、客房楼面接待

客房楼面接待工作包括三大环节：迎客服务的准备、到店的迎接服务和送客服务。

（一）迎客的准备工作

客人到达前的准备工作，是楼面接待服务过程的第一环节，又是使其他环节得以顺利进行的基础环节。准备工作一定要充分、周密，要求做到以下几点：

（1）了解客情。楼面服务台接到总台传来的接待通知单后，应详细了解客人的人数、国籍、抵离店时间、宗教信仰、风俗习惯和接待单位对客人生活标准要求、付费方式、活动日程等信息，做到情况明确、任务清楚。

（2）布置房间。要根据客人的风俗习惯、生活特点和接待规格，调整家具设备，配备齐日用品，补充小冰箱的食品饮料。对客人宗教信仰方面忌讳的用品要暂时撤换，以示对客人的尊重。房间布置完，还要对室内家具、水电设备及门锁等再进行一次全面检查，发现有损坏失效的，要及时报修更换。

（二）客人到店的应接工作

客房服务的应接工作是在客人乘电梯上楼进入房间时进行的。客人经过旅途跋涉，抵达后一般比较疲乏，需要尽快妥善安顿，以便及时用餐或休息。因此，该环节的工作必须热情礼貌，服务迅速，介绍情况简明扼要，分送行李及时明确。

（1）梯口迎宾。客人步出电梯，服务员应微笑问候。拿行李引领入房时，服务员应帮助客人提拿行李，引领入房，对第一次住店的客人，除应帮助客人提拿行李外，还应介绍房内设施设备的使用方法。

（2）分送行李。主要是指团体客人的行李，由于团体客人的行李常常是先于或后于客人到达饭店，因此行李的分送方式有所不同。先到的行李由行李员送到楼层，排列整齐，由楼层服务员核实件数；待客人临近到达前，再按行李标签上的房号逐一分送。如发现行李标签失落或房号模糊不清时，应暂时存放。待客人到达时，陪同客人或由客人自己认领。后到或随客人到的行李，则由行李员负责分送到房间。

（三）送客服务工作

客人离店前的服务是楼面接待工作的最后一个环节。在最后环节不应有丝毫松懈怠慢，以免前功尽弃。

（1）行前准备工作。服务员应掌握客人离店的准确时间，检查客人洗烫衣物是否送回，交办的事是否完成。要主动征求客人意见，提醒客人收拾好行李物品，不要将物品遗忘在房间。送别团体客人时，要按规定时间，将行李集中放到指定地点；清点数量，以防遗漏。

（2）行时送别工作。如客人有需要，可代为通知行李处派人员到房间取送行李；客人下楼后，服务员要迅速进房检查，主要查看有无客人遗留物品。发现遗留物品要立即通知总台转告客人。若发现小冰箱食品饮料有消耗、客房设备有损坏、物品有丢失的，也要立即通知总台收银处请客人付账或赔偿。最后做好客人离房记录，修正楼层房态。有的客人因急事提前退房，委托服务员处理未尽事宜。服务员承接后要做记录并必须履行诺言，不要因工作忙而忽略。

二、贵宾服务

饭店贵宾，也称为饭店 VIP（Very Important Person），是饭店非常重要的客人，是指有较高身份、地位或因各种原因对饭店有较大影响力的客人，在接待服务中会得到较高礼遇。VIP 接待服务工作做得如何，对饭店树立良好的声誉、提高饭店的知名度和经济效益起着至关重要的作用。

（一）贵宾范围

各饭店对于贵宾范围规定不一，大致包括以下几种：

（1）对饭店的业务发展有极大帮助，或者可能给饭店带来业务者。

（2）知名度很高的政界要人、外交家、艺术家、学者、经济界人士、影视明星、社会名流。

（3）饭店董事会高级成员、本饭店系统的高级职员和其他饭店的高级负责人。

对贵宾的接待，从客房布置、礼品的提供，到客房服务的规格内容，都要高出普通客人，使其感到饭店对自己确实特别关照。

（二）贵宾服务

客房部接待贵宾要提前做好充分准备：

（1）接到贵宾接待通知书后，要选派经验丰富的服务员将房间彻底清扫，按规格配备好各种物品，并在客房内摆放有总经理签名的欢迎信、名片，摆放饭店的赠品，如鲜花、果篮、饮料等。

（2）房间要由客房部经理或主管严格检查，然后由大堂副理最后检查认可。

（3）贵宾在饭店有关人员陪同下抵达楼面时，客房部主管、服务员要在梯口迎接问候。贵宾享有在房间登记的特权，由总台负责办理。贵宾住店期间，服务员应特别注意房间卫生，增加清扫次数。对特别重要的贵宾，应提供专人服务，随叫随到，保持高标准的服务。

案例 7 - 3

锦江饭店接待的 VIP 客人

1. 里根夫妇的晨衣

1984 年美国总统里根到上海访问，下榻锦江饭店。里根总统和夫人南希早上起床，服务人员已经准备好了晨衣。里根和夫人穿上一试，不由得惊讶起来："哦，这么合身！就像为我们量了尺寸定做的。"里根和夫人没有想到，"锦江"早已留有他们这方面的档案资料，而且知道南希喜欢鲜艳的红色服饰，还专门为她定做了大红缎子的晨衣。为了感谢"锦江"出色的服务，里根在离开锦江饭店时，除在留言簿上留下赞誉之词外，还特地将签有赠给锦江饭店留念字样的、他们夫妇的合影照片夹在留言簿内。

2. 佩尔蒂尼总统的三眼插座

意大利总统佩尔蒂尼访问中国，来到上海时下榻锦江饭店，住进了总统套房。佩尔蒂尼总统进入房间后，取出自己的物品，并将电动剃须刀放在盥洗台上。负责为总统服务的是位男服务员，他发现总统带的电动剃须刀充电器是三相插头的，而锦江饭店客房内的电源均为两眼插座。第二天早上，总统按铃，服务员走进他的房间，未等总统开口，服务员就把事先准备好的三眼插座递了上去。总统惊讶地接过插座说："太好了！我刚发现插座不能用，你就给我送来了三眼插座，服务真周到！"这位服务员的服务可谓丝丝入扣，使总统惊叹不已，在访问其他城市时，他仍然对这件事情津津乐道，不住地赞扬。

3. 斐济总统的特大号拖鞋

斐济总统访华，在他访问了中国其他几个城市后来到上海，下榻锦江饭店。这位身材高大的总统有一双出奇大的脚。当他走进锦江饭店的总统套房，一双特大号拖鞋端端正正地摆在床前，总统穿上一试，刚好合脚，不由得哈哈大笑，问道："你们怎么知道我脚的尺寸的？"服务员答道："得知您将来上海下榻我们锦江饭店，公关部人员早就把您的资料提供给我们，我们就给您特地定做了这双拖鞋，您看可以吗？""舒服，太舒服了，大小正好！谢谢你们！"当总统离开中国时，特意把这双拖鞋作为纪念品带回了斐济。

分析提示

上海锦江饭店是一家著名的五星级酒店，曾多次成功地接待了外国总统和总理。不是每个酒店都能接待好国宾的，但是锦江饭店接待国宾的做法，对酒店接待 VIP 客人还是有着很好的启迪的。为了接待好美国总统里根夫妇、意大利总统佩尔蒂尼、斐济总统，锦江饭店通过我国驻外使馆、外事机构，以及查阅有关资料和观看有关录像片等多种渠道，及时掌握了前来酒店下榻国宾的生活爱好、风俗习惯等有关情况，即使是一些细节也从不放过。正是这些客史档案为锦江饭店赢得了百万宾客一致赞誉的口碑。

（资料来源：何丽芳：《酒店服务与管理案例分析》，广东经济出版社）

三、会议服务

为满足会议客人的需要，大型饭店一般设有国际会议中心、展览厅和会议厅等设施；而中小型饭店楼层设有大小规格不等的会议室。客人在楼层会议室举行的各种会议、会谈、会见、签字仪式等服务工作，通常是由客房部承担。

会议服务分为两部分：一是布置会场；二是提供会场服务。

（一）布置会场

布置会场，首先要明确会议的性质，并掌握会议的内容、规格和人数等情况。根据会议的性质、规格、人数等情况来布置会场。

（二）提供会场服务

（1）开会前半小时，服务员要在会议桌上摆好茶杯、杯垫，放好茶叶，摆放好便笺、铅笔或圆珠笔，适量摆放烟缸。

（2）客人陆续入场，服务员开始倒水沏茶；会议进行中，要注意适时续水；设主席台时，服务员要随时为主讲人续水、送毛巾。

（3）提供茶歇服务。对有些小型会议来讲，特别是高层会议，会间茶歇是非常重要的。茶歇服务是指在会场外布置临时休息厅，摆放沙发、茶几、靠背椅及工作台，为客人提供点心、饮品等，为客人创造良好的会间休息和交流气氛。

（4）服务间歇时可在会场外等候，客人有需要时随时提供服务。

（5）会议结束时，要及时检查有无客人遗留物品并送交主办单位。

四、客房小酒吧服务

为方便客人在房间享用酒水饮料的需求，同时增加饭店客房收入，中高档饭店的客房必须配备小冰箱或小酒吧，存放一定数量的软、硬饮料和干果，如烈性酒、啤酒、果汁、汽水等，供客人自行取用。收费单放在柜面，一式三联，上面注明各项饮料食品的储存数量和单价，请客人自行填写耗用数量并签名。

服务员每天上午清点冰箱内饮料食品的耗用量，与收费单核对。如客人未填写，则由服务员代填。核对无误后，交客房服务中心。单据的第一、第二联转给前厅收银处，费用填入客人账单。第三联由领班统计，填写楼层饮料日报表，作为到食品仓库领取补充品的依据。

五、送餐服务

送餐服务是指某些客人由于生活习惯或特殊要求，如起早、患病、会客等。要求在客房用餐的一种送餐到房的服务。现在中高档饭店按规定必须实行这项服务，一般多由餐饮部的客房餐饮服务部（Room Service）专司其职。低档饭店在客人提出要求时也应当尽力满足，可由客房服务员兼管。

（一）订餐

客房用餐分为早餐、便饭、小吃、点心、夜宵等。客人若需要在客房用早餐，应于前一天晚上在客房备有的早餐牌上选好食物种类，注明用餐时间，然后将其挂在房门把手上，由服务员定时收集，代向餐饮部订餐。客人也可以直接打电话订餐。

（二）送餐

送餐由餐饮部送餐员直接送进客房。无专门送餐员的饭店可由餐厅服务员送到楼面，再由客房服务员送进房间。送餐车必须有保温装置，防止送到时饭菜温度不够，影响食品口味。

六、洗衣服务

客人在饭店居住期间，可能会需要饭店提供洗衣服务，尤其是商务客人和因公长住饭店的客人。

（一）服务内容

洗衣服务可分为水洗、干洗、熨烫三种。时间上分正常洗和快洗两种。正常洗多为上午交洗，晚上送回；如下午交洗，则次日送回。快洗不超过 4 小时便可送回，但要加收 50% 的加急费。

（二）服务方法

最常见的送洗方式是客人将要洗的衣物和填好的洗衣单放进洗衣袋，留在床上或挂在门把手上，也有客人嫌麻烦请服务员代填，但要由客人过目签名。洗衣单一式三联，一联留在楼面，另两联随衣物送到洗衣房。为了防止洗涤和递送过程中出差错，有的饭店规定，客人未填洗衣单的不予送洗，并在洗衣单上醒目注明。送洗客衣工作由楼面台班服务员承担。

送回洗衣也有不同方式。或由洗衣房收发员送进客房，或仅送到楼面，由台班服务员送入客房并放置在床上，让客人知道被洗的衣物已送回，并可以检查衣物是否受损。送洗客衣是一件十分细致的工作。按照国际惯例，由于饭店方面原因造成衣物缺损，赔偿金额一般以洗涤费用的 10 倍为限。我国由于洗涤费用便宜，按 10 倍赔偿客人也不满意。所以，要求经手员工认真负责，不能出一点差错，否则会被投诉，给饭店造成经济损失和名誉影响。

七、擦鞋服务

客房内通常备有擦鞋纸、擦鞋巾，以方便客人擦鞋。高档饭店还会备有擦鞋机。但真正的擦鞋服务是为客人人工免费擦鞋。在设此项服务的饭店，客房壁橱中放置了标有房间号码的鞋篮，并在《服务指南》中告知客人。客人如需要擦鞋，可将鞋放入篮内，于晚间放在房间门口，由夜班服务员收集到工作间，免费擦拭，待擦拭完毕后送回客房门口。

八、托婴服务

托婴服务是指为外出活动办事的住客提供短时间的照管婴幼儿童的有偿服务。这项服务在中国饭店业兴起的时间不长，很受长住客和度假客人的欢迎。饭店并不配备专职人员从事此项服务，而是向社会服务机构代雇临时保育员，或是由客房部女服务员利用业余时间照管。一般以 3 小时为计费起点，超过 3 小时的，按小时增收费用。托婴服务责任重大，绝不能掉以轻心。凡是担负此项工作的人员必须有责任心，受过专门训练，掌握照管婴孩的基本知识和技能，并略懂外语。

九、管家服务

管家服务有时称为"英式管家服务"，起源于法国，只是老派的英国宫廷更加讲究礼仪和细节，将管家的职业理念和职责范围按照宫廷礼仪进行了严格的规范，成为行业标准，英式管家也就成为饭店住宿服务的经典。

管家服务是饭店的高档次标志性服务模式，主要是指饭店为宾客提供的服务范围、服务态度、服务水准都能满足宾客的个人需求。其服务内容包括为即将入住的客人协助完成住店手续、打理行李，并确保入住前所有安排；专职管家如同最热忱的私人助理，悉心帮助客人处理诸多商务细节、安排餐厅预订和剧院订位以及水疗护理服务等一系列的个人需求。私人管家服务在国外高星级饭店较盛行，私人管家类似于家庭中的保姆，因此又被称为"酒店内的保姆"。他们既是服务员，又是秘书，专责料理客人的起居饮食，为客人排忧解难。客人的生活琐事、外出交通、商务活动等均由其一手操办，直到客人离开饭店。在生活方面，要会熨烫衣物、调酒、熟悉餐牌、嘘寒问暖、调解纠纷；工作上要能操作计算机、翻译外语、熟练打字复印等。可以说专职的管家服务人员"多才多艺"：小到擦鞋插花，大到装修采办宴请接送，甚至救生与鉴定古董均可一手操办。在服务中，熨报纸是一项历史悠久的管家服务，这项服务并不是为了夸张管家的工作，而是为了体现服务精神中的完美原则。熨报纸可以将报纸中新鲜的油墨去掉，并起到杀菌的作用。

管家服务需要极高的自身素质，拥有丰富的生活知识与专业素养：熟知各种礼仪，佳肴名菜，名酒鉴赏，水晶银器的保养；更高档次的管家，甚至要上知天文、下知地理，才能为那些高档次的客人服务。

私人管家要由高素质人员充当，一般来说必须有大专以上学历，有较高的外语水平，有广泛的知识面，包括丰富的社会生活知识，对饭店业务了如指掌。由于私人管家服务细致周到，体贴入微，深受客人信任。许多客人与曾为自己当过私人管家的服务员结下深厚情谊，为此成为饭店的忠实客户。私人管家以自己的专业素养带动饭店服务质量的提升。

补充阅读材料 7–1

高科技客房

住店如住家，繁忙的商务人士更希望在外也能得到悉心的照料。英式管家式服务正满足了这种需求。英式管家，是世界家政服务领域的经典名词——白衬衣、黑马裤、黑马甲、黑领结，态度谦和、气质庄严、目光炯炯有神。他们经过专业训练，素质高，是主人的私人秘书和亲信。

贴身管家服务是为一些特殊客人提供的一项个性化服务，这些客人一般包括政界要员、明星等，他们不方便出入公共场合，如到餐厅用餐等，所以需要提供一些额外并且周到的服务。而我们所选用的贴身管家也必须是对酒店工作非常了解，有丰富经验的老员工。

"贴身管家的工作从客人到饭店之前就开始了。如果客人曾经入住过某饭店，我们就会有他的《喜好登记表》，如果是第一次入住，我们就会从其他饭店或者他的助手等处了解客人的习惯。"

"一是要对饭店各项服务了如指掌，二是要细心。比如今年夏季在大连召开达沃斯期间，阿联酋的高官住在我们酒店，我们就要事先调出他们国家的电视频道，提前订购他们国家的报纸，包括要提前安排好专人为他们熨烫他们的袍子，那个大袍子可不是什么人随便一熨就能熨好的。做贴身管家期间，我们要 24 小时在酒店听候命令，酒店通常会在客人的客房附近为我们开个房间，以便我们能更好地服务。"

"但是，我们所谓的贴身管家绝对不贴身，我们尽量少去打扰客人，通常都是和客人的秘书沟通，最好的服务是让客人感觉不到我们的存在，却能有家的感觉。"

"酒店在选拔贴身管家时就着重培养男员工，这样做一是对女员工的保护，二是对客人的尊重。因为能够享受贴身管家服务的客人大多是政界、商界名流，以男客人居多，男管家服务会比较方便，避免一些不必要的尴尬。"

"能够享受这种服务的都是饭店的 VIP 客人，在饭店的消费都达到了一定的额度，所以这个服务目前还是不收费的。"一位曾为客人服务的贴身管家如是说。

十、借用物品服务

客房内配备的物资用品不可能满足客人的全部需要。尤其是女客，常会要求借用一些物品，如电吹风、电熨斗、熨衣架、婴儿摇床等。客房部应配备这类客人可能需要的物品，在《服务指南》中标明，以示服务周到。

第 4 节　特殊客房的服务

一、商务楼层客房服务

入住商务楼层的客人除希望得到一般宾客"家外之家"的享受外，更希望得到"公司外公司"的服务，即要求商务楼层为这些商务客人提供其公司从事公务活动所需要的服务，如管理服务、经纪服务、信息服务、文秘服务、交通服务、休闲服务和保健服务等。他们欢迎专门的早餐和酒吧；他们要求有适当的洽谈公务的场所，齐全的娱乐健身设施，如健身房、网球场、游泳池、桑拿浴等。要求房间内提供更多的文具，有保险柜、供会客用的额外的椅子等。他们对传真、电话、计算机、打字、复印、秘书等商务服务有很高的要求，酒店还应具备快捷方便的通信手段。他们对价格和付款方式往往不太注重；对叫醒服务、邮件传递服务、洗熨衣服务等较其他客人有更多的要求。

商务楼层客房服务通常由专人或相对固定的服务人员担负，以便在工作中观察、了解客人的习惯与爱好，提供更有针对性的服务。客房服务中要严格遵循少打扰客人的原则。服务人员必须使用尊称称呼每一位入住商务楼层的客人，格外注重礼节礼貌。商务楼层管理人员对客房要做"白手套"式检查，以确保每间客房都符合清洁卫生标准。

二、残疾人客房服务

残疾客人的生活起居与正常人存在显著的差异。当有残疾客人入住时，客房部应将责任落实到人，根据不同的服务对象，实施跟房服务、专人服务。

残疾客人是酒店特殊的客人，而残疾客人由于身体残疾的部位不同，又存在很大的需求差异。所以，酒店应根据不同的残疾客人，制定具有针对性的服务项目、规程及规范。

残疾客人具有与健全人不同的心理特征，比健全人更为敏感、多虑。如果服务员没有设身处地地为客人着想，或者用语不当，举止不当，都会对残疾客人带来伤害，所以，在接待残疾客人时，服务员更要注意言行的得体。

残疾客人由于身体上的残障，造成生活中的诸多不便。所以，客房服务员应接受专业的培训，运用娴熟的服务技巧，确保服务的有效性。

三、老年人客房服务

老年人的客房装饰，突出传统的民族风格，配以字画、摆设等装饰。在色彩上可以采用暖色调为主，多用调和色，少用鲜明的对比色。在绿化布置上，可以放置一些观赏盆景及常绿植物、鲜花等。

老年人的健康问题应是酒店考虑的重点，在客房设施上应突出方便、安全。例如，卫生间的防滑设施，门把手位置及开关位置等。在客房服务上，应突出人情味、亲切感，提供按铃召唤服务，面对面服务。

四、蜜月客房服务

蜜月客房有较强的针对性，在装饰布置上主要应突出新婚的喜庆氛围或浪漫的温馨情调。客房可以根据传统的中式习俗来布置，也可以采用西式装饰风格。蜜月客房可提供新婚宴请"一条龙"服务，如接待访客服务、代办旅游线路策划等服务项目。

第 5 节　公共区域的清洁卫生

　　凡是公众共有的活动区域都可以称为公共区域。饭店公共区域包括两个部分，即客用部分和员工使用部分。客用部分主要包括饭店前厅、公共洗手间、餐厅、宴会厅、舞厅、会议室、楼梯、走廊、建筑物外部玻璃和墙壁、花园、停车场以及饭店周围等。员工使用部分主要包括员工电梯和通道、更衣室、员工食堂、员工休息娱乐室、倒班宿舍等。饭店客房部一般下设有公共区域组，专门负责公共区域的清洁保养及绿化布置工作。做好公共区域清洁卫生工作，是客房部服务与管理工作的重要组成部分。

一、公共区域清洁卫生的特点

　　与客房清洁卫生相比，公共区域（主要是客用公共区域）的清洁卫生有其自己的特点：

　　（1）客流量大，对饭店声誉影响大。公共区域是人流交汇、活动频繁的地方。汇集在饭店公共区域的大量客人中，有的是住客或前来投宿，有的是前来就餐、开会、娱乐，有的是前来购物或参观游览，他们往往停留在公共区域评头论足，将其作为衡量整个饭店的标准，他们对饭店的第一印象往往就是从这里获得。因此，公共区域是饭店的门面，是饭店规格档次的标志。公共区域的服务人员被誉为饭店的"化妆师""美容师"。公共区域清洁卫生管理工作的好坏，直接关系到饭店在客人心目中的形象。

　　（2）范围广大。项目繁杂琐碎。公共区域清洁卫生的范围涉及饭店的每个角落，从餐厅到舞厅，从公共场所到综合服务设施，内庭花园、门前三包，是饭店中管理范围最宽的一个部分。其卫生项目包括地面、墙面、天花板、门窗、灯具、除虫防害、绿化布置、公共卫生间等，十分繁杂。服务人员既有白班，也有夜班，而且工作地点分散，清洁卫生质量不易控制。由于项目多，各区域各卫生项目的清洁方法和要求不同，而这些区域又大多是客人交会集结的场所，客流量大，不易清洁和保持。因此，要求每个服务人员具有较高的质量意识和工作自觉性，管理人员加强巡视和督导，以保证公共区域卫生的质量。

　　（3）工作条件差，但专业性、技术性较强。公共区域清洁卫生工作比较繁重，劳动条件和环境比较差。比如负责停车场和饭店周围的卫生，无论是烈日炎炎，还是数九寒天，都在室外作业，还要尽心尽力，尽职尽责。因此，不少服务员不愿意干。同时，这些工作又具有较强的专业性和技术性，因为工作中所接触的设备、工具、材料及清洁剂种类繁多，不是一般人能够胜任的。这就要求管理人员，要根据员工队伍的实际情况，既要加强管理，又要关心爱护他们，尽量改善工作条件。要重视对他们的技术培训并合理对他们进行安排。

二、公共区域清洁卫生的业务范围

公共区域清洁卫生的业务范围，是根据饭店的规模、档次和其他实际情况而定的，一般主要包括以下几方面：

（1）负责大厅、门前、花园、客用电梯及饭店周围清洁卫生。

（2）负责餐厅、咖啡厅、宴会厅及舞厅等场所清洁保养工作。

（3）负责饭店所有公共洗手间清洁卫生。

（4）负责行政办公区域、员工通道、员工更衣室等员工使用区域的清洁卫生。

（5）负责饭店所有下水道、排水排污等管道系统和垃圾房的清疏整理工作。

（6）负责饭店卫生防疫工作，定期喷洒药物，杜绝"四害"（苍蝇、蚊子、老鼠和蟑螂）。

（7）负责饭店的绿化布置和苗木的保养繁殖工作。

思考与练习

1. 客房部对客服务工作的内容有哪些？

2. 客房部的组织服务模式有哪些？比较各自服务方式的利弊。

3. 简述走客房的清洁整理程序。

4. 在学校的模拟客房进行西式铺床的练习。

5. 简述管家服务的内容。

6. 简述饭店公共区域的范围和公共区域清洁工作的特点。

7. 美国饭店业的一位管理人士这样说："一所最佳饭店，不是它的楼体设计、造型和陈设，也不是它的客房设备和餐厅食品，而是那些精心、细心、使客人有一种舒适、安全和宾至如归之感的服务员。"

到本市几家星级饭店的客房部，调查了解各饭店的客房服务，通过本章的学习，谈一谈你对这句话的理解。

第8章 客房设备用品管理

【学习目标】

1. 了解加强客房设备用品管理的重要意义、任务和基本管理方法。
2. 了解客房物品与设备的选择、使用保养以及客房布件和客房用品的管理方法。
3. 学习并掌握对饭店客房各种设备和用品的采购、储备、保养和使用的全过程的组织和管理能力。

【内容结构】

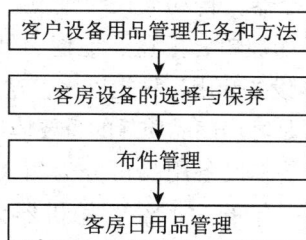

客户设备用品管理任务和方法

客房设备的选择与保养

布件管理

客房日用品管理

【重要概念】

分级归口管理　一次性消耗品　损耗率

第1节　客房设备用品管理任务和方法

　　客房设备用品管理，就是对酒店客房商品经营活动所必需的各种基本设备和用品的采购、储备、保养和使用所进行的一系列组织和管理工作。客房设备用品是保证客房部正常运转必不可少的物质条件，对这些设备用品的使用、保养是否合理，直接反映了一个饭店的管理水平。作为一名客房管理人员和服务人员必须有高度的责任心，在对客房服务的过程中，加强设备用品的保养维修，使之始终处于良好的状态。

一、客房设备用品的分类

　　客房设备主要包括家具、电器、卫生设备、安全设备和生活用品与装饰用品等。客房设备主要包括以下内容。

　　（1）家具设备。客房家具可分为实用性家具和陈设性家具两大类。客房使用的家具包括床、床头柜、写字台、软座椅、小圆桌、沙发、行李架、衣柜等。

　　（2）电器设备。客房内主要电器设备包括照明灯具（客房内的照明灯具主要有门灯、顶灯、地灯、台灯、吊灯、床头灯等）、电视机、空调、音响、电冰箱、电话等。

　　（3）卫生设备。客房卫生间的设备主要有洗手盆、浴缸、坐厕等。洗手盆上一般装有面镜。浴缸边上有浴帘，下面铺有胶皮防滑垫，有冷、热水龙头和莲蓬头，还有手纸架、毛巾架及通风设备等。

　　（4）安全设备。客房一般都装有烟雾感应器、门上装有窥视镜和安全链，门后张贴有安全指示图。楼层走廊安装监控器，自动灭火装置及昼夜明亮照明指示灯。

　　（5）生活用品和装饰用品。如被单、毛毯、地毯、烟茶具、卫生用具、字画等。

　　现代饭店客房管理系统的基本设备和用品种类繁多，这些设备用品的质量和配备的合理程度，装饰布置和管理的好坏，既是客房商品质量的重要体现，也是制定房价的重要依据。

　　为了便于管理，以上客房的基本设备用品可分为两大类：一类是设备部分，属于饭店的固定资产，即使用期限超过一年的生产经营用机器设备、家具设备、工具器具等。另一类是用品部分，属于饭店的低值易耗品和物料用品。低值易耗品是指单位价值未达到规定限额，或者使用年限不到一年的不能作为固定资产的各种物品，如工具及管理用品等。在饭店中使用的一些高价值易损坏的玻璃器皿亦可包括在低值易耗品的范围内，以有利于其价值的尽快回收。物料用品是指除原材料、燃料、商品以外的饭店经营服务用品，如各种针棉织品、清洁用品、纪念品、办公用品等。

二、客房设备用品管理的意义

　　设备用品管理是客房管理工作中的一个十分重要的组成部分。加强设备用品管理，对客房商品营销活动及提高经济效益等具有十分重要的意义。

（1）保证饭店客房商品经营活动的正常进行。客房是饭店出售的最主要商品，客房商品经营活动就是通过提供客房、设备和用品以及员工的服务性劳动，满足客人的住宿需要，因此，只有加强客房设备用品管理，管好用好各种设备和用品，使它们始终处于完好状态，才能为客人提供住宿的起码条件。

（2）提高客房服务质量的必要物质条件。服务的质量就是能够满足宾客物质上、精神上享受的程度，其内容包括有形的设施设备和无形的服务两个不可分割的重要方面。因此，客房服务质量在很大程度上依赖于完善的服务设施设备和用品。否则，客房服务质量就是无源之水、无本之木，提高服务质量就无从谈起。

案例 8 - 1

设施设备老化影响客源

入夏，正值滨城大连的旅游旺季。某三星级饭店多年来以服务热情周到闻名，但近来常因设施设备老化引起客人抱怨。这几天，饭店中央空调又运转失灵，使得房间闷热，客人身体不适。于是，客人纷纷投诉，有些客人入住当晚就要求退房，给饭店造成了经济上和声誉上的损失，也影响了饭店未来的客源市场。

分析提示

设施设备的有效运行是饭店提供优质服务的物质基础和支撑条件。"硬件不行软件补"是有限度的，所谓"三星级饭店，五星级服务"更是无稽之谈。

（3）提高饭店经济效益的重要途径。经济效益是企业经营成果与劳动占用和劳动耗费之比。饭店讲求经济效益，就是要在经营活动中，以尽可能少的劳动占用或劳动耗费，取得尽可能多的经营成果。客房属于高级消费品，设备价格一般比较昂贵，随着饭店设施设备的现代化，与设备有关的各项费用，如折旧费、维修费、能源消耗等在服务费用中的比重不断增加。低值易耗品和物料用品价值虽较低，但需要量大，适用范围广，加上客人和员工共同使用，不易控制，容易造成浪费。加强客房设备用品管理，可以在保证服务规格、满足客人需要、增加经营成果的前提下，减少浪费，降低能源消耗，从而降低成本费用，提高经济效益。

补充阅读材料 8 - 1

希尔顿饭店联号严格控制成本费用

希尔顿先生认为，饭店各部门的服务，赢利可以自行安排，实行权力下放，充分发挥每位工作人员、服务人员的积极性、知识和技能专长，以利于饭店的经营管理。但是，饭店每天、每周、每月的成本费用必须严格控制。

凡是希尔顿饭店的经理必须准确地知道，明天需要多少位客户服务员、中厅杂役员、厨师和餐厅服务员。同时，饭店所需一切用品的采购要根据预测和需要，要适量。

一切大的费用项目，如餐厅用品、电视机、火柴、灯泡、肥皂、毛巾、床单、餐巾、餐桌台布等都要经过洛杉矶的希尔顿饭店联号总部的中央采购部或纽约和芝加哥的分部审批方能采购。希尔顿先生认为，控制成本费用本身就是要降低成本消耗，增加利润。

（资料来源：饶勇：《现代饭店经营智慧与成功案例》，广东旅游出版社）

（4）加速饭店服务手段的现代化。加强客房设备管理，尽量节省不必要的开支，做好现有设备的技术履行，适时地更新设备，有利于加速实现饭店客房服务手段的现代化，提高饭店的等级。

三、客房设备用品管理的任务

客房设备用品管理的任务，是要为客房提供与其等级相适应的优良设备和物品，使客房经营活动建立在良好的物质技术基础之上。具体来说，有以下四个方面：

（1）编制客房设备用品采购计划。客房部各业务部门提出增加设备用品的计划，客房部再根据实际需要进行综合平衡后加以确定，报请饭店财务及采购供应部门，购买所需要的各种设备用品，以保证客房经营活动的正常进行。

（2）制定客房设备用品管理制度。主要包括设备用品分级归口管理制度，设备管理岗位责任制以及设备、工具的使用、维修保养制度，安全操作规程等各项规章制度。制度一经制定，就要认真执行，任何人不得违反，执行过程中要奖罚分明。

（3）加强设备用品的日常管理。为满足客人需求，必须在设备用品的日常管理工作上下功夫。要加强客房设备维护保养，使客房设备始终处于良好状态；及时供应客房用品，尽量减少损失浪费。

（4）对现有设备进行更新改造。客房部要根据设备使用状况，及时提出设备更新改造计划，报饭店批准，在饭店的统一领导下，做好客房设备的更新和改造工作。

四、客房设备用品管理的方法

饭店客房设备用品种类繁多，价值相差悬殊，必须采用科学的管理方法，做好管理工作。

饭店设备用品的需要量是由业务部门根据经营状况和自身的特点提出计划，由饭店设备用品主管部门进行综合平衡后确定的。客房设备用品管理，首先必须科学合理地核定其需要量。

（1）客房设备部分。客房部根据客房等级、标准和数量，分别核定设备的品种、规格、数量和质量，统一造册，最后计算出客房设备需要量和所需资金，报饭店审批购买。

（2）生活用品部分。客房部根据客房等级、标准和房间数量核定消耗定额，包括储备定额和周转需要的用品定额。由于各种用品更新期和周转期不同，对低值易耗品部分要分别核定，物料用品则根据实际需要量大致预算，最后形成总的定额需要量。

（3）设备的分类、编号及登记。为了避免各类设备之间互相混淆，便于统一管理，要对每一件设备进行分类、编号及登记。客房部管理人员对采购供应部门所采购的设备必须严格审查。客房设备按其用途分类：可分为房屋及建筑物、机器设备、家具设备、地毯、家用电器设备和其他固定资产等类；按使用状况分类，又可分为在用设备和未使用设备。大型饭店的设备分类可更细些，即在每一大类中，再进一步分为小类。设备的编号，没有统一的规定和要求，一般可采用三节号码法，第一节号码标明设备的种类，第二节号码标明设备的所在位置，第三节号码标明设备的组内序号，如有附属设备可用括号内的数字表示。经过分类、编号后，需要建立设备台账和卡片，记下品种、规格、型号、数量、价值、位置，由哪个部门、班组负责等。

（4）分级归口管理。客房设备用品的日常使用和管理，是由各部门、各班组共同完成的。各部门各班组既有使用设备用品的权利，又有管好用好设备用品的责任，因此，必须实行分级归口管理。分级就是根据饭店内部管理体制，实行设备主管部门、使用部门、班组三级管理，每一级都由专人负责设备管理，都要建立账卡。使用部门和设备主管部门建立设备分类明细账，实物数量和金额同时记载，财务部门实行金额控制，设备调拨、报损、报废，各级都要及时凭证登记账卡。归口是将某类设备归其使用部门或归组管理，如客房的电器设备归楼层班组管理。几个部门、多个班组共同使用的某类设备，归到一个部门或班组，以它为主负责面上的管理，而由使用的各个部门、班组负责点上的使用保管、维护保养。分级归口管理，有利于调动员工管理设备的积极性，有利于建立和完善责任制，切实把各类设备管好。

（5）建立和完善岗位责任制。设备用品分级归口管理，必须有严格明确的岗位责任作保证。岗位责任制的核心是责、权、利三者的结合。既要明确各部门、各班组以致个人使用设备用品的权利，更要明确他们用好管好各种设备用品的责任。责任定得越明确，对设备用品的使用和管理越有利，也就越能更好地发挥设备用品的作用。

客房的设施设备、物资用品是饭店生产力的重要组成部分。它们既是决定饭店星级高低、消费环境优劣和满足客人享受程度的物质基础，又是影响企业资金占用、成本高低和经济效益的重要条件。设施设备物资用品是饭店后勤保障的重要工作，是现代饭店宾馆能否为宾客提供舒适、典雅、美观、安全、方便的服务，从而得以生产和发展的基本条件。

第 2 节 客房设备的选择与保养

客房设备管理是对客房设备用品全面管理的过程，即从设备的选择开始，到设备的使用、保养和维修每个环节都要加强管理，认真做好各项工作。

一、客房设备的选择

客房设备的选择，是客房设备管理的第一个环节。在进行客房设备选择时，要遵循以下原则：

（一）客房设备的选择标准

客房设备的选择主要体现在两个方面。一是饭店购置的客房设备应该与饭店的档次相适应，应该在同类级别酒店中设备性能较为先进、质量较为优秀。高档次酒店购买低档次设备或低档次酒店购买高档次设备，都是不可取的。二是设备的大小、造型、色彩格调等必须与客房整体风格相协调。因为客房面积一般都不太大，客人在其中逗留的时间又较长，如果陈设布置的反差对比太大，则会使客房失去轻松柔和、宁静舒适的气氛。

每个饭店要根据自身的特点，确定客房设备的选择标准，这是进行客房设备管理的基础。选择客房设备的目的，是为了选购技术上先进，经济上合理，适合饭店档次的最优设备，有利于提高工作效率和服务质量，满足客人需求，在选择时还要综合考虑以下几个主要因素：

（1）适应性。适应性是指客房设备要适应客人享受的需要，"生产"高质量的服务；适应饭店等级，与客房的格调一致，造型美观，款式美观，款式新颖。

（2）方便性。方便性是指客房设备的使用方便灵活。客房设备主要是供客人直接使用的，使用简便尤为重要。同时，要选择易于维修保养、工作效率高的设备。

（3）节能性。节能性是指能源利用的性能。设备的选择要考虑节能效果，即选择那些能源利用率高、消耗量低的客房设备。电热水瓶、电热淋浴器等虽然使用方便且美观，但耗电量太大，对大多数饭店来说是不可取的。

（4）安全性。安全是饭店客人的基本要求。在选择客房设备时要考虑是否具有安全可靠的特性和装有防止事故发生的各种装置。如家具饰物的防火阻燃性、冷热水龙头的标志、电器设备的自动切断电源装置等。此外，商家有无售后服务也是设备安全的重要保证。

（5）成套性。成套性是指设备的配套。客房本身是由房间、冷暖空调设备、家具设备、电器设备、卫生设施、装饰用品和生活用品等几个部分组成的。这些设备用品的有机组合，构成客房产品的硬件部分。客房设备用品要求布局合理，配置得当。一个服务项目、一项服务设施所需的各种设备也要配套，如闭路电视、音响系统等都要求配套。

以上是选择客房设备所要考虑的主要因素，对于这些因素要统筹兼顾，全面权衡利弊。

（二）客房主要设备的选择

1. 家具的选择

客房家具的使用率很高，损坏率也很高。选购家具必须更为细致。家具的表面要耐火、耐高温、耐污染、防水、防乱画和撞压。家具的拉手和铰链必须简单、坚固、使用时无噪声。

客房用床的要求：①尺寸合适。各种类型的客房用床应有 1.80～2.00 米长，床底面离地净空 21.5 厘米，主要考虑使用吸尘器和检查方便；床高 55～66 厘米，主要考虑客人的舒适和服务员的工作强度。②使用舒适，安静无声。③经久耐用。

床头柜的高度要与床的高度相配套，通常在 60～70 厘米。床头柜上安装有客房内主要电器设备的开关。

组合柜要求抽屉不宜过多，否则客人容易遗忘东西，拉手要简单、牢固、开启无响声。衣柜的深度以 55～60 厘米较为理想，衣柜宽度平均每人不小于 60 厘米，衣柜最好采用拉门或折叠门。

2. 卫生间设备的选择

客房卫生间是客人盥洗空间，其面积一般为 4～7 平方米，主要设备是浴缸、马桶和洗脸盆三大件。

浴缸有铸铁搪瓷、铁板搪瓷和人造大理石等多种。以表面耐冲击、易清洁和保温性良好为最佳。浴缸按尺寸分大、中、小三种。大型的长 168 厘米，宽 80 厘米，深 45 厘米；中型的长 150 厘米，宽 75 厘米，深 45 厘米；小型的长 120 厘米，宽 70 厘米，深 45 厘米。一般饭店多采用中型的一种，高档饭店采用大型浴缸。浴缸底部要采用凹凸或光毛面相间的防滑措施。近年来，一些高档饭店的豪华客房选用了各种按摩、冲浪式浴缸。这种浴缸的四周与下部设有喷头，当喷头的水流对人体肌肉冲射时，能起到按摩的作用。

马桶尺寸一般为 36 厘米宽，72～76 厘米长，前方需要有 50～60 厘米的空间，左右需有 30～35 厘米的空间。洗脸盆有瓷质、铸铁搪瓷、铁板搪瓷、质洗脸盆，它具有美观且容易清洁的优点。盆面离地面 76 厘米左右。人造大理石等，使用最多的是瓷洗脸盆，尺寸一般为 55 厘米×44 厘米。

卫生间的三大件设备应在色泽、风格、材质、造型等方面相协调。

3. 地毯的选择

地毯主要有纯毛地毯、混纺地毯、化纤地毯和塑料地毯四种。不同种类的地毯有着不同的特点。纯毛地毯色泽鲜艳，质地厚实，柔软舒适，装饰艺术效果强，但价格较高，混纺地毯具有纯毛地毯质感舒适的特点，价格又低于纯毛地毯。化纤地毯外表与触感均像羊毛地毯，阻燃、耐磨，且价格低廉。塑料地毯则质地柔软、耐用、耐水，可用水冲洗。

选用地毯首先要考虑与饭店的等级、客房的档次相一致，根据不同等级、不同类型的客房选择地毯。其次，要在材质和色彩上下功夫，体现装饰艺术效果，使客人进入房间有一种舒适、安宁、温暖的感受。最后，要考虑不同的场所。客房宜选用柔软、富有弹性、保暖、触觉感好的较高档次的纯毛地毯或混纺地毯，色彩最好采用中性色调，图案的构图应力求平稳、大方、淡雅，太花太杂或过于强烈的色彩和图样均不宜采用。

二、客房设备的保养

（一）客房家具的保养

（1）床。为了避免床垫有局部凹陷，应定期翻转床垫，每周应床头、床尾调换一次，每月把床垫翻转一次，这样可使床垫各处压力和磨损度相同，保持平整完好，延长使用寿命。注意经常检查床垫弹簧的固定钮是否脱落，如果脱落，弹簧会移动，必须及时报修。

（2）木质家具。衣柜、写字台、床头柜、行李架等木质家具，由于木材本身具有的特点，如容易变形、腐蚀、易燃、质地结构不均匀，各方面强度不一致等，所以家具在使用中应根据其特性，注意加以保养，防潮、防水、防热、防虫蛀。家具放置一般要距墙面 5～10 厘米，并注意经常通风换气，平时不要把受潮的物品，如毛巾、衣服等搭放在木质家具上，不能用带水的抹布擦拭家具，更不能让家具接触碱水，以免家具失去光泽、漆皮脱落或木质缩裂。过热的器皿不要放置在家具上面，要用托盘或垫碟以免受热变色、留有烫痕或掉漆。应避免烈日曝晒或靠近暖气片，以免受热后膨胀破裂。壁柜、抽屉底层，宜放些防虫香或喷洒防虫剂，以防虫蛀。使用时间较长的家具，必须定期打蜡上光，保养的办法是将油性家具蜡倒在家具表面或干布上擦拭一遍，15 分钟后再重复擦一次。第一遍在家具表面形成一层保护层，第二遍则可达到上光的效果。

补充阅读材料 8 - 2

睡眠质量成为饭店客房新课题

纽约精品酒店"公园大道 70 号酒店"从 2010 年 3 月起可选择十几种防鼾枕头，其中的一款枕头能够支撑颈椎，减小打鼾的概率。用荞麦壳填充的枕头最受客人欢迎。这种枕头能够刺激血管，促进血液循环。添加了香料、能够有效缓解疲劳的芳香枕头也大受女性消费者的青睐。

芝加哥 Monaco 酒店熟睡套房以竹帘取代窗帘，为套房营造了静谧安宁的睡眠环境。房间内，保健枕头、睡眠面具等助睡用品更是一应俱全。虽然入住一晚需要花费 360 美元，但很多客人还是首选熟睡套房。

北美皇冠假日酒店提供优质睡眠服务,客人免费使用睡眠专用箱,箱内存放着眼罩、耳塞、薰衣草喷雾、催眠曲 CD。酒店规定叫早服务一旦出现差错,客人即可获得全额退款。

洛杉矶四季酒店完美睡眠服务,免费享受 SPA、使用保健枕头、接受针灸治疗、冥想以及一些睡眠的临床试验。眼罩、耳塞、暖脚炉、加湿器甚至泰迪熊等有助睡眠的物品应有尽有。花费取决于客人实际享用的服务。

佛罗里达州的泰瑞豪特酒店日落沉睡项目只要支付 250 美元,客人就能与健康专家面对面地讨论生活点滴,参加瑜伽课程,在夕阳下的沙滩上举行宗教典礼,享受按摩等服务。

曼哈顿本杰明酒店于 2000 年创立睡眠礼宾司。酒店客房设在 5 楼以上,并安装隔音玻璃,除设有特别定造的床垫外,十几种不同枕头中一个枕头内置了扩音器,以及一条可接 iPad 的电线。住客还可以支付额外费用,享用睡前按摩服务,或吃点有助睡眠的点心。

（引自《中国旅游饭店》杂志 2012 年 1 月号总第 118 期）

（二）地毯的保养

吸尘是保养地毯的首要程序。吸尘工作做得越好,地毯需要清理的次数就越少。

纯毛地毯的纵横底线是由棉线编织成的,很容易遭虫蛀,因此在使用时应在地毯底下放些药物以防虫蛀。用洗地毯机洗涤的方法同化纤一样,只是水分要相对少些。如大面积湿了要及时放在通风处晾晒,不能沤干,否则底线很容易霉烂,使地毯一块块破碎。

化纤地毯的保养方法除每天用吸尘器吸尘外,还有其他方法:一是由于化纤与果汁、饮料起化学反应,当不小心滴上果汁产生黑点,面积不太大时,应随时用盐水把干净的抹布泡湿,拧得半干再擦污点,即可除掉。二是如大面积脏时,把清洁剂溶于水中,用洗地毯机洗净,洗后很多污杂物和泡沫浮在地毯上,然后用吸水机吸净,晾干后即可使用。对非常脏的地方,不要试图一次洗净,应等地毯干后再重复清洗,直至清洁。

客房部要根据地毯放置的位置及交通的频密情况,制订地毯保养计划,安排好地毯吸尘、除渍、干洗、清洗的具体时间。

（三）客房主要电器的使用与保养

1. 电视机

电视机是客房必备电器设备之一,星级饭店的客房均配置彩色电视机。为了更好地为客人提供服务,延长电视机的使用寿命,对电视机的使用和保养应注意以下几点:

（1）电视机应放在通风良好的地方,放置位置要距墙面 5 厘米以上,切勿将电视机置于高温、潮湿的地方,要避免阳光直射到电视屏幕上。

（2）要将各频道播放的节目,调至最佳效果,使客人按键即可收看。客房服务员应学会简单的检修方法,若遇到图像或声音不清,可自行检查调试;若不见改善,要立即通知维修人员。

（3）电视机的各线插座接头要安全可靠，电源线不能有裸露的地方。注意保护电源线不受损伤，如有不安全的地方及时通知维修人员。

（4）非专业人员不得打开机箱后盖，否则会有电击危险。

（5）雷雨天气最好不要打开电视机，应将天线和电源插头拔下。

（6）电视机长期不使用，夏季应每月通电一次，时间在两在小时以上；冬季三个月通电一次，时间在三个小时以上，以驱逐湿气。

（7）清扫房间擦灰时对电视机要轻搬轻放，切勿碰撞。要用柔软的干布擦净机壳和屏幕的灰尘，若要使用清洁剂，应用中性清洁剂。

2. 电冰箱

用于饭店客房 Mini – Bar 的电冰箱一般为单门冰箱，以冷藏为主，冷冻室采用铝板复合制成，室积较小，供制冰或冷冻少量食品用。对电冰箱的使用和保养应注意以下几方面：

（1）搬动电冰箱时要防止剧烈的震动，要使箱体平稳直立，箱体斜角不可大于 60°，更不允许将电冰箱倒置。

（2）电冰箱要放在通风的地方，不要让太阳直射。电冰箱背部与墙要有 10 厘米以上的距离，以保证散热。

（3）冰箱顶部严禁放置其他电器和物品。

（4）物品不能热的时候放入箱内，以使箱内温度升高加大压缩机的负担。要尽量减少开门的次数和缩短开门的时间。

（5）要经常保持清洁。箱体外表可用柔软干布蘸上中性清洁剂擦拭，并用干布擦净。箱体内部要经常清理，以防异味产生。

（6）如断电后不能马上通电，要等来电 5 分钟后再通电，以保证压缩机正常运转，延长使用寿命。

（7）电冰箱使用要保持连续性，不可采取日开夜停的方法，这样会增加压缩机电机的工作量，影响电冰箱的寿命。电冰箱在冬季不宜停用。

（8）蒸发器表面结有一定厚度（约 5 毫米）的冰霜时，应及时除霜，否则影响制冷效果。

3. 卫生间洁具的保养

（1）坚持经常清洁，要用专门清洁剂来保洁，不可用去污粉等粗糙的物品去擦拭。因为去污粉不仅容易把洁具光泽擦掉，而且对下水管道畅通有很大影响。

（2）对洁具的配件一定要用干抹布擦，以保持光泽。注意不可用腐蚀性强的如硫酸之类的东西擦拭。

三、客房设备的更新改造

饭店通常在开业 3 年以后，会对某些设施和设备进行更新、改建和重新装饰，这些更新项目往往占了预算开支的一大部分，为了保证饭店的信誉和档次，满足客人不断增长的需求和扩大对客源的影响力，大多数饭店都要制订客房设备的更新改造计划，还会根据市场的情况对一些设备用品实行强制性淘汰。客房部不是客房更新改造工作的直接承担者，但客房部人员对此最有发言权，因此，客房部应关注和参与更新改造计划的制订工作，并根据客人的需求提出有关的设想，这将会使客房部的预算更加合理和完善。

（一）常规修整

这部分工作也可属于客房部的计划卫生项目，每年至少一次。其主要内容包括以下几项：

（1）地毯、饰物的清洁。

（2）墙面清洁和粉饰。

（3）常规检查和保养。

（4）家具的修饰。

（5）窗帘、床罩的洗涤。

（6）油漆。

（二）部分更新

客房使用达 5 年，甚至更短，即应实行更新改造。

（1）更换地毯。

（2）更换墙纸。

（3）更新沙发布、靠垫等装饰物品。

（4）更换窗帘、帷幔。

（5）更换床罩。

（三）全面更新改造

这种更新改造一般 10 年左右进行一次，它要求对客房的陈设、布置和格调进行全面彻底的改造。对客房的全面更新改造应加强调查研究，听取和收集客人的意见，了解国际国内同行业的行情，结合饭店的实际，做出自己的特色来。同时，要考虑饭店的经济力量，不要贪大求洋，在保证饭店整体利益的前提下，实事求是地、有步骤有重点地进行。有的饭店在这方面有深刻的教训，这是在进行客房全面更新改造时必须注意的问题。

全面更新改造的项目包括：

（1）床垫和床架的更新（包括床头板）。

（2）地毯的更新。

（3）橱柜、书桌和梳妆台的更新。

（4）沙发、咖啡桌的更新。

（5）墙纸的更新。

（6）灯具、镜子和画框等装饰物的更换。

（7）卫生间三大件的更新。

（8）卫生间墙面和地面材料，灯具和水暖器件等的更新。

此外，还应增添一些方便客人享用的具有新功能、新科技的设备和用品。

案例 8-2

浴室里摔伤的新郎

12 月 14 日凌晨，来度蜜月的游客朱先生夫妇入住饭店，正当他准备洗去一身疲乏第二天返乡时，却不幸摔倒在浴室里。意外发生后，饭店的工作人员立刻将朱先生送到附近的医院，为其垫付了医药费，并安排了一名保安与朱先生的妻子轮流照顾。在医院，朱先生被确诊为腰背部左边脊椎第 3 节骨骨折。为了治疗，小两口不得不耽误返乡行程。

但随之而来的赔偿调解，却一度陷入僵局。朱先生认为，因为饭店缺乏必要的防滑措施，应该负主要责任。朱先生说："如果地上有一张防滑垫，或者浴缸上有个扶手，我也不会躺在医院里。"因此，他们向饭店提出了 9200 元赔偿款要求，包括可能发生的医药费、误工费、营养费等费用。饭店在咨询了律师和参考了饭店行业相关规定后认为，朱先生是成年人，摔伤的过错责任主要在于自身，应当承担主要损害后果。饭店只有管理责任，仅同意支付 30% 的赔偿款。双方僵持了一天后，15 日中午，朱先生的妻子向工商局投诉，经调解双方终于达成一致意见。

分析提示

本案例中，饭店客房浴室因缺乏必要的防滑设施，而造成顾客的损伤。当伤害事件发生后，饭店能够及时地解决问题，陪同顾客到医院就诊，赔偿顾客的损失等。但是，由此造成的更大损失也是显而易见的，比如说，也许会影响其他顾客选择在该饭店消费。因此，酒店更应将预防作为重点，避免类似的事故再次发生，而不是将补救服务作为主要任务。

（资料来源：何丽芳：《酒店服务与管理案例分析》，广东经济出版社）

四、客房设备档案

客房设备一旦划归客房部管理和使用，就应为其进行登记，建立档案。建立设备档案，能为客房设备的使用、保养、维修和更新改造工作制造方便条件。

（1）客房装修资料。其主要包括：①客房装饰情况表。把家具什物、地毯织物、建筑装饰和卫生间材料等分类记录，并注明规格特征、制造商及装饰日期等。②楼层设计图和照片资料。表明饭店共有多少种类型客房，其确切的分布情况和功能设计等。每一种类型的客房都应具有如下照片资料和设计图资料：各种房间的设计图；床和床头柜的布置；座椅安排格局；写字台、行李柜布置；卫生间布置；套房的起居室和餐室、厨房的布置图。以上资料要根据新的变化予以补充和更新，否则将逐渐失去其意义。

（2）客房历史档案。其主要包括：所有客房、公共区域都应设有历史档案。包括家具什物；安装期或启用期；规格特征；历次维修记录等。

（3）工作计划表。客房部应编制工作计划表，具体安排客房设施设备的大修理和更新改造项目、房号或区域、日期等。

（4）电器设备档案。包括电器设备的购买日期、供应商、价格、规格特征、维修日期、维修费用、修理方法等内容。其作用在于说明设备的使用寿命，强调对设备保养的重要性，以拟订设备的更新方案。

第 3 节　布件管理

在饭店的经营活动中，布件不仅是一种供客人使用的日常生活必需品，也是饭店客房装饰布置的重要物质，对室内气氛、格调、环境起着很大的作用。

一、布件的分类和质量要求

（一）布件的分类

按照用途划分，饭店的常用布件可分为四大类：

（1）床上布件，如床单、枕套等。

（2）卫生间布件，包括方巾、面巾、浴巾和地巾。由于它们基本上属毛圈织物，故都可称为毛巾。

（3）餐桌布件，如台布、餐巾等。

（4）装饰布件，如窗帘、椅套等。

（二）布件的质量和规格要求

这里，我们仅就床上布件和卫生间布件的质量及规格要求予以简要介绍。

1. 床上布件

床上布件有很多种，主要是床单和枕套，其质量主要取决于以下因素：

（1）纤维质量。纤维要求长，纺制出来的纱比较均匀，条干好、强力高，使用上耐洗、耐磨。

（2）纱的捻度。纱纺得紧，使用中不易起毛，强度也比较好。

（3）织物密度。密度高且经纬分布均匀的织物比较耐用。用作床单的织物密度一般为 288×244 根/10 平方厘米，高级的可超过 400×400 根/10 平方厘米。

（4）断裂强度。织物的密度越高，其强度越高。

（5）制作工艺。卷边平齐，尺寸标准，缝线平直、耐用。

（6）纤维质地。常用的床单和枕套的质地有棉质、人造纤维及棉与人造纤维混纺（人称"混纺"）。棉质床单或枕套柔软透气，吸水性能好，使用舒适，但易皱不耐用。人造纤维不具有棉质的优点，但具有耐磨、耐用、耐洗涤的特点。混纺吸取了二者的优点，因而目前一般客房多使用混纺床单和枕套。

床单的规格选择要根据床垫的规格尺寸来确定，枕套的规格尺寸一般要求比枕芯宽 2 ~ 5 厘米，长 20 ~ 30 厘米。

无论哪种规格和质地的床单、枕套，其颜色均选用白色。因为白色有纯洁、素雅、卫生、清爽、明快之感。

2. 毛巾

对卫生间毛巾的质量要求是：舒适、美观、耐用，而要达到这一要求则主要取决于以下因素：

（1）毛圈数量和长度。毛圈多而且长，则柔软性好，吸水性佳。但毛圈太长又容易被钩坏，故一般毛圈长度在 3 毫米左右。

（2）织物密度。毛巾组织是由地经纱、纬纱和毛经纱组成。地经纱和纬纱交织成地布，毛经纱和纬纱交织成毛圈，故纬线越密则毛圈抽丝的可能性越小。

（3）原纱强度。地经纱要有足够的强度以经受拉扯变形，故较好的毛巾地经纱用的是股线，毛经纱是双根无捻纱，这就提高了吸水和耐用性能。

（4）毛巾边。毛巾边应牢固平整，每根纬纱都必须能包住边部的经纱，否则，边部容易磨损、起毛。

（5）缝制工艺。折边、缝线、线距是否符合要求。

二、布件的消耗定额管理

制定客房布件消耗数量定额，是加强布件科学管理，控制客房费用的重要措施之一。其定额的确定方法，首先应根据饭店的档次规格，确定单房配备数量，然后确定布件的损耗率，最后核定出消耗定额。

（一）确定单房配备量

各饭店由于档次和洗涤设施条件不同，布件的配备数量也有所差异。要考虑饭店的档次、资金情况以及维护正常的布件运转所必需的数量来确定单房配备量。以床单为例，三星级饭店要求配备 3 ~ 4 套（每套 4 张），其中一套在客房，一套在楼层布件房，一套在洗衣房，另外一套在中心库房。配备完成后，只有到了更新周期才陆续补充和新购床单。确定单房配备量后，整个客房部的各种布件总数按客房出租率为 100% 的需求量配备。

（二）确定年度损耗率

损耗率是指布件的磨损程度。饭店要对破损或陈旧过时的布件进行更换，以保持饭店的规格和服务水准。确定损耗率主要考虑以下两点：

（1）布件的洗涤寿命。不同质地的布件有着不同的洗涤寿命。例如，棉质床单的耐洗次数为 250～300 次，而混纺床单大于此数。毛巾约为 150 次。

（2）饭店的规格等级要求。不同规格等级的饭店对布件的损耗标准是不同的。例如，豪华型饭店对布件六成新即行淘汰，改作他用，而经济型饭店则可能到破损才会淘汰。根据布件的洗涤寿命和饭店确定的损耗标准，即可计算出布件的损耗率。

例如，某饭店床单客房单间配备为 3 套，每套 4 张，床单每天一换，其洗涤寿命为350 次，试确定该饭店床单的年度损耗率。

计算如下：

（1）每张床单实际年洗涤次数：$365 \div 3 \approx 122$（次/年）

（2）每张床单的使用年限：350 次 $\div 122$ 次/年 ≈ 2.9 年

（3）年度损耗率为：$1 \div 2.9 \approx 34.5\%$

（三）制定客房布件消耗定额

计算公式为：

$$A = B \cdot x \cdot f \cdot r$$

式中 A 为单项布件年度消耗定额；B 为布件单房配备套数；x 为客房数；f 为预计的客房年平均出租率；r 为单项布件年度损耗率。

例如，某饭店有客房 400 间，床单单房配备 3 套（每套 4 张）。预计客房平均出租率为 75%。在更新周期内，床单年度损耗率为 35%，求其年度消耗定额。

根据上述公式计算，得：

$$A_{[床单]} = B \cdot x \cdot f \cdot r$$
$$= 3 \times 400 \times 75\% \times 35\%$$
$$= 315 \text{（套）}$$

三、布件的日常管理

由于布件是分散在各处的，使用的好坏，定额标准的掌握，必须依靠日常的管理。

（一）布件存放要定点定量

在用布件除在客房一套外，楼层布件房应存放多少，工作车上放置多少，中心布件房存放多少，各种布件摆放位置和格式等，都应有规定，使员工有章可循。

（二）建立布件收发制度

布件收发制度包括数量控制和质量控制两个方面的内容。

（1）以脏布件换取干净布件。通常由楼层杂工将脏的布件送交洗衣房，由洗衣房指定人员清点复核，在"布件换洗单"上签字认可。杂工凭此单即可到中心库房领取相同数量的干净布件。

（2）如果使用部门需超额领用，应填写借物申请，经有关人员核准方可。如果中心库房发放布件有短缺，也应开出欠单作凭证。

（3）收点或叠放布件时，应将破损、有污迹的拣出，单独处理。

（三）建立布件报废和再利用制度

布件报废应有严格的核对审批手续。一般由中心库房主管核对并填写"布件报废单"，洗衣房主管审批。对可再利用的，可改制成其他用品。

（四）控制员工使用布件

要严格禁止员工对布件的不正当使用，比如用布件作抹布，或私自使用客用毛巾。这样既造成了浪费，又使劳动纪律无法得到保证。对不正当使用布件的员工要严肃处理。

（五）建立盘点制度

布件需定期进行全面盘点，通过盘点，了解布件的使用、消耗、库存情况，发现问题及时处理。盘点工作通常为一月一小盘，半年一大盘。大盘点由客房部会同财务部进行。

四、布件的保养和储存

（一）布件的保养

布件的保养必须贯穿于使用和储存的全过程。

（1）尽量减少库存时间，因为存放时间过长会使布件质量下降。所以，备用布件不宜一次购买太多，同时应遵循"先进先出"的原则使用。

（2）新布件应洗涤后再使用，这样有利于提高布件的强度。

（3）洗涤好的布件应搁置一段时间后再使用，这样可以散热透气，延长布件的使用寿命。

（4）切勿将布件随处乱放，以防污染和损坏布件。

（二）布件的储存

布件的储存主要有下列几项要求：

（1）具有良好的温湿度和良好的通风条件。库房的温度以不超过20℃为佳；湿度不大于50%，最好在40%以下。

（2）要经常查库，通风晾晒，并放入干燥剂和防虫剂，以免变质，特别是在盛夏伏天进入雨季时。

（3）防止外来人员随意出入，并经常地清洁整理和定期地进行安全检查。

（4）布件要分类上架，布件房不应存放其他物品，特别是化学药剂、食品等。对一些长期不用的布件用布兜罩住，防止积尘、变色。

第 4 节　客房日用品管理

客房日用品是为客人使用方便而设的，这类物品数量大，品种多，消耗快，难以掌握和控制。加强对客房日用品管理，确保客人需要，降低消耗是客房管理的一项重要工作。

一、客房日用品的选择原则

不同档次的饭店所提供的客房日用品是有差别的，客房日用品的消耗量也有所不同。鉴于客房日用品种类繁多，在选择时应遵循以下几项原则：

（1）实用。客房日用品是为方便住店客人生活而提供的，因此，必须首先具有实用性。

（2）美观。客房日用品要具有观赏性，要体现饭店的等级，要与客房的装饰水准相协调。美观大方的客房日用品能使客人产生舒适悦目的感觉。

（3）适度。客房日用品的质量及配备的数量，应与客房的规格档次相适应。星级饭店必须按照我国旅游行业标准《星级饭店客房客用品配备与质量要求》配置客房日用品。

（4）价格合理。客房日用品消耗量大，价格因素很重要，要在保证质量的前提下，尽可能地控制好价格，以降低成本费用。

（5）环保。客房日用品品种多，使用频率高，消耗大，而且这些一次性用品的成分多是塑料及其他化学物质，在自然界中降解速度非常缓慢，会对环境造成很大污染。这就需要饭店在采购日用品时要以环保性为原则。

补充阅读材料 8 -3

上海一年丢弃 1814 吨"六小件"

据有关机构调查表明，国内饭店业所配的一次性客房用品使用率不到 50%，虽然使用率这么低，但酒店却天天更换，如此累积，不仅浪费了社会资源，更造成环境污染。这些分量加起来还不到 3 两的"六小件"，其浪费程度却非常惊人。据上海市环卫部门统计，上海一年所有宾馆丢弃的"六小件"总重量竟达 1814 吨！每年为了处置这些被酒店丢弃的"六小件"，环卫部门就要投入近百万元。更重要的是，被丢弃"六小件"的处理，成了环保专家们很头痛的难题。由于"六小件"中大多是以塑料为原料，因此当这些丢弃物品被填埋后，很难在土壤中被降解，成了城市中的新污染源，长此以往将对我们居住的环境和土壤产生影响。同时，这些仅使用过一两次就被丢弃的洗浴用品，给社会造成了巨大的资源浪费。据上海某五星级饭店的相关负责人介绍，该饭店如果取消"六小件"供应的话，一年将节省支出 20 余万元。如果上海所有饭店均取消"六小件"的话，那么一年将节省上千万元。

（资料来源：《上海商报》，2005 年 7 月 25 日）

二、客房日用品的消耗定额管理

客房日用品不仅品种多，而且也在不断地筛选和改进中。我们在选择时应遵循以下几项原则，并根据客人需求的变化和饭店的具体情况来进行。

（一）消耗定额的制定

客房日用品的分类方法很多，其中一个最基本的分类方法，是按消耗的方式不同，把客房日用品分为两类：一次性消耗品和多次性消耗品。一次性消耗品是一次消耗完毕，完成价值补偿的，如茶叶、卫生纸、信封、香皂、浴液、牙具等。多次性消耗品可连续多次供客人使用，价值补偿在一个时期内逐渐完成，如玻璃器皿、瓷器等。布件也属多次性消耗品。

一次性消耗品消耗定额的制定方法，是以单房配备为基础，确定每天需要量，然后根据预测的年平均出租率制定年度消耗定额。其计算公式为：

$$A = B \cdot x \cdot f \cdot 365$$

式中 A 为单项日用品的年度消耗定额；B 为单房间每天配备数量；x 为客房数；f 为预测的年平均出租率。

例如，某饭店有客房 400 间，年平均出租率预测为 80%，茶叶、牙具的单房间每天配备数量分别为 3 包、2 只。求茶叶、牙具的年度消耗定额。

根据上述公式计算，得：

$$\begin{aligned}
A_{[茶叶]} &= B \cdot x \cdot f \cdot 365 \\
&= 3 \times 400 \times 80\% \times 365 \\
&= 35.04 \text{（万包）}
\end{aligned}$$

$$\begin{aligned}
A_{[牙具]} &= B \cdot x \cdot f \cdot 365 \\
&= 2 \times 400 \times 80\% \times 365 \\
&= 23.36 \text{（万只）}
\end{aligned}$$

多次性消耗品的消耗定额，可参照上节所述布件的消耗定额方法制定。

（二）消耗定额落实到楼层班组

制定消耗定额是客房日用品管理的基础。客房日用品消耗是逐日、逐月在每个楼层的接待服务中实现的，所以，必须将各种日用品的消耗定额落实到每个楼层、每个班组，并加强日常控制，这样才能真正把消耗定额管理落到实处。

以消耗定额为基础，决定楼层、库房等各处的配备或储存标准。一般来说，楼层工作车上的配备以一个班次的耗用量为基准。楼层小库房通常备有楼层一周的使用量，具体品种、数量应用卡条列明，并贴在库房内，以供领用和盘点时对照。客房部中心库房的日用品储存量，通常以一个月的消耗量为标准。既可以定期对楼层进行补充，又可以应付临时的额外需要。

三、客房日用品的发放与控制

（一）客房日用品的发放

客房部中心库房日用品的发放员或客房服务中心负责对各楼层的客房日用品的发放工作。一次性消耗品如香皂、洗发液、火柴、牙具等，需要每天补充。但为了方便工作，并使各楼层的工作有条不紊，减少漏洞，客房日用品的发放应根据楼层小库房的配备量、楼层的消耗量明确规定一个周期和时间。在发放日之前，楼层服务员应将本楼层库房的消耗及现存情况统计出来，按楼层小库房的规定配备标准填好"客房日用品申领表"报领班审批，凭申领单到中心库房领取，或由中心库房物品领发员发送到各楼层，请领班验收。

中心库房根据客房日用品的消耗发放情况和仓库最高库存量，定期填写日用品的申购单，经主管或经理批准，交采购部门办理，从采购部门领取物品。

（二）客房日用品的使用控制

1. 制定客房日用品的消耗标准

客房日用品是每天按客房物品的配备标准进行配备的，但并不是所有日用品都于当天所消耗。所以，在实际工作中，客房部管理人员要注意观看和查验，根据日用品消耗情况的统计资料，掌握各种日用品的消耗标准。

客房日用品消耗标准可按下列公式计算：

单项日用品消耗标准 = 客房出租间天数 × 每间客房配备数 × 平均消耗率

例如，某饭店客房的茶叶，每间客房每天配备 4 包。统计分析表明，平均每间客房每天的消耗量为 3 包，即平均消耗率为 75%。如果某一楼层本月客房出租 336 间天，则该楼层本月茶叶消耗应为：

$$336 \text{ 间天} \times 4 \text{ 包} \times 75\% = 1008 \text{ 包}$$

2. 每日统计，定期分析

服务员每天按规定数量和品种为客房配备和添补日用品，并在服务员工作表上做好登记，楼层领班负责本楼层的客房日用品的管理，每天汇总本楼层消耗日用品的数量，填写主要日用品的耗用统计表，并向客房部汇报。各种客房日用品的使用主要是在楼层进行的，所以，楼层领班是管好用好客房日用品、掌握定额标准的关键。

客房部根据每日统计资料，定期（一般是一个月）对各楼层客房日用品消耗进行汇总，并以经过整理、汇总的统计资料为基础，对日用品的消耗情况进行分析。分析的方法主要是采用对比分析法。

（1）与消耗标准比较分析。即用月度各主要客房日用品的实际消耗量与制定的消耗标准对比，找出差别产生的原因。

（2）动态对比分析。根据开房间天数和总消耗量或消耗金额，计算出平均消耗量或平均消耗金额指标，然后与上期同类指标对比，计算增减量和增减幅度，说明主要客房日用品消耗的动态变化，并分析变化原因。除月份对比外，也可作季度、年度情况对比。在用金额指标对比时，要注意价格因素的变化。

（3）控制前后对比分析。在客房日用品的使用消耗过程中，如发现有什么问题、漏洞，客房部应及时采取新的控制措施。那么，措施是否行之有效，要通过控制前后的间天平均消耗量或消耗金额指标的对比分析来说明。

通过分析研究，要不断总结经验，摸索管理规律，提高管理水平，降低成本消耗，保证客房经营活动顺利进行，为饭店获得更多的经济效益。

3. 做好员工的思想工作

加强员工的思想教育工作，在员工中提倡勤俭节约的精神，爱护物品，做好废物利用、旧物利用的工作，杜绝员工野蛮操作，尽量减少浪费和人为的破坏。要教育员工不私自使用客房日用品，同时为员工创造不使用客房日用品的必要条件。

4. 建立管理制度

（1）员工上、下班必须走员工通道，并主动接受值班保安人员的检查。

（2）定期公布客房各楼层的客房日用品耗用量，实行奖惩制度。对增收节支者，给予表扬和奖励，对超控浪费者，要扣发班组和个人奖金。

（3）建立严格的赔偿制度。住客将客房内的物品损坏或带走，要按饭店规定的价格赔偿或付款。服务员工作中不慎将物品损坏，或客房日用品丢失而服务员又未能及时查明，须由服务员予以赔偿。

（4）楼层员工利用工作之便私自将客房日用品携带出去据为己有，或送给其他部门员工者，须视情节轻重，给予罚款、警告直至开除的处罚。

（5）建立月末盘点制度。客房设备用品是客房部正常运转不可或缺的物质条件。加强客房设备用品管理，对保证客房优质服务、提高经济效益具有十分重要的意义。

案例分析

无法及时维修

某饭店住了一位商务客人，当晚因没有商务活动而留在房内。他打开电视机，多数频道没有图像，一些频道即使有图像也模糊不清。于是他打电话给楼层服务员要求派人前来检修。半个小时过后，客人仍未见有人进房检修，再打电话给服务员，询问是否有人检修电视机。服务员向客人接连道歉，并要求客人耐心等候。大约又过了 20 分钟才来了一位修理工，对电视机做了一番检查后，表示这电视机无法修理，转身离去。恼怒的客人打电话到客房部投诉。

案例讨论题

1. 房间设备损坏，又不能得到及时维修意味着什么？
2. 此类问题应该如何解决？

思考与练习

1. 客房设备和用品如何分类？
2. 客房设备用品管理的任务是什么？
3. 客房设备用品管理的方法有哪些？
4. 在选择客房设备时要综合考虑哪些因素？
5. 客房设备档案的内容有哪些？
6. 如何控制客房日用品的使用？
7. 某饭店有客房 300 间，年平均出租率预测为 70%，茶叶的单房间每天配备数量为 3 包，求茶叶的年度消耗定额。
8. 某饭店有客房 300 间，床单单房配备 3 套（每套 2 张）。预计客房平均出租率为 75%。在更新周期内，床单年度损耗率为 35%，求其年度消耗定额。

第9章 饭店安全管理

【学习目标】

1. 了解饭店管理安全的含义，掌握饭店安全管理的特点及难点，了解饭店安全管理原则及任务；
2. 重点掌握前厅与客房安全管理区域，安全防范设施设备的配备，客房日常安全管理工作内容及安全管理措施；
3. 了解饭店火灾的分类及形成原因，掌握饭店火灾的预防及处理，火灾发生时自救操作程序；
4. 了解饭店盗窃的类型及预防，掌握顾客报失的处理；
5. 了解饭店意外事件、自然灾害、爆炸事件的预防和处理。

【内容结构】

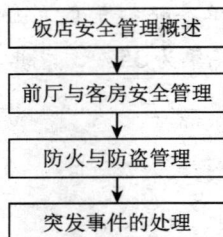

【重要概念】

饭店安全管理　饭店突发事故

第 1 节　饭店安全管理概述

安全是每一位消费者在选择住宿设施时所要考虑的首要因素，因为安全是人们的最基本生存需求，所以，保证客人的人身安全、财产安全，是饭店的基本管理职能，也是饭店拓展客源，在激烈的市场竞争中，保持其竞争优势，维护企业声誉和形象的基本要求。

一、饭店安全管理的含义

饭店安全管理是指饭店为维护入住饭店客人的人身安全，财产安全，精神和心理上的安全，还包括员工的安全及整个饭店的安全所进行的系列工作。

从饭店安全管理的角度来讲，饭店安全管理有以下三方面的含义：

（1）宾客安全。根据国际旅馆业的惯例，旅客一经住宿登记，饭店就要正式对旅客的安全承担责任。第一，保护客人的人身和财产安全，这是住宿安全的首要工作；第二，保证客人的心理安全，即客人入住酒店后对环境、设施和服务的信任感；第三，保障客人的合法权益。客人入住酒店后，客房就成为客人的私人场所，酒店的任何人员，在没有特殊情况下，都不得随便进入该客房，酒店员工有责任为客人保守秘密和隐私。

（2）员工安全。饭店安全不仅仅是指客人的安全，还包括员工的生命、财产安全和员工的职业安全。酒店应为员工提供一个健康的工作环境，制定安全操作程序，定期为员工检查身体。

（3）居所安全。居所安全是指饭店以及客房楼层本身的安全，主要指前厅与客房区域处于没有危险的状态并对潜在危险因素的排除。

本章主要讲述前厅和客房区域的安全管理。饭店安全管理工作是饭店其他工作的前提和基本保证，是饭店经营业务得以顺利进行的基础。

二、饭店安全管理的任务

饭店管理的范围相当广泛，按照饭店安全的管辖范围可分为前厅安全、客房安全、工程安全、财物安全等，其中前厅安全和客房安全是饭店安全管理的重要部门，其主要管理的任务有以下几方面：

（一）制订计划，确立制度

饭店安全管理的首要任务是制订安全计划，其主要内容有以下几方面：

（1）客人安全计划。饭店要在合理范围内使客人免遭人身伤害（如殴打、打劫、袭击等）和财务损失。主要包括入口控制（如闭路电视监控等）、电梯控制、客房廊道安全，客房安全（门锁安全装置与控制、电器设备安全、客房内有关安全问题的告示或须知）、客人失物处理、行李保管、客人伤病处理等。

（2）员工安全计划。包括员工安全守则，劳动保护措施，保护员工的个人财物的安全，保护员工免受外来的侵袭等。

（3）客房财产安全计划。客房是酒店建筑和设备的主体，占有大部分的财产和物品，它们每天由员工、客人以及其他外来者接触和使用，这些财产和物品的被偷盗和被滥用将意味着饭店的损失。客房财产安全计划包括防火、防盗、防抢劫等。

计划的实施依赖于行之有效的管理制度，如客人住宿验证登记制度、钥匙管理制度、访客制度、情况报告制度、交接班制度、员工安全培训与考核制度和奖惩制度等。

饭店整体的管理由一套切实可行的制度来保证。如《防火制度》《防盗制度》《安全责任制度》等，并在酒店全面贯彻执行并按制度检查落实。订立一套制度并不难，难的是真正贯彻落实下去。许多单位制订在纸上，挂在墙上，但并未落实，形成有名无实。安全防范要把贯彻制度作为重点，更要注意制度的执行和落实，否则就会形同虚设。

（二）配备安全防范设施

饭店要做好安全管理工作，离不开先进的安全防范设备设施，目前饭店常见的安全设备设施有以下五大系统，即电视监控系统、安全报警系统、自动灭火系统、通信联络系统和电子门锁系统。饭店在进行安全管理时，应充分发挥饭店人员的力量，并利用配备的设施设备监控、防止案件的发生，并能及时为饭店提供准确信息，使保安人员能迅速、准确地掌握饭店各区域的各种动态，以达到及时防范的目的，使安全工作得到保障。

案例 9-1

客房盗窃

在服务员获得了基本素质和基本技能培训后，对于一般的犯罪都有较为警惕的敏感度，但如果犯罪嫌疑人采用蒙蔽手段去实施一些心理上的障眼法等伎俩，服务员则往往容易"中招"而导致酒店损失。

有一名服务员早上 8 时多正在做房，有两个男子嘱其给 1303 房加两条浴巾，这两人并未进房，而是说完话后，即告知服务员，他们要去餐厅用早餐了，在服务员旁擦身而过，服务员则遵照其指示，到 1303 房为其增配两条浴巾，并顺手将床上零乱的东西清理，此时这两位男子又忽然返回，看见服务员正在清理，忙对服务员说："不要清理了，不用麻烦你了，我们自己清理就行了，"这时候，服务员看他们已在收拾他们的物品了，就暂时退出，这两名男子 3 分钟后从房间走出，刚离去不到一会儿，又来了两位男子，自己持 IC 卡进入房间后，即发现房间被盗，个人损失了严重，原来前两个是小偷，后两位才是真正的客人。

分析提示

这样的客房盗窃是利用服务人员心理上的不设防，因为增配浴巾，是一个合理的要求，且客人并不进房，故无须防范，然后又返回，告知不用麻烦服务员，自己可以清理自己物品的方式，造成心理上先入为主的概念，使服务员一时失去判断力，给服务员心理上制造误导，以为对方是客人，因而给犯罪嫌疑人有了可乘之机。犯罪嫌疑人相当熟悉和了解酒店的运作流程，他们知道，如果他们直接要求服务员为其打开房门，服务员势必要求他们出示房卡，并会询问他们的姓名，以便和总台核对，故而采用这种方式进入房间，使服务员失去判别的警惕性，从而达到偷盗的目的。

第 2 节　前厅与客房安全管理

一、前厅安全管理

（一）前厅重点安全管理区域

（1）大厅控制。饭店大厅是人流交汇地区，也是前厅安全管理工作的重点，这样人流汇集的场所也是案犯活动猖獗的地方。违法犯罪分子到饭店活动，多数会在大堂出现，这就需要我们的监控人员仔细观察。对一些有意回避保安人员的诡秘人物，要采取跟踪监视和定点录像的措施，严加观察。因此要做到：①保持大厅正常秩序，配合保安人员管理好出口、电梯口。使用旋转门时，切记每一格只允许一位客人进入，防止客人被挤伤。使用自动门时，必须配上普通门。玻璃幕墙需要有标志，以防客人冲撞。②客人在接待处办理入住手续时，接待员一定要验明客人身份，明确付款方式。如果没有可靠的证件证明其身份，则应采取相应的措施。③警惕在前台办理手续客人的行李被他人顺手牵羊。

（2）大厅内的特定地点的控制。饭店的特定地点如收银处、贵重物品寄存处、客用电梯、商场以及客人和一般员工不应出现的地方，如消防通道、疏散平台等处。这些地方出现与本职工作无关的人员，监控人员应密切注意，防止偷窃事件及其他事情的发生。监控系统工作人员在屏幕上发现可疑现象，要立即定点录像取证，同时做好跟踪监控，及时报告安保部门。必要时，通知有关部门询问盘查，采取必要的措施。①客用电梯。客用电梯升降时是封闭的，当客用电梯出现故障或客用电梯内有违法犯罪行为发生时，客人是无法求援的。因此，客用电梯内要安装有摄像头，如遇屏幕图像消失，要迅速检查，防止犯罪分子用胶布封贴镜头。②财物集中部门。饭店财物集中部门有财务部、贵重物品商场、贵重物品寄存处、收银处、仓库等。这些地方容易发生盗窃事件，安装摄像头可及时发现危害财物安全的情况。③加强安全监控工作人员的责任心。安全监控系统人员应提高警惕，履行岗位职责，及时发现问题。一要熟悉饭店的建筑结构和各部门的工作规范；二要善于从处理的人、事、物上总结经验教训，锻炼辨别可疑对象的能力。

（二）前厅安全设施的配备

饭店前厅的安全管理工作始终要坚持"内紧外松"的原则，这就需要饭店创造一个良好的宽松环境。饭店要做好安全管理工作，离不开先进的安全防范设备设施，目前饭店常见的安全设备设施有以下四大系统。

（1）电视监控系统。出入口、电梯内、客房走道及其他敏感部位，用于发现可疑人员或不正常现象，以便及时采取措施，对犯罪分子也可造成心理威慑，给饭店的安全带来保障。

（2）安全报警系统。在饭店的消防通道、财务部等重要位置必须安装安全报警系统，以防止盗窃、抢劫、爆炸等事故的发生。

（3）消防监控系统。普通的防火系统一般由火灾报警器（烟感器、手动报警器）、灭火设施（消防给水系统、化学灭火器材）和防火设施（防火墙、防护门、排烟系统）组成，是饭店必备的安全设施。自动灭火系统是由多种火灾报警器、灭火器、防火门、消防泵、送风机等组成，是饭店安全必备的设施。

（4）通信联络系统。其是指以安全监控中心为指挥枢纽，即通过电话、对讲机等通信器材而形成的联络网络。这个网络系统能使饭店在遇到紧急情况时具有快速的反应能力，对保障酒店的安全起着十分重要的作用。

随着高科技的发展，将会有更多的高科技成果应用在酒店的安全管理上。而只有人防和技防相结合，软件和硬件同时抓，才能构筑安全屏障。

二、客房安全管理

客房是客人暂居的主要场所，是客人财物的存放处，所以客房安全尤为重要。饭店应从客房设备的配备及有关部门的工作程序的设计两方面来保证客人在客房时的人身及财物的安全。

（一）客房安全设备的配备

使用以下安全设备可使客房的安全得到保证，这些设备分别是消防设施、防盗设备和客房生活安全设施。

（1）消防设施。客房内的消防设施用品主要有：烟感报警器（当室内烟雾达到一定程度时自动鸣叫报警）、自动喷淋灭火装置、安全告示手册、安全通道出口示意图、"请勿在床上吸烟"的中英文标志。除了客房内的消防设施外，楼面通道也要设置报警装置、消防栓及灭火器，两侧要有安全门和安全楼梯，较长的通道中间要设防火门、抽气机和通气装置。饭店要根据本店情况，提供房内安全须知，如一些酒店把安全和消防须知制作成影像在酒店闭路电视上播出。此外，许多地方要求提供楼层平面图或安全通道位置的须知卡。这种须知卡也要列出发生火警时应采取的行动步骤。

（2）防盗设施。①客房门锁。客房门锁是保护客人的一个关键环节，酒店应选择坚固度强的门锁。坚固、安全的门锁和对锁的控制制度是酒店的重要措施。为了保证客人的财产与人身安全，防止饭店钥匙的盗窃、遗失和复制，越来越多的饭店对门锁采用智能化的管理系统。这种门锁分为磁卡门锁、IC 卡门锁、感应卡门锁等。它包括了精密的制作技术、计算机技术、微电子技术和现代信息技术，是目前安全性和智能化程度最高的门锁之一。该系统对酒店的安全管理能起到很好的作用，为加强对"智能"盗窃团伙的防范，目前的电子门锁系统已得到进一步改进，即在电子锁上安装自动破坏解码器的装置，当犯罪分子将解码器插入电子锁时，该装置就能将解码器毁坏并报警。②窥视孔。为了使客人在开房门前就知道来访者是谁，门上应安装窥视孔。广视镜头的窥视能扩大视野，看到房门附近的走廊。特定位置的窥视可以安装在门的下端以供坐轮椅的残疾人使用。③通信装置。酒店管理部门应考虑每间客房都有电话或其他通信装置。客人可以利用房内电话或其他通信装置向酒店报告紧急情况或可疑活动，酒店也可用通信装置通知客人发生了紧急情况（如火警）。④安全装置。对楼层、阳台较低的客房要装配安全装置。在通往客房的主要通道要安装闭路电视监控系统。还应考虑在客房门上贴上安全须知，指导客人如何锁上房门，然后再上保险；告诫客人在未辨清来人身份之前不要开房门；介绍客房内有无特别的安全装置；指出前厅是否提供保险箱以及酒店管理部门认为有必要列入的其他情况。

（3）客房生活安全设施。在采购客房内所有电器及家具时要充分考虑其安全性，设施设备的安装要确保安全。客房的装饰装修材料应具有阻燃性。地毯要铺平整，电线不要露在明处，卫生间要有防漏、防滑措施，浴缸侧墙上拉手要安装牢固等。平时要对客房设施进行细心的检查和及时维修。另外，客房设施设备的配置还要考虑残疾人的入住要求，这类房间称之为无障碍客房。

（二）客房日常安全管理

饭店的正常经营运转，离不开客房的日常安全管理。在饭店中可能导致客房不安全的因素有很多，诸如偷盗、失火、骚扰、食物中毒、疾病传播、利用客房作为犯罪场所实施黄、赌、毒犯罪活动等，都会给客人带来不安全感。为加强客房的日常安全管理，客房部的人员应遵守以下纪律：

（1）坚守岗位，巡视廊道。值班人员值班时，不脱岗、不溜班，因为有些人行盗往往会钻值班人员脱岗、空岗的空子。客房部管理人员、服务人员以及保安部人员对客房廊道的巡视，也是保证客房安全的一个有力措施。如查看楼层是否有闲杂人员；查看是否有烟火隐患、消防器材是否正常；门、窗是否已上锁或损坏；房内是否有异常声响及其他情况等。

（2）客房门锁与钥匙控制。客房门锁是保护宾客人身及财产安全的一个关键。安全的门锁以及严格的钥匙控制是宾客安全的一个重要保障。饭店应设计一个结合本饭店实际情况的、切实可行的客房钥匙编码、发放、使用、收回、存放以及控制的程序，保证客人的人身及财产安全。工作人员当值期间要全心全意保护酒店财物、客人生命财产及人身的安全，不要替任何不认识的客人开门，除非接到前台部的通知及证明。在房间清洁时间有客人进入时，应有礼貌地向客人查看钥匙牌与房号是否相符，防止他人误入房间。如客人忘记带钥匙而又不认识则应与前台联系，待前台证实身份、通知后方可开门；如发现有可疑的陌生人在走廊徘徊或在客房附近出现，或客房房间有异常情况，房内发现动物或违禁品，客人情绪变化、生病，均须立即报告领导。

（3）房内设施设备的安全控制。客房内的设施设备主要包括电气设备、卫生间洁具及饮水设备、家具等。为保证客房内设施设备的安全性，应做到以下几项：①告知宾客相关设施设备的使用方法，正确的使用方法是保证设施设备安全性的前提；②定期检查与维护设施设备，保证其完好性；③对于一些不安全因素要进行明示，避免伤害的发生；④制定一整套处理临时危机的措施与办法，告知宾客当出现危急情况时所用的联络电话及应采取的行动；⑤对宾客及客房部员工进行与客房相关的安全知识教育。

（4）房内安全。客房服务人员大多数是女性，在工作中还要有自我防护意识，对客人既要彬彬有礼，热情主动，又要保持一定距离。如客人召唤入房时，要将房门打开，对客人关门要保持警惕，客人邀请时不要坐下，更不要坐在床上；尽量找借口拒绝客人邀请外出；不要轻信客人的花言巧语而失去警戒。

（5）宾客财物保险箱的安全控制。饭店客房内通常会为宾客配备保险箱，以便保管宾客重要财物之用。客房内的保险箱由宾客自设密码，进行开启与关闭。客房服务员应将保险箱的使用方法及宾客须知明确地用书面形式告知宾客，同时须定期检查保险箱的密码系统，以保证宾客使用安全。为了客人的安全，应劝客人将现金、昂贵的财物、金银首饰或重要的文件等物品存放到寄存处，客人不愿存，工作人员也不能勉强，但要提醒客人注意看管好。

（6）宾客信息安全控制。主要包括以下几个方面：①宾客隐私、嗜好、生活习惯信息的安全控制。宾客的隐私安全是指宾客的一些个人生活习惯、爱好、嗜好等方面的安全保障问题。客人住店期间，或在消费中，或在被服务过程中无意间流露出的一些信息如果外泄，会给客人造成不良影响。客房员工应遵守职业道德，保守顾客的秘密和隐私，尊重宾客的个人隐私权。②商务信息安全控制。商务信息是客人住店期间及在楼层或客房从事商务活动过程中通过商务物品、商务资料、语言交谈显露出来的有关商务活动的各种信息。商务信息具有较高的价值，一旦外泄，会使客人遭受重大损失，因此要求饭店的各种通信设施设备具有较高的安全性能，也要求服务人员具有较高的信息安全意识，保证宾客的商务信息不外泄，提高信息安全质量。③特定人群的住店信息安全。

为了能够在旅途中不受干扰，一些特定人群（如私访人员、单身女性游客等）住店期间往往不希望为他人所知，因此，饭店应承担起保证住店客人信息安全的责任，保证顾客的安全需求。

三、员工职业安全

日常生活中，每个人都有维护自身安全和自卫的本能，并且也有察觉自身安危的警觉。所以，防止危害事故的发生，需要社会和饭店全体员工共同努力、热忱参与、全力合作才能完成。

饭店的从业人员是服务住客的主要角色，要扮演好自己的角色，就必须身体健康、行动敏捷，才不会发生意外，才能维护住客的安全。在饭店这一团队中，个人的健康就是服务住客的保证，每一团队的员工都是极重要的角色。

在饭店里发生的意外中，有85%是由于住客和员工的危险行为引起的，仅有15%是由环境因素引起的。这些日常极容易发生的危险因素如能一一加以消除，伤害完全是可以避免的。

（一）事故发生的原因分析

造成员工伤害事故的原因主要有以下三点：

（1）员工不遵守服务规程。员工的危险动作是造成意外的原因之一，如不按规定使用各种设备工具，不按程序进行操作，不遵守劳动纪律，进房不开电灯，把手伸到垃圾桶里，站在浴缸边缘挂浴帘等。

（2）员工工作责任心不强。如员工在工作中发现异常情况不及时报告，不及时向宾客说明使用注意事项，未及时提醒宾客，清洁器不按规定放置，地面的液体或食物没有及时清理等。

（3）设施设备本身存在安全隐患。如高层客房开窗问题，卫生间地面、浴缸无防滑措施，冷热水龙头无标志，客房内无顶灯，照明未达标准，设施设备安装不牢固，电器设备绝缘性能欠佳，设备堆放或存放方式不当等。

（二）员工安全操作规范

饭店客房服务员的工作任务较其他部门更为繁重，并且在为客人提供各种客房服务时，较易发生意外事故。客房服务员必须严格遵守酒店所规定的安全准则，注意安全，杜绝事故的发生。在工作过程中粗心大意，违反操作规程，会造成不可弥补的损失，因此必须从安全防范开始对服务员做基本要求，主要包括以下几方面：

（1）楼面安全防范工作。①配备灭火筒或干粉灭火剂等灭火设备，并会使用。②通电设备使用要合乎操作要求，并定期检查、维修。③通道上不堆放杂物，地面要干净、清洁。④服务员要提醒客人注意自己的皮包、手袋，有可疑人员应迅速向上级汇报。⑤服务员应注意观察客人的面部表情，及时处理突发病情。⑥台椅台桌要定期检查。

（2）安全操作要求。①具有较强的安全意识，防患于未然。②正确使用电器、煤气炉具。③有正当的保护措施，如工作手套、衣帽鞋具等。④有一系列的应急处理措施，并要求每个员工必须掌握。

员工在工作场所受到身体上的伤害，或是在上下班的途中因交通事故受到的伤害，饭店都必须调查分析事故的原因，认真了解情况，作为日后改进的依据；同时要对受伤害的员工尽医疗保护的责任，并且对受伤害的员工按规定可获得的福利必须一一提供，最后还要追究事故责任。

四、饭店安全防范措施

（一）加强对员工的安全教育

要开展经常性的安全教育活动，不断提高员工的安全意识，增加防范常识。一是充分利用各种会议进行安全教育。二是解剖典型案例。如"洛阳东都商厦火灾""长春欧亚商都大火""长春夏威夷大酒店火灾"等，都是损失惨重、影响恶劣、教训深刻的典型案例，具有很强的教育意义。要组织员工对案例进行深刻剖析，指出应当吸取的教训，提醒员工在以后的工作中应当注意的事项和防范的重点，使员工真正认识到没有安全的环境就无法使经营服务工作顺利进行的道理。三是上安全课。如请消防部门讲授防火知识，请治安部门讲授旅馆业安全防范要求，请外事管理部门强调涉外接待中的注意事项。四是利用板报、墙报、图片、闭路电视、宣传条幅等形式进行安全教育。五是带领员工特别是重点工种员工参观火灾、事故现场会，接受教育。

加强员工安全培训，完善安全培训制度。为此，要做好以下几项工作：

（1）新员工入职培训时，要求他们掌握基本的安全防范知识，发现异常情况时懂得如何处理。

（2）发现火情会报警、会灭火、会正确疏散客人等。

（3）加强员工的岗位培训，提高识别犯罪分子的能力，如要求他们能通过察言观色，识别吸毒人员等。

（4）对员工进行职业道德教育和违纪违规教育，造就一支高素质的员工队伍。

（5）针对社会上的一些典型案例和惨重的火灾，通过全会等途径强化全体员工的安全意识。

（6）全体员工实行安全考核的制度。要求全体员工树立"酒店安全，人人有责"的观念。

案例 9-2

"客人"的身份

某饭店在接待一次会议时，总台接待员按正常的接待程序将房间钥匙全部交给会务组工作人员，以方便会议客人自行出入。当晚，有一个人来到楼层服务台，称其是会务组人员，钥匙在餐厅就餐的同事那儿，不想再麻烦下楼去取，所以请楼层服务员小马打开会务组的房门。小马有礼貌地请其出示证件，此人拿出一张名片，以此证明他确是组织此次会议的人员，小马略显犹豫，此人即刻非常生气，扬言要投诉小马。小马为了不得罪此人，为其打开了房门。晚饭过后，会务组工作人员进入房间，发现物品被盗，当即向饭店报失，并索赔。

分析提示

本案例中，服务员小马缺乏安全意识的做法，显然是导致会务组客房被盗的直接原因。小马的失误主要在于没有遵守饭店的规范：一是没有确认客人的真实身份，仅凭一张名片就贸然地为其开门；二是害怕客人投诉，而没有考虑自己的工作职责和住客的财物安全；三是当客人从客房中拿出大量物品时，应上前礼貌询问，如发现不正常，应及时阻止或通知大堂副理等人或相关部门。

（资料来源：孔永生：《前厅与客房细微服务》，中国旅游出版社）

（二）实施内部安全管理

很多发生在饭店的案件表明，犯罪分子之所以能得逞，同饭店内部安全管理人员麻痹大意、安全意识不强有密切关系，甚至部分员工只是以貌取人，使得酒店安全设施及人员未能发挥应有的作用。饭店应在以下几个方面加强管理工作：

（1）根据饭店的实际情况，安全部门应配合各部门制定一套切实有效的安全防范工作程序、应急预案和管理规章制度，根据不同时期的工作重点做好应对各种突发事件的准备工作。

（2）建立健全安全管理规章制度和检查制度，实行岗位责任制。安全部门要加强饭店有关场所的巡查，及时发现并排除各种不安全因素。

（3）实行三级负责制，总经理、部门经理、班组逐级委任防火责任人，对在饭店内发生的一切安全事故，实行"谁主管谁负责"的原则。

（4）实行治安消防安全达标考评制度，将部门（岗位）或个人的安全工作直接与其经济利益挂钩。

（三）安全检查制度化

安全检查是做好饭店安全工作的重要手段之一，通过检查，才能真正了解安全工作现状，才能发现隐患，才能有针对性地采取防范措施。一是认真按照"饭店季检查、部门月检查、班组周检查、值班员随时查"的四级检查制度严格检查，不走形式。要善于发现问题。二是保卫部要做好经常性的巡查。保卫干部、保安员要有固定的巡检线路，有明确的巡检内容和巡检时间，有重点地解决一些问题。三是做好节假日和重点接待任务前的检查。如五一国际劳动节、国庆节、元旦、春节前以及团队抵达前、春防、冬防前都要进行一次细致的检查。四是适时开展专项检查。如组织电工对所有电器设备进行安全检查，组织水暖工对锅炉房、设备间进行安全检查；组织干部对各出租部位进行检查。

（四） 安全防范网络化

全面落实各项防范措施，不给犯罪分子作案和事故发生提供机会。一是技术防范。现在各酒店都安装了电视监控系统、自动报警系统、自动喷水灭火系统等设备设施，要加强对这些设备设施的维护管理，保证其发挥作用。二是人员防范。有良好的设备，如果疏于管理，仍然起不到防范作用。人员防范，可以消除硬件防范上的"死角"，互为补充。三是技术防范与人员防范有机结合。

（五） 安全管理规范化

（1）机构要健全。要有独立的保卫部门，配备齐全的保卫干部和稳定的保安员、夜间值班员。

（2）制度要健全。要靠完善的规章制度和严格执法来保证各项防范措施的落实。治安管理制度、防火工作制度、涉外接待守则、重点宾客（会议）警卫方案、火灾（突发事件）处理预案等都要全面、细致，可操作性强。

（3）各种记录完整。第一，记录簿齐全，记录完整，这些记录簿如检查记录簿、案件登记簿、隐患整改记录簿、安全检查意见书、安全会议记录簿、宣传教育记录簿、值班记录簿、重点人员登记簿、电话（通知）记录簿等要指定专人记录和管理。第二，上级文件、检查文书、发案登记、协查通报等有保存价值的材料要分类归档，以备查用。第三，安全设备设施的说明书、保修单、随机文件等要妥善保管，便于设备设施维护保养。

（4）协调沟通机制要健全。第一，重要会议、团队、重点宾客入住，大型婚宴等进入前，有关部门均应提前通知保卫部，保卫部要调配人员，重点防范。第二，基建装修改造项目必须吸收保卫部人员参加，专职负责工程中的安全保卫工作。第三，保卫部要与治安、消防、交通、外事、刑侦以及公安派出所等单位建立良好的协作关系。

（5）严格奖罚制度。对在安全工作中表现突出、破获重大案件、避免事故发生者，要大张旗鼓地予以奖励；对违反安全制度、导致案件事故发生的部门及个人要严厉处罚。奖罚要形成鲜明对比，要起到震撼效果。

第3节 防火与防盗管理

一、防火安全管理

为保证客人、饭店员工的安全，前厅部和客房部应做好防火、防盗、防伤害工作，以保证其业务的顺利开展，满足住宿客人的安全需求。

（一）火灾分类及形成原因

1. 火灾的分类

发生火灾，饭店必须在第一时间按照灭火预案，组织人员进行扑救。火灾扑救时，必须根据不同的火灾类型，采用不同的灭火办法。根据燃烧物质的特性和燃烧特点，一般可把火灾分为下列五类：

（1）A 类火灾。固体物质火灾，一般在燃烧时能产生余烬，如木材、棉纺织品、毛、麻、纸张等。该类火灾所采用的灭火剂以水为主，也可采用泡沫、ABC 干粉灭火器和环保型水系灭火器等加以扑灭。

（2）B 类火灾。易燃、可燃液体火灾和可熔化的固体火灾，如汽油、煤油、柴油、甲醇、乙醇、酒精、沥青、石蜡等。该类火灾可用 ABC 干粉、二氧化碳、卤代烷型灭火器等进行扑灭。

（3）C 类火灾。可燃气体火灾，如煤气、氢气、天然气、丙烷等。该类火灾可采用 ABC 干粉、二氧化碳、环保型水系和卤代烷型灭火器等进行扑灭。

（4）D 类火灾。可燃的金属火灾，如钾、钠、镁等。该类火灾灭火剂可采用干沙等。

（5）E 类火灾。E 类火灾是指带电物体燃烧的火灾。该类火灾可采用二氧化碳、ABC 干粉灭火器等进行扑灭。

2. 客房火灾形成的原因

（1）床头柜电路板发生短路，引起火灾。

（2）客人醉酒、躺在床头吸烟，点燃床单。

（3）客人带了酒精、汽油等易燃物品进房，抽烟时不小心引燃，导致火灾等。

（4）乱扔未熄灭的烟头、火柴梗，引燃地毯、沙发、衣服等。

（5）客人在房间内使用电器。

（6）长住客人在房间内增加超负荷的电器设备，如复印机、传真机、电饭锅等。

（7）服务员工作不慎，未熄灭的烟头处理不当。

（8）违反规定在库房内吸烟。

（9）人为的火灾。

（10）使用电器忘了拔插头，将物引燃。

3. 火灾的预防

火灾的预防要做好两项工作，首先要及时发现安全隐患，坚持"预防为主，防范在先"原则；其次，要正确进行规范操作，严格按照流程谨慎执行。如在日常打扫客房卫生时，要把烟缸内没有熄灭的烟头用水浸湿，然后倒入垃圾筐内，不能将未熄灭的烟头直接倒入垃圾筐内。

（二）火灾发生时自救操作程序

1. 报警

（1）火灾报警。酒店的火灾报警一般分为两级。一级报警，在酒店发生火灾时，只向消防中心报警，其他场所听不到铃声，这样不至于造成整个酒店的紧张气氛。二级报警，在消防中心确认酒店内已发生了火灾的情况下，才向全酒店报警。酒店一旦发生火灾，除非火灾很小并有绝对把握一下子扑灭，否则首先必须报警。是否向公安消防队报警，应由酒店主管消防的领导根据火灾的大小做出决定。

（2）报警通报。发现火灾时，首先要把火灾的信息传给消防控制中心、酒店值班的负责人、公安消防队和需要疏散的旅客；召集计划中的各部员工到达着火楼层扑救。①一旦着火，火灾信息要在第一时间传到本层服务员和消防控制中心。②本层服务员和消防中心值班员立即到现场确认是否成灾。③确认起火便通知单位值班负责人、公安消防队，召集各部员工到场。④单位值班负责人到场后，决定需要疏散并组织到场员工进行灭火救人工作。⑤根据单位值班负责人的命令，向需要疏散旅客发出通报。

2. 疏散抢救

火灾发生后，必须考虑的首要问题是组织指挥疏散与抢救着火层以上的人员，要明确分工。把责任落实到楼层服务员，负责引导客人向安全区疏散，护送行动不便的旅客撤离险境，检查是否有人留在着火层内需要抢救出来，接待安置好从着火层疏散下来的客人，并稳定客人情绪；合理安排疏散次序，先从着火房间及着火层以上各层开始疏散，再疏散着火层以下各层，并对着火层以下的客人做好安抚工作，并劝其不要随处乱跑。

客人疏散的具体步骤为：

（1）大声敲门，如果客人应门后，向客人说明酒店正在紧急情况中，他们必须马上撤离酒店并指明最近的疏散出口。即使电梯在运行也不能使用电梯。

（2）如果客人不理解，就发紧急疏散信号。当客人离开后，在外门上用黄色粉笔标注"X"符号。如果无人应门，用楼层万能钥匙开门，然后检查房间是否还有客人。

（3）如果客人不愿意离开，不要强迫他，记下房号，然后继续进行疏散。

（4）门上已标注"X"符号，就不必再敲门。

（5）进行最后检查看是否还有任何客人需要帮助。一旦指定地区疏散程序完成，疏散队成员必须马上向酒店疏散地区的总指挥汇报不愿离开房间的客人的房号。

（6）对残疾人士做出特别的安排是必要的。有些残疾人士是容易辨认的，如坐轮椅的人或盲人。但要辨认有听力障碍或靠药物入眠的客人却不太可能。一旦两者不能听到火警，员工必须要特别留意他们的问题。同时，要优先考虑老人、儿童和残疾人；阻止客人在楼梯上奔跑，互相推拉；尽力让客人镇静，避免任何恐慌不安；告之女性脱下高跟鞋。

3. 防烟排烟

在扑救高层建筑初期火灾时，为了降低烟气毒性，防止烟气扩散，采取防烟、排烟措施是保证人员安全加快灭火进程的必要措施，具体措施有：

（1）启动送风排烟设备，对疏散楼梯间、前室保持正压送风排烟。

（2）启开疏散楼梯的自然通风窗。

（3）把客用电梯全部降至首层锁好，并禁止使用。

（4）使用湿毛巾捂住鼻口匍匐地面的防烟方法。

4. 指导自救

指导自救分别由服务员带领或通过楼内通信设备指导方式进行。组织服务员鼓励或带领住客沿着消防楼梯冲过烟雾下楼；不能通过消防楼梯疏散时，由服务员带领住客登上天台上风口等待营救，并组织水枪喷射掩护；帮助被困人员增强自救信心，引导启发他们就地取材选择如下自救方法：使用床单、窗帘、台布等连接起来作救生绳，把一头固定紧，沿布绳降落到下一层；封闭门窗，堵孔洞防止烟雾进入房间，用水泼在门窗上降温，留在房间等待营救。

5. 注意防爆

其目的有两方面：一是防止易燃物体受热而产生的爆炸；二是防止产生轰燃。因此，在扑火时，要注意做到以下几方面：

（1）把处于或可能受火势威胁的易燃物品，迅速清理出楼外。

（2）对受火势威胁的石油产品贮罐用水喷洒，使之冷却。

（3）扑救客房火灾时要坚持正确射流的方法，防止轰燃的发生。

6. 现场救护

扑救高层建筑火灾，应组织单位医务人员及时对伤员进行护理，然后送医院救治。

7. 安全警戒

为保证扑救、疏散与抢救人员的工作有秩序地进行，必须对大楼内外采取安全警卫措施。

安全警戒部位，包括在大楼外围、大楼首层出入口、着火层下一层等分别设置警戒区和警卫人员，其任务是：

（1）大楼外围：清除路障，指导一切无关车辆离开现场，劝导过路行人撤离现场，维持好大楼外围的秩序，迎接消防队，为消防队迅速到达火场灭火创造有利条件。

（2）大楼首层出入口：不准无关人员进入大楼，指导疏散人员离开大楼，看管好从着火楼层疏散下来的物件，保证消防电梯为消防人员专用，指导消防队进入着火层。

（3）着火层下一层：不准客人进入或再登上着火楼层，防止坏人趁火打劫、浑水摸鱼或乘机制造混乱，保护好消防装备器材，指导疏散人流向下层有秩序地撤离。

8. 通信联络

保持大楼内着火层与消防控制中心、前后方的通信联络，使预定的灭火疏散应急方案顺利实施。

（1）楼内的电话、楼层服务台的电话要设专人值班及时对话。

（2）值班经理与消防中心、着火层以上各层、供水供电部门保持联系，有条件时最好设置无线电通信网。

（3）设立通信人员，负责语音通信联络，担任此项工作的人员必须熟悉各部门位置和各部门的负责人。

二、盗窃事故的处理

偷盗现象在饭店里时有发生，尤其在管理不善的饭店更是如此。饭店宾客的失窃物小到一包香烟，大到一枚戒指、上万元巨款。偷盗的对象既有住店客人，又有店方本身。

（一）盗窃类型

从盗窃的构成上来看，发生在饭店的偷盗现象一般有以下四种类型：

（1）外盗。主要是指外来不法分子混入楼层进行偷盗，有的冒充酒店的客人，有的冒充访客，混入客房偷盗。

（2）内盗。主要是指酒店员工利用工作之便进行偷盗，他们对酒店的情况比较了解，且不易被发觉，这为他们行窃提供了方便。

（3）内外勾结。主要是指店内工作人员向社会不法分子提供情报、里应外合，进行作案。

（4）客人自盗。主要是指住在同房间或同楼层的客人相互偷盗财物，或客人将客房内不允许带走的物品自行带走的现象。

（二）盗窃事故的预防

要完全杜绝客人和员工的偷盗行为不是一件容易的事情，但适当的预防可以避免和减少这类事件的发生。

1. 加强对员工的管理

安全是客人的最基本的需求，饭店服务员必须保障客人的人身和财产安全，尽一切可能使客人获得安全感。那么，服务员如何才能做好"安全服务"工作呢？服务员至少应做到以下几点：

（1）对本店员工要加强职业道德教育，提高员工的素质，增强员工遵纪守法的自觉性。

（2）制定具体、合理的宾客须知，明确告诉客人应尽的义务和注意事项。引领客人进房的行李员应向客人介绍安全装置的使用方法，并提请客人阅读在桌上展示的有关安全的告示或须知。

（3）客房清扫员在清扫客房时，将工作车停在打开的客房门口，调整好工作车的位置，使工作车上的物品面对客房，防止被人顺手牵羊。注意不能将客房钥匙随意丢在清洁车上。在清扫工作中，还应该检查客房里的各种安全装置，如门锁、门链、猫眼等。如有损坏，及时报告安保部门。

（4）严守客人的资料，不能将客人的情况告诉不明身份的访客。

（5）实行一定的奖惩手段堵住漏洞，不给作案者以可乘之机。一旦发现有偷窃行为，要严肃处理，毫不留情。

（6）严禁在工作时间会客、串岗或擅自离岗。

（7）建立部门资产管理制度，定期进行有形资产清算和员工存物柜检查，严格履行领用和保管物品的手续。

（8）设立员工专用通道，防止员工或施工人员携带酒店财物离店。

（9）对酒醉客人的房间要多关心注意，防止出现火灾或其他伤害事故。

（10）制定有效的员工识别方法。如通过工作牌制度来识别员工。工作牌上贴有员工的照片、签名和彩色代码，以表明员工的工作部门或工作区域。

案例 9 - 3

冒名电话

一个冬日的夜晚，北京某饭店总服务台上的电话铃响了，外来电话要求查询一位住店的美籍华人。这位客人事先已经提出为其保密的要求，而值班的接待人员由于大意，未加思索就告诉对方那位客人的房间号。之后不久，总服务台又接到那位"美籍华人"由外面打来的电话，称他的一位老友的儿子要来饭店探望他，由于他因故不能马上赶回，请接待人员将房间钥匙交给这位老友的儿子，以便他在房间等候。不久一位青年来到饭店，未遇任何周折便顺利拿到了美籍华人所住房间的钥匙。结果，美籍华人放在房间内的数千美元连同高级密码箱一并丢失。

分析提示

本案例中，接待人员所接的两个电话都是由这位青年一人所为，他利用接待人员的疏忽，钻了空子，实施了盗窃。有些住店客人不愿将自己的情况告诉他人，饭店员工就要为他保密，不要轻易地将他的房号或其他情况告诉外来人员。

2. 加强对客人的管理

加强对客人的管理，也可以避免或减少偷盗、偷窃事件的发生。为此，要做好以下几方面工作：

（1）提醒客人不要随意将自己的房号告诉其他客人和任何陌生人。酒店员工也不能将入住客人的情况向外人泄露。如有不明身份的人来电话询问某位客人的房号，接线员可将电话接至该客人的房间，绝不可将房号告诉对方。

（2）建立健全来访客人管理制度，明确规定接待来访客人的程序、手续以及来访客人离店时间，严格控制无关人员进入楼层。总服务台人员在接待访客时，应遵循为住店客人保密的原则。

（3）客房中价值较高的物品如挂画、灯饰等，应该采用较大尺寸，以使客人无法将其装入行李箱中。

（4）提醒客人将贵重物品放在总台保存。

（5）客人退房后，客房服务员或领班要及时查房，若有客人遗失物品要登记上交；若发现物品丢失和损坏的应及时报告主管，并与有关部门取得联系。

（6）加强巡逻检查，发现可疑和异常情况要及时处理：

①在巡视中，注意在走廊上徘徊的陌生人、可疑人及不应该进入客房楼层的酒店员工。

②注意观察客房的门是否关上及锁好，如发现房门虚掩，可敲门询问。客人如果不在房内，可直接进入客房检查有无异常情况；客人如果在房内，则提醒其将房门关好。

③发现醉酒、神志不清的宾客，要特别留意，避免其损坏房内东西或不法分子乘机窜入房间作案。

3．加强对访客的管理

（1）凡住客本人引带的来访客人，台班可不予询问，但要做好记录，包括访问的时间和人数。

（2）对单独来访客人要上前询问，并查验证件，通知客人。若客人不在，应请来访者到公共区域等候，不要带其入客人房间等候。

（3）若访客存在因有事、时间太晚不能离店时，应让其到总台办理入住登记手续；超时不肯离房又不愿办手续的，应报大堂副理或保安部处理。

（4）要充分发挥监控系统的作用，对客房楼道、走道、出入口等进行严格监控，发现不明外来人员要及时报告。

（5）提防可疑分子混入酒店。

补充阅读材料 9-1

不法分子的蒙骗

服务员如果没有较强的警惕性，很容易被不法分子蒙骗。为保证客人生命和财产安全，要提高警惕，谨防不法分子的蒙骗。

某日，多次行窃的两名盗窃者来到北京某饭店。他们在入住 442 房间后，打电话给隔壁的 443 房间。响过片刻却无人接听，证明该房间无人。他们随即给客房中心拨通了电话：“请给 443 房间送杯茶来。”当服务员端着茶水来到 443 房间门口，正要按门铃时，442 房间的二犯之一蹑手蹑脚地来到服务员身后，带着歉意说：“对不起，我不小心，将门给锁上了。”服务员说：“没关系，我帮你开。”接着就用总钥匙打开了房门。二犯进入 443 房间后大肆盗窃，又一次得手。

（三）盗窃事件的处理

在盗窃事故的处理过程中，要做好以下几方面的工作：

（1）客人报失，服务员要保持冷静，认真听取客人反映情况，不做任何结论性意见和说一些否定语言，以免给以后的处理带来麻烦。

（2）根据客人提供的线索，确认被盗属实并及时报告保安部及有关部门。

（3）对确属被盗案件，应详细问明丢失财物经过、物品名称等。

（4）尽量帮助失主回忆来店前后的情况，并在失主同意下帮助查找，切勿擅自到客人房间查找。

（5）征询失主是否要向公安局报案，并认真记录。

（6）最后让客人签字或要求客人写一份详细的报失经过。

（7）对确实被盗案件，还应立即报告给值班总经理，经同意后向公安机关报告。

（8）被盗案件涉及某一服务人员的，在未掌握确凿事实之前，管理人员不可过早地下结论，也不可盲目相信客人的陈述，以免损伤服务人员的自尊心。

（9）做好盗窃案件的材料整理和存档工作。

（四）顾客财物报失处理

顾客财物报失是指顾客住店期间在店内丢失、被窃或被骗财物向饭店进行报失的事件。对顾客报失的处理，一般有以下几个基本环节：

（1）赶赴现场。安全部人员在接到顾客报失或酒店工作人员的报告后，要立即会同大堂副理到达现场，保护好现场，并听取失主对丢失过程的陈述。

（2）做好笔录。详细记录失主的姓名、房号、国籍、地址、丢失财物的名称、数量（包括物品的型号、牌号、规格、新旧程度、货币的种类、面额等）、时间以及物品丢失的经过。帮助失主尽量回忆来店前的情况。

（3）检查现场。在征得失主的同意后，帮助查找物品，要征求顾客意见（尤其是外国顾客）是否要向公安机关报案。如果顾客同意报案需由顾客在记录上签字或要求顾客写一份详细的丢失经过。

（4）调查处理。对有关人员进行谈话、调查，通过调查找出重点嫌疑人员，要尽快取证，要讲道理、重证据、严格注意政策，做到情节清楚，准确无误。拿出处理意见，经领导批准后执行。

第 4 节　突发事件的处理

饭店突发事件可被广义地理解为在饭店突然发生的事情：第一层的含义是事件发生、发展的速度很快，出乎意料；第二层的含义是事件难以应对，必须采取非常规方法来处理。如在饭店造成人身伤亡或物质损失的意外变故或灾祸。其既包括公安保卫工作中"事故"的含义，也包括非事故性意外伤亡和物质损失。

为预防和减少中国饭店行业突发事件的发生，控制、减轻和尽量消除突发事件导致的严重危害，规范突发事件应对措施，全面促进饭店行业健全突发事件应急管理体制，提高应急处置能力，中国旅游饭店业协会依据《中华人民共和国突发事件应对法》《旅游突发公共事件应急预案》和《中国旅游饭店行业规范》及有关法律、法规，结合饭店行业的特点，制定了《中国饭店行业突发事件应急规范》。

一、饭店突发事故的处理

客人意外受伤是指客人在饭店内因某种原因受到意外的伤害。由于事件的不可预见性和突发性，需要饭店员工沉着冷静，根据经验和饭店的规定细心处理。

（一）普通事故的处理

（1）踝关节扭伤。当客人踝关节扭伤时，应让客人休息，患肢早期局部冷敷，以减轻疼痛肿胀。

（2）骨折。当客人的四肢（如手腕或小腿）发生骨折时，服务员应立即通知饭店医务所，临时固定和包扎骨折伤肢，以免引起深部组织的损害或严重感染，并立即转送医院处理。

（3）烧伤或烫伤。当客人局部烫伤（不超过体表面积的10%）且烫伤深度不深（一度或浅二度）时，应做以下急救：立即用清凉水冲洗受伤部位，最好用自来水冲洗20~30分钟，水温以20℃左右为宜，以降低烫伤处的温度，减少液体渗出并减轻疼痛。同时，应把伤处暴露在空气中，勿与衣服接触。然后，立即通过饭店医务所，由医生根据烫伤的具体情况进行处理。

（4）异物或击溅入眼。用眼药水洗眼，或用冷水洗眼；切勿揉眼。

案例 9-4

细微之处见真情

有一次，有一位云南的杨姓客人，下榻某酒店。晚上赴外沙岛吃海鲜，回来后，便跟服务员说有点头痛，要服务员送点开水，服务员送开水时，发现当时客人还较为正常，仅有点醉态的样子（其实是病态），服务员离开房间后，不是像平常一样回到服务中心就算完事了，而是在等了十多分钟后，给该客人打了个电话，发现电话占线，这位服务员没再打，过了一会儿，这位服务员想起还是不放心便又打该客房的电话，发现还是占线，这时服务员并没有做简单处理，而是通知总机察看一下客人房间的电话，是未挂还是长时间通话，总机经过查证后，明确无误地告知是未挂好。这时，职业的敏感让这位服务员觉得必有异常，于是在客房外敲门，未见人应答，询问总台，亦未见此客人外出，于是服务员果断地推门进房，发现客人在床上痛苦地抽搐，便立即送医院急救。经查实，该客人得了一种较为罕见的蛋白质过敏病。这位姓杨的客人事后非常感谢这位服务员，跟酒店反映，说自己本就是医生，知道这种病的厉害，它发作得较快，如果处理不及时，就会有生命危险，如果不是那位服务员发现，后果不堪设想，这位客人事后给酒店发来了感谢信，并在当地报纸上登报致谢。

分析提示

本案例反映了饭店的安全防范方面要研究新的思路。宾客一个小小的醉态（其实是病发动作）让我们的服务员起了疑心，最终挽回了一条生命，其实这也是一种责任心，如果没有这种责任心，势必会酿成大祸，尽管过错方不在酒店，也会给酒店的形象造成无形损失，因而我们在培训饭店员工安全防范方面不仅要注意培训传统的消防安全等，也要注意培训员工的"三心"——细心、责任心、警惕心。

（资料来源：http://hotel.tw128.com/news-web-html-8694.htm）

（二）严重事故的处理

严重事故包括电击、晕倒、癫痫发作等。这些事故应求专家帮助，但在专家未到之前，伤者应冷静配合：第一，扶伤者坐下（伤者已失去知觉或倒在地上除外）。第二，放松紧缚的衣服，如领带、腰带、鞋带等。第三，助其保暖，但要通风。

（1）晕倒。帮助患者处于恢复的姿势，使其呼吸通道不受阻隔。尽快打电话或寻求急救，并立即报告主管或部门经理。

（2）癫痫发作。先清除各种障碍物，防止患者在反常动作中受伤。放置不碎的物品，如布等到患者口中，防止患者咬坏舌头。如可能，应松开患者衣领。

（3）气喘。应安排人看护患者。

（4）电击。首先要切断电源，然后施以人工呼吸。把患者置于恢复姿势，按前述方法处理烧伤。

（三）顾客中毒事件处理

依食物中毒的原因，可将其分为三类：细菌性食物中毒，即食物被有害的或致命的有毒生物所污染而引起的食物中毒。化学性食物中毒，即食物被有毒的化学物质污染而引起的食物中毒。毒食物中毒，即食物本身含有毒性所造成的食物中毒。

一旦发生食物中毒，饭店管理人员应立即会同医务人员抵达现场，根据情况，由医务人员处理或送医院治疗。如果是严重食物中毒，则应立即成立相应的临时机构，负责与卫生防疫部门、新闻媒体和顾客等方面的沟通。

（四）精神病患者肇事处理

精神病患者在饭店内肇事，会危害饭店安全，安保部要采取严密措施，防止精神病患者混入饭店肇事，对住店的精神病患者，要做好控制工作，发生肇事事件应妥善处理。

（1）境内客人精神病患者发作的处理。客人在饭店精神病发作一般是有先兆的，不管是初发还是复发的患者总有反常的行为和言语。安保部发现有不正常的客人，要布置服务人员采取控制措施。主要措施是：①细致观察。服务员经常到其房内观察客人举止、神态以及房内的异常情况，尤其是客人单独在房内的时候。若发现患者企图纵火、自杀等迹象，应采取保护措施，防止意外事件发生。以往曾发生某饭店一个客人在房内不断焚烧纸张，服务员发现纸篓里有很多纸灰，但未引起重视，以致客人焚烧床单酿成火灾后，才知客人是精神病患者。②调查了解。发现客人有精神失常症状，安保部要找其亲属、同事或与其有关的人员了解发病前后的表现和有无精神病史，并告诫同行人迅速护送患者回原地治疗。③看管或强行治疗。对有危害行为的精神病患者，在未离店前，可协助与患者有关人员进行看管或要求公安部门对患者采取强制手段约束其行为，或强行送医院治疗。

（2）在处理境外精神病患者肇事时的注意事项。对境外客人在饭店精神病发作的，处理时要谨慎，避免引起人员投诉饭店侵犯人权。饭店发现境外精神病患者，要报告公安机关及有关部门，请他们来处理。①饭店发生境外精神病患者肇事，安保部要采取控制事态发展的措施，并及时报告公安机关有关部门派员处理。如是外籍人员，要报公安局外国人出入境管理部门。②要做好取证工作。涉外事件处理，证据很重要。对于患者的肇事行为，安保部要采用录像、录音以及照相等方式，尽可能多取得一些证据。③当随团人员要求饭店配合看管患者或强制约束送医院治疗时，安保部必须请随团负责人出具书面要求，再予以配合。④对外籍患者提请政府外事办公室通过外交途径，将患者送回国治疗。

（五）客人死亡事件处理

客人在饭店死亡有多种原因，从性质上可分为正常死亡和非正常死亡两类。确定客人死亡性质主要是公安部门的任务，安保部对客人正常死亡、意外死亡以及非他杀性死亡要配合有关部门妥善处理。境内人员在饭店死亡，经公安部门检验尸体作出非他杀性死因结论后，处理程序较为简单。而境外人员在饭店死亡，处理时既要符合我国法律程序又要适应死者的国情风俗。因此，安保部在处理境外人员死亡事件时，要注意做好以下几项工作：

（1）认真保护现场，及时报告公安机关。公安人员到达现场的主要任务是调查死因，确定死亡性质。公安人员调查死因，要对尸体现场进行勘验，一般做法是，以尸体所在地为中心，对现场的每个部位和物体，以及现场的周围环境等进行全面仔细的勘验，设法提取各种痕迹、物品。如果在现场找到证实自杀的物证、书证，就为以后顺利处理死亡工作铺平了道路。所以说，保护好现场是处理死亡事件的最重要的一环。

（2）开展必要的调查访问。安保部主要是配合公安机关开展调查工作。在公安人员尚未到达之前，安保部要积极开展一些必要的调查访问工作。首先，要向报案人或发现人了解所见所闻。其次，向死者家属或同行人进行访问。再次，通过饭店服务员了解死者在饭店的各种情况。最后，把调查访问的情况综合后提供给警察局及有关部门参考。

（3）配合饭店公关部做好家属接待工作。境外人员死亡后，家属接到通知即会赶来。由饭店公关部出面接待，并做好家属安排工作。安保部要派人加强保卫，预防家属出现其他意外事件。

（4）配合家属做好遗体处理工作。死亡事件性质确定后，家属就可以处理遗体了。安保部要始终配合家属，在我国法律政策允许范围内，按照家属提出处理遗体的习俗要求，尽可能地帮助解决一些实际问题，以利于我国对外影响。

二、其他突发事件的处理

（一）停电事件处理

停电事故可能是由外部供电系统引起的，也可能是饭店内部设备发生故障引起的。停电常会造成诸多不便。因此，饭店须有应急措施，如采用自备发电机，保证在停电时能立即自行起动供电。客房部在处理停电事故方面，应该制订周密计划，使员工能从容镇定地应对。具体的内容包括以下几项：

（1）预知停电时，可用书面通知方式告知住店客人，以使宾客早做准备。

（2）及时向宾客说明是停电事故以及事故原因，表明饭店正在采取紧急措施恢复供电，以免其惊慌失措。

（3）用应急灯照亮公共场所或无光亮区域，帮助滞留在走廊及电梯中的宾客回到房间或转移到安全的地方。

（4）在停电期间，所有员工要坚守岗位，注意安全检查，加强客房走道的巡视，防止有人乘机行窃和破坏。

（5）防止宾客点燃蜡烛而引起火灾。

（6）供电后检查各客房是否安全。

（二）遇到自然灾害时的处理

自然灾害往往是不可预料和无法抗拒的，威胁饭店安全的自然灾害有火灾、台风、地震、飓风、龙卷风、暴风雪等。针对酒店所在地区的地质、气候、水文等特点，制订本饭店预防及应付可能发生的自然灾害的安全计划。安全计划应包括以下内容：

（1）饭店的各种预防及应急措施。

（2）各部门及各工作岗位在发生自然灾害时的职责与具体任务。

（3）应备有各种应付自然灾害的设备器材，并定期检查，保证其处于完好的使用状态。

（4）发生情况时的紧急疏散方案。

（三）爆炸事件的处理

（1）爆炸事件的性质。爆炸是物质在瞬间急剧氧化或分解反应产生大量的热和气体，并以巨大压力急剧向四周扩散和冲击而发生巨大声响的现象。从爆炸事件的性质上大致可分为三类：①爆炸案件。凡是利用爆炸方式进行破坏或蓄意伤害他人的事件，都属于爆炸案件。常见的是由于人的故意破坏行为而造成的爆炸案件。②爆炸自杀事件。由于某种原因，利用爆炸方式把自己炸伤或炸死，对国家财产或公共安全没有造成一定危害或危害不大的，属于爆炸自杀。但是，以破坏、行凶和制造政治影响为目的，在实施爆炸时使无辜群众受到伤害，或使国家财产和公私财物受到严重破坏者，不属于爆炸自杀，仍应按爆炸破坏案件论处。③爆炸事故。爆炸事故是指违反国家有关规定，违反安全操作规程或尚不清楚的原因引起的爆炸，亦即通常所说的治安灾害事故中的一种。由于爆炸危害的后果极其严重，所以，饭店安保部一定要从确保饭店安全出发，在思想上要引起高度重视，采取有效的防爆措施，积极预防爆炸案件的发生。

（2）爆炸后的抢救措施。饭店一旦发生爆炸，安保部首先要按照紧急预案采取抢救措施。同时，在抢救过程中注意防止其他意外事件的发生。①紧急报警。饭店发生任何爆炸事件，安保部要以预案的报警程序，向公安部门紧急报警。②保护现场。爆炸现场保护与刑事案件现场保护相仿。但有所不同的是，爆炸现场破坏性大，周围物体被炸碎炸坏，如建筑物倒塌，人员死伤，有的物体被抛掷，有的被埋入地下，现场面积大且十分混乱。应对现场采取封锁保护措施，目的在于防止他人进入现场发生意外伤亡事件，防止破坏痕迹物证，防止影响正常抢救秩序。③灭火救人。爆炸产生的高温高压气体不仅会破坏物资，造成人身伤亡，而且常伴随火灾的发生。因而安全人员到达现场先要把火扑灭。同时对伤亡人员进行抢救，组织现场周围住宿客人疏散。在工作时应注意避免破坏现场。④排险除患。爆炸现场有许多险情和安全隐患。如现场周围的建筑物受到破坏后，有可能会继续倒塌；现场还有易燃易爆物品有可能再次引起燃烧爆炸等，安全人员进入现场要积极地检查险情，排除隐患，防止发生第二次爆炸或人员伤亡。最后，饭店一旦发生不安全事件，作为客房员工，要在报告领导及保卫部门的同时，注意保护好现场，不准无关人员无故进入现场，更不许触动任何物件，这对调查分析、追踪破案极为重要。此外，发案后，在真相不明的情况下，不能向不相干的宾客等外人传播，如有宾客打听，应有礼貌地说"对不起，我不清楚"，以保障饭店的正常经营和维护饭店的名誉。

案例分析

火灾报警器报警

午夜时分，某饭店消防监控室火灾报警器突然报警，报警器显示 429 房间有火情，监控员立即冲出监控室，会同保安员手持两只灭火器奔向事故发生地。客房中心服务员得到通知后也迅速带着房卡来到 429 房门前。他们发现房门并无异常情况，随即用手背试门，门表较热，立即打开房门，发现屋内烟雾浓烈，可见度非常低，只能见到行李柜底部位置有火苗，屋内发生了火灾。保安员立即按照消防预案启动应急措施，用报警装置发出警报并用通信系统立即报告了饭店消防中心和上级，值班经理迅速拨打 119 报警。与此同时，其他人员进入房间，发现该房间客人李某侧卧于房间的地毯上，则立即将受伤客人抬出房间。同时，服务人员及时对客人进行疏散，向客人解释并进行安抚。消防员到达之前，在值班经理的组织下火势得到了有效的控制。

事后经调查，这次火灾是因为客人李某在喝醉酒以后，卧床吸烟，由于酒精的作用马上进入了睡眠状态，燃烧着的香烟将床上物品点燃引起。

案例讨论题

饭店员工及时处理此案的过程，对你有何启示？

思考与练习

1. 简述饭店安全管理原则及任务。

2. 饭店常见的安全设备设施有哪些？

3. 客房内应该配备哪些安全设施设备？

4. 概述客房日常安全管理工作内容及管理措施。

5. 火灾的起因有哪些？发生火灾时怎么处理？

6. 简述饭店突发事件的处理。

7. 实地参观当地的一家饭店，了解该饭店的消防设施和设备。

第 10 章　前厅部和客房部的人员管理

【学习目标】

1. 了解前厅部和客房部人员配置原则，人员定员时应考虑的因素。
2. 重点掌握两个部门人员定员的方法。
3. 了解掌握员工招聘程序和步骤，了解员工招聘的途径。
4. 了解员工培训的种类，重点掌握员工培训方式。
5. 了解绩效考评的定义，重点掌握员工绩效考评的内容，掌握绩效考评的方法和流程。

【内容结构】

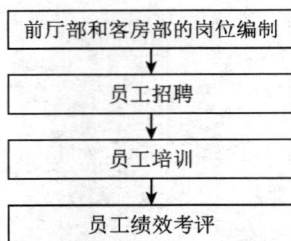

【重要概念】

　　岗位编制　　劳动定额　　绩效考评

第 1 节　前厅部和客房部的岗位编制

一、岗位编制的要求与方法

饭店各个部门编制定员的过程，实际上是一个对人力资源的利用过程，即采取科学的程序和方法，对员工进行科学的排列组合，从而合理地确定机构和岗位设置，并对各类人员进行合理配置，最终达到最佳的群体效应。它所要解决的问题是酒店各岗位配备什么样的人员，以及配备多少人员的问题。

（一）岗位编制的要求

前厅部和客房部编制定员与各部门的业务范围成正比例关系。规模大、档次高的酒店，前厅部和客房部业务分工更细，岗位更多，服务项目和服务标准要求更高，因此，与小型酒店、低档酒店的编制定员有很大不同。

岗位编制主要是指在组织结构框架内进行的岗位设置和人员配置，以适当的人员充实组织结构所规定的岗位，从而保证部门的正常运行。招聘人才首先要确定本部门的人员编制，对照合理的编制进行人员补充。

在岗位编制中，要遵循关于管理幅度、管理层次和人员总数控制等普遍的规律性。在岗位编制的实施过程中，要全面掌握饭店前厅和客房岗位设置管理的主要内容，抓住重点环节，严格程序，规范操作，切实保护岗位设置管理的各项政策规定落实到位。要重点抓好以下三个环节：认真制定岗位设置方案；严格按规定程序审核；科学合理地设置岗位。

（二）制定劳动定额的方法

劳动定额是指在一定的生产技术和组织条件下，为生产一定数量的产品或完成一定量的工作所规定的劳动消耗量的标准。劳动定额是现代酒店劳动生产的客观要求。酒店员工一般只从事某一工序的工作，这种分工是以协作为条件的，怎样使这种分工在空间和时间上紧密地协调起来，就必须以工序为对象，规定在一定的时间内应该提供一定数量的产品，或者规定生产一定产品所消耗的时间，否则，生产的节奏就会遭到破坏，造成生产过程的混乱。对于酒店客房部是否能科学合理地制定劳动定额，影响着客房部劳动生产的有效组织与管理，影响着员工的劳动生产率。

制定劳动定额的方法主要包括经验统计法和技术测定法。

（1）经验统计法。经验统计法包括两层含义：一是以本酒店历史上实际达到的指标为基础，结合现有的设备条件、经营管理水平、员工的思想及业务状况、所需要达到的工作标准等，预测工作效率可能提高的幅度，经过综合分析而制定定额。二是参照其他操作，所制定的定额能够反映员工的实际工作效率，比较适合酒店的工作特点，但这种方法不够细致，定额水平有时会偏向平均化。

（2）技术测定法。技术测定法是通过分析员工的操作技术，在挖掘潜力的基础上，对各部分工作所消耗的时间进行测定、计算、综合分析，从而制定定额。这种方法包括工作写实、测试、分析和计算分析等多个环节，操作比较复杂，但较为科学。需要注意的是，抽测的对象必须能够客观、真实地反映多数员工的实际水平，测试的手段和方法必须科学、先进。

二、前厅部的岗位定员

前厅部是酒店的"信息中心"和"神经中枢"，对员工的要求甚是严格，饭店最为优秀的员工都集中在前厅部。前厅定员，就是在确定前厅组织架构的前提下，确定各部门各岗位工作人员的数量，这是前厅部建立组织机构的重要内容，同时，也将影响前厅部工作效率、服务质量、以及运营管理。

（1）预测前厅部各岗位的工作量。在确定了前厅部的组织机构和岗位设置后，根据饭店规模、平均出租率、平均逗留时间和其他因素预测出各岗位的全年日平均标准工作量。一般情况下，饭店规模、平均出租率及平均逗留时间同各岗位的平均工作量成正比。饭店规模越大，平均出租率越高，客人平均逗留时间越短，工作量就越大；反之，工作量就越少。因此，综合考虑饭店规模、出租率和平均逗留时间可以计算出饭店的全年日平均客流量，以此为依据得出前厅部各班组的全年日平均标准工作量。前厅部各岗位的工作量还应综合考虑饭店的客源结构以及其他因素，如气候、季节、当地商业投资环境，经常性的大型会议、文化、体育活动，各类展览会、展销会、交易会等大型商务活动。各岗位的日平均标准工作量是前厅部定员的重要依据，综合各岗位工作量和员工的平均工作效率，即可得出各岗位的编制定员。

（2）确定前厅部各岗位的工作定额。前厅部的工作定额是指在一定的物质、技术和管理条件下，前厅部员工发挥正常的工作效率，在单位时间内所应完成的标准工作量或为完成单位工作量所消耗的时间。工作定额的确定取决于普通员工的正常工作效率，即经过一般培训的大多数员工完成单位工作量所需的时间或在单位时间内所能完成的工作量。前厅部各岗位的标准工作效率可以通过实际测试获得，以此为依据得出该岗位的工作定额。

（3）合理设定各岗位的班次。根据饭店客源特点合理设定各岗位员工的日常班次。饭店客源的差异对饭店服务和工作量有较大的影响。以城市商务饭店和旅游度假饭店作比较，前厅部下属的预订、接待、问讯、结账、礼宾、总机等各岗位的工作量和服务特点有着较大的差别，前厅管理人员对人力资源的安排调配就可能存在差异，而是根据饭店的自身特点做出不同的安排。

（4）确定前厅部各岗位定员。在准确测定各岗位的年平均日工作量，员工的平均工作效率和标准工作定额之后，利用岗位定员法确定前厅部各岗位的编制定员，即根据前厅部各主要工作岗位的全年工作量，考虑各岗位的服务时间、班次，根据国家劳动法有关规定和员工的工作定额（工作效率）、出勤情况，确定前厅部各岗位的编制定员。计算公式为：

前厅各岗位的定员 ＝（工作量/工作定额）×每天班次/（有效的开工率×出勤率）

有效开工率 ＝（员工一年中实际可工作天数/365）×100%

＝（365 － 周末 － 固定假日 － 年假日 － 病事假）/365×100%

（5）采用灵活的定员方法合理排班。确定了前厅部的定员后，各级管理人员就需要根据未来客情合理安排前厅人员，做好员工的工作班次安排。一般情况下，饭店各部门班次以"周"为单位排定。因此，各级管理人员必须以每周客情预测表为依据，根据各岗位工作特点的差异，合理安排班次，既要用"最少"的人办"最多"的事，同时，要尽可能地保证每个员工的法定公休和节假日，确保员工的高昂士气。在客房出租率高，客流量大的旺季和工作高峰时间，安排较多人力，所有员工停止休假，尽量安排员工，在客房出租率低，客流量小的淡季时间休假。饭店在实际运转中，应避免平均使用人力资源，实事求是地根据工作量和工作强度的差异，有针对性地合理使用人力资源。

三、客房部岗位定员

客房部是一个劳动密集、工种岗位多、工作环节多、分工细的部门，从工作角度来看，客房部的运转、服务和管理工作的有效组织是酒店正常经营活动的重要保障；从人员来看，客房部是酒店各部门中所占员工数量比例较大的部门。因此，对于客房部来说，编制定员工作意义重大。

（一）客房部岗位定员的影响因素

影响客房部定员的因素有很多，客房部在具体编制定员工作时，同样要考虑多种影响因素：

（1）服务模式和管理层次。客房服务一般有两种模式，即楼层服务台和客房服务中心。不同的模式在用人数量上有很大的差异。各酒店要根据自身的条件和特点来做出选择。一般来讲，楼层服务台岗位要求在每个楼层设置 2～3 班的值台服务人员，因此，需要更多的定员编制。相反，客房服务中心人员编制比较简单。此外，客房部管理方式也影响定员编制的确定，如酒店将公共区域卫生地面和镜面的清洁维护外包给清洁公司，公共区域的人员编制相应就会减少。客房部的管理层次与酒店的规模，以及客房部管辖的范围有关。规模大、范围广、分工细的酒店通常会设置经理、主管、领班和服务员四个层次，星级高、规模大的酒店层次更多。但小型酒店通常将主管和领班并为一个层次，同时不设经理副职，再加上对服务员不做工种的细分，而只是划分班次和区域，在人力的配备上肯定会比档次高、规模大的酒店少。

（2）工作设施环境。工作环境包括酒店的外部环境，包括当地的气候、空气质量、周围环境等，酒店内部环境包括酒店设计、布局、流线，装饰风格，以致接待客人的生活习惯和消费文明程度等。如一家酒店重新改造后房间内增添了多项设备，装修材料大量采用玻璃、镜子。这些硬件上的变化需要客房卫生操作的要求和工作的时间定额相应进行调整，从而影响客房部的编制定员。

（3）劳动工具。现代化的工作器具既是现代文明操作的标志，又是质量和效率的保证。劳动手段越是现代化，工作定额就越高，用人就越少；反之，工作定额就应降低或靠增加一定数量的劳动力来弥补。

（4）工作量的预测。客房部工作量一般分为三个部分：一是固定工作量，是指只要酒店开业就会存在，而且必须按时完成的日常例行工作任务，如客房部的日常管理工作、房务中心、客房部管辖范围内的计划卫生，定期保养工作，公共区域的日常清洁保养，保证内部正常运转所需的岗位值勤等。二是变动工作量，是指随着酒店业务量等因素的改变而变化的工作量，主要表现在随着客房出租率的变化而改变的那部分工作量。三是间断性工作量，通常是指那些不需要每天进行操作，或者不是每天 24 小时都需要连续操作，但又必须定期进行的工作量。如每周楼层申领补充客用品，定期对所有棉织品进行盘点，定期或根据需要对地毯的清洗、玻璃的擦拭、地面或家具打蜡等。

（5）员工素质水平。工作效率的高低，与员工的素质有很大关系。客房部员工的年龄、性别、文化程度，以及工作态度、思想素质和专业水平等的差异都将影响工作定额的确定。了解和预测客房员工未来可能达到的整体水平是制定工作量的重要标准。

（二）客房部定员方法

确定各部门所需岗位数的方法：按照服务流程和分工的要求列出各个岗位数。例如，客房问好的人员配备通常以班次、岗位设置来分区域进行。首先，根据客房部的工作范围将各职能区域分开。其次，确定本工作区域所有岗位或工种设置。第三，明确各工作岗位的班次划分。最后，根据工作量和工作定客，计算该班次所需要的人数。

计算公式为：

$$岗位定员 = \frac{工作量工作定额}{有效开工率}$$

其中

$$有效开工率 = \frac{员工 - 年中实际可工作天数}{365}$$

$$= \frac{365 - 周末 - 固定假日 - 年假日 - 病事假}{365}$$

（1）按劳动效率定员。按劳动效率定员是根据生产任务量、工人的劳动效率和平均出勤率等因素计算定员人数的方法。主要适用于对有劳动定额的工种人员定员的确定。

例：客房总数为 400 间，客房出租率为 80%，每位客房服务员每班工作定额为 14 间，每位员工每周工作天数为 5 天。

解：

$$每周所需员工数 = \frac{每周所需工作量}{每周每位员工所能完成工作量}$$

$$= \frac{400 \text{ 间/天} \times 7 \text{ 天/周} \times 80\% \text{（出租率）}}{14 \text{ 间/（人·天）} \times 5 \text{ 天/周}}$$

$$= 32 \text{ 人}$$

（2）按设备定员。按设备定员是根据机器设备需要开动的数量、员工的看管定额和设备的开动班次等因素来计算定员人数的方法。适用于以机器设备操作为主的工种员工的定员的确定。因此，设备看管定员法主要适用于酒店工程部、洗衣房和厨房的人员配备和编制。其方法是在动作分析和劳动测试的基础上，确定每个班次员工的看管定额，即每人看管设备的台数。在此基础上，再根据班次和计划出勤率，确定编制人数。

计算公式为：

$$Q = \frac{n \cdot h}{x \cdot f} \times 7/5$$

式中 Q 为某种岗位定编人数；n 为设备台数；h 为班次；x 为平均看管定额；f 为计划出勤率

例：某酒店洗衣房有干洗机 2 台，水洗机 2 台，压平机 1 台。经测定，干洗工每班需用 2 人，水洗工每班需用 4 人，压平工每班需要 2 人。员工每天 2 班制，计划出勤率 98%。请核定洗衣房需用干洗、水洗和压平工人数。

解：

1. 干洗工需配人数 Q1

$$Q1 = \frac{2 \times 2}{2/2 \times 98\%} \times 7/5 = 5.71 \approx 6 \text{（人）}$$

2. 水洗工需配人数 Q2

$$Q2 = \frac{2 \times 2}{2/4 \times 98\%} \times 7/5 = 11.43 \approx 12 \text{（人）}$$

3. 压平工需配人数 Q3

$$Q3 = \frac{1 \times 2}{1/2 \times 98\%} \times 7/5 = 5.71 \approx 6 \text{（人）}$$

（3）按岗位定员。按岗位定员是根据工作岗位的数量和每个工作岗位的工作量、员工的劳动效率，平均开动班次和出勤率等因素来计算定员人数的方法。适用于需要多人看管的大型设备的定员以及辅助人员岗位和服务人员的定员确定。

计算公式为：

$$Q = \frac{X \cdot h \times 7}{5} \div f$$

其中 Q 为某种岗位编制人数；X 为每班人数；h 为班次；f 为计划出勤率

例：某酒店客房服务中心早班和中班各需上岗人数为 4 人，夜间留 2 人值班，全天分三班 24 小时服务，计划出勤率 98.5%。问酒店客房服务中心需配备多少服务人员？

解：按公式直接计算客房服务中心需配备人员为 Q

$$Q = \frac{X \cdot h \times 7}{5} \div f$$

$$= \frac{(4 \times 2 + 2) \times 7}{5} \div 98.5\% = 14.21 \approx 15 \ （人）$$

（4）按比例定员。按比例定员是根据职工总数或某一类人员总数的一定比例来计算定员人数的方法。适用于直接生产人员和非直接生产人员、基本生产人员和辅助生产人员、服务人员的定员确定。按比例定员需要根据酒店的档次、规模定员，按全员量定工种和岗位的人数。例如，客房部人数约占酒店人数的 30%；设客房服务中心的酒店，楼层服务员人数与客房数的比例为 1:5 左右；设楼层服务台的楼层服务员人数与客房数的比例约为 1:3～1:4。

（5）按组织机构、职责范围和业务分工定员。这种方法是先确定组织机构和各职能科室，明确各项业务及职责范围以后，根据业务工作量的大小和复杂程度来确定定员，主要用于管理工作人员的定员确定。

以上五种基本定员方法，劳动效率定员是基础。在定员工作中，可根据酒店内部各单位及各类人员的特点，灵活运用，也可以把几种方法结合起来加以运用。除此之外，还可以运用数理统计、概率推断等方法核算劳动定额。

案例 10－1

这是谁的责任

春节过后，××饭店宾客较少，经营进入小淡季，前厅部主管小李眉头紧锁，正考虑着节后的工作安排。突然，办公室的电话铃响了，他拿起电话，听了几句，喜上眉梢地与人事部小张通话："是啊，目前客源较少，何不趁此机会安排员工休息？"小张答道："哦，刚休了 7 天，再连着休息，而以后的二十几天就没休息日了，员工会不会太辛苦？"小李说："没关系，反正现在客源少，闲着也是闲着。"两人商定后，就着手安排，前厅部各岗位员工进行轮休。刚到中旬，轮休的员工陆续到岗，紧接着是客源激增，会议一个接着一个，前厅各岗位的员工一个个忙得不亦乐乎。

紧张的工作，夜以继日地进行了十多天，李主管正为自己的"英明决策"沾沾自喜时，某天下午服务员小张突然胃疼，要求调休；晚上交班时，小钱的母亲心绞痛住院也要求调休；小黄的腿在服务过程中，因不小心而扭伤要求调休。面对接二连三突然出现的问题，李主管似乎有点儿乱了方寸。怎么办？姜到底是老的辣，小李以这个月的休息日已全部休完为由拒绝了三位员工的休假请求，并强调家中有事的、生病的，要休息就请假，而请一天的病事假，所扣的工资是一笔可观的数目。面对这样的决定，小黄请了病假，小张和小钱，只好克服各自的困难仍然坚持上班。

第二天中午，小李接到大堂副理处转来的客人的投诉：被投诉的是小张和小钱，原因是：答非所问，面无笑容，对客人不热情，服务出差错。李主管听后一脸茫然……

分析提示

被投诉的虽然是小钱和小张，但实际问题出在管理上，因为在月初客源不足的情况下，主管把员工整个月的休息日通通在上旬就安排完毕了。下半个月中，在客源好、工作繁忙、没有休息的情况下，员工要连续工作 20 天，就是铁打的汉子也有累倒的时候，而该饭店的管理者，从自身方便的角度，不是合理地安排员工休息，使员工工作、休息张弛有度，而是不间断地工作，勉强上班，造成了客人的投诉，影响了服务质量。

第 2 节　员工招聘

一、员工招聘程序与步骤

员工招聘是指组织为了发展的需要，根据人力资源规划和工作分析的要求，寻找、吸引那些有能力又有兴趣到本组织任职，并从中选出适宜人员予以录用的过程。招聘的核心是通过选拔实现"人—事"匹配。

（一）员工招聘程序

员工的招聘主要包括招聘的准备和实施两个阶段。

1. 招聘的准备阶段

饭店员工招聘的准备阶段包括招聘需求分析、明确招聘工作特征和要求及制订招聘工作计划和策略三个方面的内容。

（1）招聘需求分析。根据人力资源需求预测和现有人力资源配置状况分析，明确前厅与客房部是否需要进行招聘活动。主要进行人力资源配置状况分析和人力资源需求分析，并将招聘与培训，工作轮换调动等其他为空缺岗位提供人员的方法相比，分析招聘的必要性。

（2）明确招聘工作特征和要求。根据工作分析及其信息资料，明确招聘的工作岗位的主要特征和要求，以及从事这项工作岗位的人所应具备的最基本的条件和理想胜任条件，包括对应聘者的知识、技能、能力、教育背景和工作背景等方面的具体要求和所能提供的工作环境及其待遇条件。

（3）制订招聘工作计划和策略。在完成上述工作的基础上，制订具体的、可行的招聘计划策略，同时确定招聘工作的组织者和执行者，并明确各自的分工。

招聘计划是人力资源部门，在招聘中的一项核心任务，通过制订计划，来分析饭店所需人才的数量和质量。

2. 招聘的实施阶段

招聘的实施阶段是整个招聘活动的核心，也是最关键的一环，招聘的实施阶段由招聘、选择、录用和评估四个环节组成。

（1）招聘阶段。该阶段主要根据招聘策略及酒店规定的用人条件和标准进行决策，采用适宜招聘渠道和招聘方法，吸引合格的应聘者。

（2）选择阶段。在众多的符合条件和标准的应聘者中，挑选出最适合的人员。主要是运用定量、定性相结合的方法选择适合的应聘者，整个过程力求客观、公正。

（3）录用阶段。录用阶段是双向选择的过程，招聘者和求职者均应认真做出自己的决策，以便达成个人和工作的最终匹配。招聘双方做出决策后，双方即建立了劳动关系。

（4）评估阶段。招聘的评估阶段主要是对招聘结果和招聘本身的工作进行评估。评估招聘结果包括：对照招聘计划，根据数和质量对实际招聘录用的结果进行评价总结。评估招聘本身：评估工作的经济效率，时间效率。一个完整的招聘过程的最后，应该有一个评估与反馈阶段。招聘评估包括以下四个方面：招聘成本评估、录用人员评估、综合评估和撰写招聘小结。

（二）员工招聘的步骤

（1）制订招聘计划。招聘计划是招聘的主要依据。制订招聘计划的目的在于根据部门的发展需要及人力资源规划的供需要求，明确招聘岗位、人员数量、时间限制等因素。招聘员工的部门在确认并无内部人员调职补缺的可能性后，向人力资源管理部门递交书面申请表，并附上需招聘职位说明书，详细说明招聘岗位的工作职责、任职要求等；如属新增职位，职位说明书的资料可通过工作写实和经验座谈的方式获得。人力资源管理部门详细审核职位的工作职责、任职要求、岗位等级等事项。

（2）确定招聘途径。招聘渠道按照人员来源方式不同可分为内部招聘和外部招聘。一个酒店在进行招聘活动时，采取内部招聘还是外部招聘取决于多种因素，酒店应根据招聘职位的要求、酒店的文化和外部环境资源状况等进行综合分析，确定招聘途径。

（3）应聘者填写求职申请书。应聘者在获取招聘信息后，可向招聘单位提出应聘申请。应聘者向招聘单位申请时应提供以下资料：①应聘申请表，且必须说明应聘的职位。②个人简历。如果酒店有标准格式，则需按酒店要求填写；反之，可按简历范本认真填写，简历中应着重说明教育背景、工作经历、个人技能、成果、兴趣爱好等。③各种证件。应向酒店出示各种证件，如学历、获奖证书、等级证书、职称证书等证明（复印件）。

（4）检查应聘者个人资料。在收到应聘者个人资料后，人力资源部有关人员将通过各种有效途径对应聘者的个人资料进行核对和验证，以证明其真实性、可信性。

（5）初次面谈。个人资料得到确认后，酒店会以电话、传真、邮件、信函等方式通知应聘者参加初次面谈。

（6）测试。面谈过程中，有些酒店会对应聘者的知识、技能、兴趣等进行测试。通常测试包括心理测试和智能测试。心理测试即职业能力倾向性测试、个性测试、价值观测试、职业兴趣测试、情商测试、就业测试。

（7）任用面谈。在员工被录用前，酒店人力资源部经理会与应聘者就双方所关心的问题进行面谈。如工作环境、工作时间、工作地点、薪资待遇、保险、福利、工作岗位、工作内容、工作要求、试用期限、转正条件、员工的考勤、绩效评估等。

（8）体格检查。入职前酒店还要求员工到市级以上医院进行体格检查，达到国家及行业要求方可上岗。

（9）审查批准。经用人部门负责人、人力资源部负责人、副总经理及总经理的批准，应聘者持相关手续和证件正式办理入职手续。

（10）录用。决定录用一位职位候选人需要做出以下四步：做出初步录用决策、决定薪酬福利、通知未被录用的应聘者、背景调查。

二、员工招聘渠道

饭店招聘员工要考虑到员工的多种来源渠道，通常根据招聘对象的来源，可以将招聘分为内部招聘和外部招聘，他们各自采用的方法也不同，但二者的地位同等重要，是相辅相成，各有利弊。饭店选择哪种招聘方式，应根据饭店自身的情况和工作要求来决定，饭店的应招者主要来源于以下两大途径。

（一）内部招聘

内部招聘是员工招聘的一种特殊形式，是从酒店内部招聘员工的一种方式，一般包括内部提升和内部调用。内部选拔的途径主要包括：内部晋升、工作调换、工作轮换和内部人员重新聘用。

（1）内部晋升。当酒店中有些比较重要的岗位需要招聘人员时，让酒店内部的符合条件的员工从一个较低级的岗位晋升到一个较高级的岗位的过程就是内部晋升。从内部提升一些合适人员来填补职位空缺是常用的方法。它可以使酒店迅速从员工中提拔合适的人选到空缺的岗位上。内部提升给员工提供了机会，使员工感到在酒店工作是有发展机会的，易于鼓舞士气。同时，由于被提升的人员对酒店比较熟悉了解，能够很快地适应工作环境，是一种省时、省力、省费用的方法。但由于人员选择范围小，不宜选到合适的员工，而且易于产生"近亲繁殖"的弊病。一般来说，当组织的关键职位和高级职位出现空缺时，往往采用内外部同时招聘的方式。

（2）工作调换。当酒店中需要招聘的岗位与员工原来的岗位层次相同或略有下降时，把员工调到同层次或下一层次岗位上进行工作的过程称之为内部调用。工作调换也称为"平调"。其是指职务级别不发生变化，工作的岗位发生变化。它是内部人员的另一种来源。工作调换可提供员工从事酒店内多种相关工作机会，为员工今后提升到更高一层职位做好准备。

（3）工作轮换。工作轮换法是为减轻对工作的厌烦感而把员工从一个岗位换到另一个岗位。这样做有 4 点好处：一是能使员工比日复一日地重复同样的工作更能对工作保持兴趣；二是为员工提供了一个个人行为适应总体工作流程的前景；三是个人增加了对自己的最终成果的认识；四是使员工从原先只能做一项工作的专业人员转变为能做许多工作的多面手。这种方法并不改变工作设计本身，而只是使员工定期从一个工作转到另一个工作。这样，使得员工具有更强的适应能力，因而具有更大的挑战性。员工到一个新的工作岗位，往往具有新鲜感，能激励员工做出更大的努力。

（4）内部人员重新聘用。一些酒店由于一段时期经营效果不好，会暂时让一些员工下岗待聘，当经营情况好转时，再重新聘用这些员工。也有些酒店将解雇、提前退休或下岗待业的员工重新再招回来工作。

（二）外部招聘

外部招聘是指饭店从外部选拔具有饭店需要的能胜任岗位的人员招聘进来并安置在合适的岗位上。一个饭店必须不断地从外部选聘员工，特别是当饭店需要大量地扩充其劳动力时。下列情况饭店的需求需要从外部招聘中满足：补充初级岗位，获取现有员工不具备的技术、获得能够提供新思想并具有不同背景的员工、解决组织现有人力资源的不足，为组织发展储备人才。

外部招聘的主要途径有：校园招聘、人才市场、职业介绍所、报纸广告、网络招聘和猎头招聘等。

（1）校园招聘。直接到校园招聘迎接毕业生或邀请学生到饭店实习。这是招收应届毕业人才的主要途径。各类大中专院校可提供中高级专门人才，职业技工学校可提供初级技工人才。单位可以有选择地到某校物色人才，派人分别到各有关学校召开招聘洽谈会。为了让学生增进对饭店的了解，鼓励学生毕业后到本饭店来工作，招聘主持人应当向学生详细介绍饭店情况及工作性质与要求，最好印发饭店简介小册子，或制成录像带、印刷介绍图片。

（2）人才市场。饭店可花费一定的费用在人才市场摆摊设点，应征者前来咨询应聘。这种途径的特点是时间短、效率高。缺点是很难招聘到高级人才和专门人才。也可以定期、不定期地举办人才交流会、人才招聘会。优点是时间短、见效快、费用低、直接见面时可以确定意向。

（3）职业介绍所。普通员工、低层管理人员可利用职业介绍所来获得，通常职业介绍所对用人饭店不收费也很热心。一般由职业中介结构介绍或直接检索其人才资源库。其优点是介绍速度快、费用低。缺点是中介服务质量普遍不高。一般适用于初、中级人才或急需用工。

（4）报纸广告。通过报纸、电台、电视、专业杂志、马路张贴刊出广告，吸引应聘人员。其优点是传播广、容易吸引更广泛人才应征、达到宣传企业的目的。各种人才都可以通过在当地发行量大的报纸上刊登招聘广告来获取。

（5）网络招聘。网络招聘，就是通过人才网站招聘。这种新型的招聘方式恰恰弥补了传统招聘方式的缺点。网上招聘是选拔中高级人才和储备人才的一种好的途径。

（6）猎头招聘。委托猎头公司寻找适合企业用人要求和标准的人才。高级人才和特殊人才最好通过好的猎头公司猎取。在每年的招聘淡季，借助专业猎头中介机构强大的资源优势，加快招聘的速度，提高招聘的质量。与猎头公司建立淡季招聘的合作计划是企业完成人员招聘的一个重要途径。对"猎取"高级和紧缺人才特别有用。那些有"一技之长"的人才是猎头的首选目标。但通过猎头招聘周期长，费用较高，通常要付给猎头公司该职位年薪的20%。

三、员工招聘方法

饭店在招聘员工时所采用的甄选方法主要有两大类，即招聘面试和招聘测试。

（一）招聘面试

面试是指在特定的场景下，经过精心设计，通过主考官与应试者双方面对面的观察、交谈等双向沟通方式，了解应聘者素质、特征、能力状况及求职动机等的人员甄选方法。

1. 面试的种类

（1）结构化行为面试。事前有一个固定的框架或问题清单，对所有的应聘者都问同样的问题。考官根据框架控制整个面试的进行，按设计好的问题和有关细节逐一发问。获得结构与形式相同的信息，便于分析比较，提高面试效率。

（2）非结构化面试。无固定模式，随意发问。面试者只需掌握组织、职位的基本情况。面试中所用的问题是非标准化的问题，对应聘同一岗位的同一位应聘者，不同的考官会提不同的问题。

（3）行为描述面试。面试人员问一些与当前工作紧密相关的情境问题，询问应聘者在以往的工作中碰到类似的情境采取过什么样的行动，根据事先拟定的评分规则给应聘者打分。

（4）全面结构化面试。全面结构化面试综合了前面几种面试技术，询问应聘者面临工作相关的情境时如何处理（行为描述法）、具备哪些专业知识、在各种模拟的环境中应聘者如何表现（情境模拟技术）。

2. 面试的主要内容

（1）仪表风度。仪表风度是指应试者的体形、外貌、气色、衣着举止、精神状态等。像国家公务员、教师、公关人员、企业经理人员等职位，对仪表风度的要求较高。研究表明，仪表端庄、衣着整洁、举止文明的人，一般做事有规律、注意自我约束、责任心强。

（2）专业知识。了解应试者掌握专业知识的深度和广度，其专业知识更新是否符合所要录用职位的要求，作为对专业知识笔试的补充。面试对专业知识的考察更具灵活性和深度。所提问题也更接近空缺岗位对专业知识的需求。

（3）工作实践经验。一般根据查阅应试者的个人简历或求职登记表，做些相关的提问。查询应试者有关背景及过去工作的情况，以补充、证实其所具有的实践经验，通过工作经历与实践经验的了解，还可以考察应试者的责任感、主动性、思维能力、口头表达能力及遇事的理智状况等。

（4）口头表达能力及综合分析能力。面试中，应试者是否能够将自己的思想、观点、意见或建议顺畅地用语言表达出来。考察的具体内容包括：表达的逻辑性、准确性、感染力、音质、音色、音量、音调等。面试中，应试者是否能对主考官所提出的问题，通过分析抓住本质，并且说理透彻、分析全面、条理清晰。

（5）反应能力、应变能力及人际交往能力。主要看应试者对主考官所问的问题理解是否准确，回答的迅速性、准确性等；对于突发问题的反应是否机智敏捷、回答恰当；对于意外事情的处理是否得当、妥当等。在面试中，通过询问应试者经常参与哪些社团活动，喜欢同哪种类型的人打交道，在各种社交场合所扮演的角色，可以了解应试者的人际交往倾向和与人相处的技巧。

（6）自我控制能力与情绪稳定性。自我控制能力对于国家公务员及许多其他类型的工作人员（如企业的管理人员）显得尤为重要。一方面，在遇到上级批评指责、工作有压力或是个人利益受到冲击时，能够克制、容忍、理智地对待，不致因情绪波动而影响工作；另一方面，工作要有耐心和韧劲。

（7）工作态度。一是了解应试者对过去学习、工作的态度；二是了解其对现报考职位的态度。在过去学习或工作中态度不认真，做什么、做好做坏无所谓的人，在新的工作岗位也很难说能勤勤恳恳、认真负责。进取心强烈的人，一般都确立有事业上的奋斗目标，并为之而积极努力。表现在努力把现有工作做好，且不安于现状，工作中常有创新。上进心不强的人，一般都是安于现状，无所事事，不求有功但求无过，对什么事都不热心。

（8）求职动机。了解应试者为何希望来本单位工作，对哪类工作最感兴趣，在工作中追求什么，判断本单位所能提供的职位或工作条件等能否满足其工作要求和期望。

（9）业余兴趣与爱好。应试者休闲时爱从事哪些运动，喜欢阅读哪些书籍，喜欢什么样的电视节目，有什么样的嗜好等，可以了解一个人的兴趣与爱好，这对录用后的工作安排很有好处。

（10）拟聘职位的情况与要求。面试时主考官还会向应试者介绍本单位及招聘职位的情况与要求，讨论有关薪资、福利等应试者关心的问题，以及回答应试者可能问到的其他一些问题等。

3. 面试的方法

（1）行为描述面试法。行为描述面试法是基于行为的连贯性原理发展起来的。面试官通过求职者对自己行为的描述来了解两方面的信息：一是求职者过去的工作经历，判断他选择本组织发展的原因，预测他未来在本组织中发展的行为模式；二是了解他对特定行为所采取的行为模式，并将其行为模式与空缺职位所期望的行为模式进行比较分析。面试过程中，面试官往往要求应试者对其某一行为的过程进行描述，如面试官会提问"你能否谈谈你过去的工作经历与离职的原因""请谈谈你昨天向你们公司总经理辞职的经过"等。在提问过程中，行为描述面试所提的问题经常是与应聘者过去的工作内容和绩效有关的，而且提问的方式更具有诱导性。例如，对于与同事的冲突或摩擦，"你与你同事有过摩擦吗？举例说明"的提问显然不如"告诉我，与你工作中接触最少的同事的情况，包括问题是如何出现的，以及你们之间关系最紧张的情况"更能激起应聘者真实的回答。

（2）能力面试法。能力面试是另外一种新的面试方法。与传统的面试方法注重应试者以往所取得的成就不同，这种方法更多关注的是他们如何去实现所追求的目标。在能力面试中，面试官要试图找到应聘者过去成就中所反映出来的特定优点。在招聘中采用能力面试，要把握 4 个关键的要素：情境（Situation），即描述求职者经历过的特定工作情境或任务；目标（Target），即描述求职者在特定情境中所要达到的目标；行动（Action），即描述求职者在特定情境中所做出的行动；结果（Result），即描述行动的结果，包括积极的和消极的结果、生产性的和非生产性的结果。这 4 个要素的英文缩写就是"STAR"，进行能力面试也即寻找"STAR"。为了准确地了解和判定工作是否出色，必须进行全面的能力分析。能力分析的结果将作为确定工作是否出色的标准的基础。它有助于企业录用到称职的员工。工作出色的标准通常适用于组织内部相同级别的多个职位。对于一个饭店里所有高层领导而言，他们虽任务和职责不同，但须具备的主要能力和基本素质却是相同的，因此，对其工作能力的衡量标准本质上应该是一致的。对组织内部不同级别的职位，所要求的能力有所不同，则工作出色的标准也应有所差异。

（3）压力面试法。压力面试是指有意制造紧张，以了解求职者将如何面对工作压力。面试人通过提出生硬的、不礼貌的问题故意使候选人感到困难，针对某一事项或问题做一连串的发问，打破砂锅问到底，直至无法回答。其目的是确定求职者对压力的承受能力、在压力前的应变能力和人际关系能力。压力面试通常用于对谋求要承受较高心理压力的岗位的人员测试。测试时，面试官可能会突然问一些不礼貌、冒犯的问题，让被面试者感到很突然，同时承受较大的心理压力。这种情况下，心理承受能力较弱的求职者的反应可能会较异常，甚至不能承受。而心理承受能力强的人员则表现较正常，能较好地应对。这样就可以判别出求职者的心理承受能力。比如，一位顾客关系经理职位的候选人有礼貌地提到她在过去 2 年内从事了 4 项工作时，面试官可能告诉她，频繁的工作变换是不负责任和不成熟的行为。如果求职者对工作变换为什么是必要的做出合理的解释，就可以开始其他的话题。相反，若求职者表示出愤怒和不信任，就可以将其看作是在压力环境下承受力弱的表现。另外，该方法也可以用来证实对一些信息的怀疑。因为，人在一些突发问题上的反应更真实、更客观。而在准备个人求职资料时会不自觉地、不同程度地美化自己，甚至造假。就压力面试而言，一方面，它是界定高度敏感和可能对温和的批评做出过度反应（喜怒和辱骂）的求职者的良好办法；另一方面，使用压力面试的面试官应当确信厚脸皮和应付压力的能力是工作之需要。面试官还需具备控制面试（如求职者歇斯底里）的技能。因此，在使用压力面试之前一定要慎重，一方面，确信压力是候选人将来必然要面对的；另一方面，要保证面试官有控制压力的能力。

为了使面试发挥更大的作用，建议招聘时注意以下几方面：①不要一次由一个面试小组面试许多候选人。②最好采用结构化面试，规定面试的用时，提问内容及计分标准。③面试中要运用谈话技巧，注意面试环节的选择，注意面试的气氛。④主试者最好受过专业培训，面试时态度要中立，不能给候选人有意无意地暗示。⑤要采用统一的面试表格，及时记录候选人的表现，对有声语言和无声的形态语言都要努力去倾听。

（二）招聘测试

招聘中的测试是员工招聘过程中一个必不可少的重要环节。招聘测试一般分为心理测试、个性测试、职业兴趣测试、能力测试、成就测试和笔试等。

（1）心理测试。心理测试是指在控制的情境下，向应试者提供一组标准化的刺激，以所引起的反应作为代表行为的样本，从而对其个人的行为做出评价。心理测试的难度较大，通常需选择专业的心理测试人员，或委托专业的人才机构或心理学研究所进行测试。

（2）个性测试。个性是指一个人比较稳定的心理活动特点的总和，是一个人能否施展才能，有效完成工作的基础。个性可以包括性格、兴趣、爱好、气质、价值观等。个性测试又称为性格测试、人格测试，考察应聘者是否具有胜任工作所需的人格特征的过程。人格对工作成就的影响是极为重要的，不同气质、性格的人适合不同种类的工作。对于一些重要的工作岗位，如主要领导岗位，为选择合适的人才，需要进行人格测试。因为领导者失败的原因，往往不在于智力、能力和经验不足，而在于人格的不成熟。人格测试的目的是了解应聘者的人格特质。

（3）职业兴趣测试。了解一个人的兴趣方向以及兴趣序列的一项测试。将个人兴趣与那些在某项工作中较成功的员工的兴趣进行比较，表明一个人最感兴趣的并最可能从中得到满足的工作是什么。兴趣测验通常列出众多的兴趣选择项，涉及运动、音乐、艺术、文学、科学、社会服务、计算、书写等领域，对每一领域设计相应的题目，根据被试者对各种兴趣项目的"是"或"否"的选择，或依据受试者排列出的兴趣序列，可以对其是否适合某一职业或某一种工作做出判断。

（4）能力测试。为了测试某些方面的能力，可针对性地设计和实施专门的测试方案。如为测验其想象力、创造力而进行"一物多用"测验；为测试其双手协调动作的准确性与速度而进行各种实验；为测定记忆力广度而进行"顺背数字"和"倒背数字"广度测试；为考察被测试者记忆与动作的协调能力进行"数字配符号"测验等。能力测试主要是测定从事某种特殊工作所具备的某种潜在能力，预测其在某职业领域内成功和适应的可能性，判断适合何种工作。什么样的职业适合某人；为胜任某职位，什么样的人最合适。

（5）成就测试。成就测试用于鉴定一个人在一般的或者是某一特殊的方面，经过学习或训练后实际能力的高低。一般采用笔试和现场操作方式进行，了解应聘者对该项工作"应知""应会"掌握的水平。成就测试适用于招聘专业管理人员、科技人员和熟练工人，特别是当对应聘者实际具有的专业知识和技能不能确认时，便于应聘者间的公平竞争。

（6）笔试。笔试是考核应聘者学识水平的重要工具。这种方法可以有效地测量应聘者的基本知识、专业知识、管理知识、综合分析能力和文字表达能力等素质及能力的差异。其特点是考试取样较多，对知识、技能和能力的考核的信度和效度都较高，可以大规模地进行分析，因此所花时间少，效率高，应聘者的心理压力较小，较易发挥水平，成绩评定比较客观。缺点是不能全面地考察应聘者的工作态度、品德修养以及组织管理能力、口头表达能力和操作技能等。

第 3 节　员工培训

一、员工培训概述

员工的培训就是按照一定的目的，有计划、有组织、有步骤地向新员工或现有员工传授其完成本职工作所必需的基本技能和开发其潜能以适应发展的过程。

（一）员工培训的意义

饭店前厅与客房部对员工培训的意义主要在于以下几方面：

（1）提高工作质量与服务质量。提高服务质量的最有效方法就是培训。培训和教学就是把工作、服务实践中证明是最好的方法教给学员。通过培训，可以使员工掌握正确的工作与服务方法，以及丰富的行业知识，避免差错，提高工作质量与服务质量。

（2）减少耗费。很多损耗是由于未经训练和没有经验所造成的。对饭店来说，某些浪费和损耗是可以避免的。因此，通过培训，使职工掌握正确的操作方法，就可避免这些损耗。据美国纽约州的饭店调查表显示，培训可使饭店损耗浪费减少 73%，等于该饭店获得损耗保险的赔偿。

（3）减少事故。一些饭店调查显示，未经训练的员工的事故发生率差不多是经过培训的员工的 3 倍，特别是操作有危险的机器设备。前者除了不懂操作机器外，因不懂技术而思想紧张也是造成事故的一个重要原因。如由于漏电引起的火灾，由于操作不规范引起的工作事故等，缺乏培训往往是原因之一。通过培训，可以减少事故的发生，保证员工的人身安全和饭店财产的安全。

（4）提高劳动效率。实践证明，经过培训的服务员比未经过培训的服务员多照管几张餐桌，经过培训的清洁工每天能打扫 15 间客房，而不是 10 间。许多工作的培训结果难以直接用数量来表示，但可以从顾客的满意程度来反映。譬如工作就不能以数量来判断，但反映出饭店的服务水平。同样，一个可亲的领班与顾客的多少没有多大关系，但他对饭店的重要作用是非常明显的。

（5）有利于员工的发展。经过培训，新员工可立即进行工作，老员工则可学到更好的工作方法提高工作效率，进而增加薪金。受过培训的员工对工作有自豪感，能相对独立和自由地做出决策，并有安全感。培训能提高员工的自尊心和自信心，增强职业安全感。培训不仅对饭店有利，对员工本身也有好处。员工在接受培训的过程中，扩大知识面，拓展工作领域，熟悉业务，掌握技能，并接受新的管理理论的学习，为其自身的晋升与发展创造了必要的条件。

（二）培训原则

（1）因材施教原则。由于每人的智力不同，能力各异，在培训过程中，要因材施教，针对不同对象、不同内容合理安排培训过程，确定恰当的培训方式，以提高培训的效果。

（2）学习动力原则。学员学习的动力是由一系列因素激发出来的，如学员过去的经历、对待人生价值的看法以及健康状况等都会决定学员的学习态度。在某种程度上，学习态度还取决于教师能否开启学员的学习自觉性，使其愉快、高效地工作。

（3）循序渐进原则。制定培训目标要遵守循序渐进的原则，要使学员能够消化。例如，一个新清洁工第一周每天打扫 10 个房间就很好了，第二周可鼓励他每天打扫 12 个房间，到第三周达到每天 16 间的定额标准。对新员工来说，目标制定得太高等于没定。只有能够达到的才是目标。

（4）标准培训原则。饭店必须建立绝对标准，或称无过错标准。绝对标准不等于否定循序渐进，应允许员工有一个提高的过程，标准要及早制定，坚决执行，不准任意变更，让每个人都相信不可能有其他标准。服务员上班绝对不允许穿不干净、没烫过的衣服，发式要符合饭店要求，皮鞋应擦亮，要使用身体除臭剂。女服务员绝不允许穿脱丝的长筒袜、留长指甲或头发蓬乱。

二、培训种类

饭店培训方式可以根据培训对象不同层次、实施培训的不同时间、地点以及培训的不同内容与性质进行区别分类，形成一个立体的培训分类模式，为饭店制订有效的培训计划提供有关依据。

（一）以培训对象的不同层次分类

（1）决策管理层。高级管理人员是酒店管理的决策层，包括酒店的正、副总经理、驻店经理、各部总监，以及各部门正、副经理。

（2）督导管理层。督导管理层人员是饭店管理的中坚力量，包括部门经理以下各级管理员，如督导员、领班或班组长，这一层次在管理中起着举足轻重的作用。对督导管理层人员的培训重点在于管理概念与能力的训练，饭店专业知识的深化培训以及如何处理人际关系、宾客关系等实务技巧等。

（3）服务员及操作人员层。饭店服务员、各技术工种操作人员及后台杂勤人员是饭店运行的实际工作人员层，这一层次人员的素质水平、技术熟练程度与工作态度直接影响整个饭店的经营水准与服务质量，对一般员工的培训目标应着眼于提高他们的素质水准，即从专业知识、业务技能与工作态度三个方面进行培训。

（二）以实地培训的不同时间阶段分类

（1）职前培训。职前培训也称为就业培训，即饭店员工上岗前的训练，职前培训对每一家饭店服务质量的提高和业务的发展都起着至关重要的决定性作用。因为职前培训的目标是为饭店提供一支专业知识、业务技能与工作态度均符合经营要求的员工队伍。职前培训因训练内容侧重不同又可分为一般性职前培训与专业性职前培训。一般性培训是指对新入店的员工就饭店行业知识、饭店工作的性质与特点、饭店工作人员素质要求与职业道德、饭店情况介绍等常识性内容进行灌输，以增进新员工对饭店工作的了解与信息，专业性职前培训侧重对新员工分部门、分工种进行专业针对性训练，要求员工在上岗前切实了解所在部门业务的原则、规范、程序、技术和方法，以便培训后立即能适应并胜任所分配的工作。

（2）在职培训。在职培训是指饭店员工在工作场所，在完成生产任务过程中所接受的培训。对员工的在职培训是职前培训的继续与发展，是从低级水平或称培训的初级阶段迈向中级阶段培训的进展。职前培训是为饭店员工就业做的准备，是每一个员工加入饭店行业的必由之路。在职培训是职前训练的深化过程，它持续的时间远比职前培训要漫长，对一个注重培训的饭店来讲，在职培训会始终贯穿每一个员工就业的全过程。在饭店日常经营中会产生各种矛盾或问题，在职培训就是解决各种经营问题的有效手段之一。饭店在发展经营中要不断采用各种新技术、新设备，要使员工掌握这些新知识，也必须以在职培训来实现。不同形式的在职培训也有助于改进饭店的服务方式，克服服务中的缺点，改善饭店赢利状况。在职培训是在饭店照常营业的情况下进行的长期活动，因而在职培训在计划制订、训练方式选择、培训实施上都有特殊的难度。在职培训中要经常开展对员工的职业道德和外事纪律等教育，这是涉外饭店从业人员的特殊需要。饭店业的在职培训旨在不断提高员工队伍的素质水平，将直接影响饭店的经营水准与服务质量。

（3）职外培训。因饭店业务发展的需要或员工因工种变更、职位提升等需要接受某种专门训练，这种培训要求受训员工暂时脱离岗位或部分时间脱离岗位参加学习或进修，即称为职外培训。根据受训时间安排，受训员工脱产时间长短区分，职外培训可分为全日式、间日式或兼时式培训。受训员工以全天时间脱产参加培训为全日式培训，须培训数天以上的时间，但为避免影响工作，可采用间日式，即非连续进行培训、间隔为之；兼时式培训为在职培训与职外培训均可采用的方式，为避免影响工作或培训安排需要，受训员工每天仅接受若干小时的训练，其余时间仍返回工作岗位，继续工作。受训员工参加店培训活动则为职外培训。

（三）以实施培训的不同地点分类

（1）店内培训。在饭店人事培训部或各部门统一安排下，利用饭店专设的培训教室，在营业时间外利用餐厅或食堂等饭店内部场所进行的培训活动为店内培训。培训员可由人事培训部专职经理或教员担任抑或向外聘请。

（2）在岗培训。在岗培训也是店内培训的方式之一，区别在于受训员工不离开工作岗位，或以现担任的工作为媒体而接受训练。培训方式有多种，例如：接受主管经理、督导员、领班或同业的业务指导，出席有关会议、见习或代理工作、工作轮调等均属在岗培训。

（3）店外培训。培训的地点不在自己的酒店内，称为店外培训。店外培训的组织者通常是酒店所属的上级主管公司、局或行业协会、学会院校等部门与机构。饭店人事培训部要充分利用旅游院校的教育资源，为开展店外培训所用，也可计划安排与有关单位联合举办多种形式的培训班、专题讲座与报告会、参观考察活动等店外培训项目，培训时间可根据需要采用全日式、间日式或兼时式。

（四）以培训的不同内容与性质分类

（1）新员工入职培训。对饭店新员工入职进岗介绍是迎新培训工作的重要课种，迎新工作做得好，可以为确立新员工与饭店之间的良好关系打下基础。新员工入职时，一般都具有很高的热情与积极性，通过有效的迎新培训，不仅可以保护员工的积极性，而且可以使之逐渐发展成为员工良好的工作情绪与对酒店的归属感，使他们在新岗位上做好工作。成功的迎新培训也有利于降低酒店的流动率而减少劳力开支。迎新培训主要包括介绍酒店概况，介绍员工薪酬与福利待遇，介绍酒店主要规章制度，介绍员工岗位及工作安全等。

（2）员工职业素质培训。饭店员工职业素质水准是决定酒店服务质量的关键，对员工进行提高职业素质的培训是酒店职前培训的主要内容之一，其课题包括：旅游业酒店业的行业信息；服务业的职业道德教育；涉外人员准则与外事纪律；酒店从业人员的基本职业要求；个人卫生与仪容仪表标准；礼貌常识与外事礼节训练；人际关系处理技巧等。

（3）外语培训。涉外饭店员工要求掌握一二门外语，这是与不同国籍宾客进行语言沟通必要的业务要求。对于酒店不同部门、不同工种与不同层次的员工，要求掌握外语的语种、熟练程度、听说读写的能力也各不相同。但英语作为国际通用语言，要求酒店员工都必须基本掌握。涉外酒店的外语培训是占重要地位的培训项目。

（4）饭店基础知识与技能培训。饭店开业前的职前培训应对未来的员工进行较系统的酒店基础知识教育与酒店服务基本技能的培训，使中层以下的员工对酒店经营、管理与服务都具有较全面的认识，并对酒店餐饮、客房、房务、财务等实际操作技能有充分的了解。经过这种职前培训的员工能迅速适应并胜任酒店开业后的实际工作。这种较系统的职前培训一般需要半年以上时间，酒店可根据人力、财务的许可条件，与所在地方职业教育学校挂钩，联办职业技术培训班，吸收立志于投身酒店工作的青年参加。

（5）饭店服务及管理技巧专题培训。专题培训是酒店开业后针对性较强的深化培训，其内容及对象选择是根据改进管理与服务工作的需要。专题培训的内容包括电话礼节规范训练、与宾客关系训练、管理员督导技巧培训、酒店营销技术培训、酒店公共关系常识及应用培训、防火安全训练、医护急救训练等。

（6）部门专业实务培训。实务培训是指饭店各部门在人事培训部协助下对本部门员工进行旨在改进工作方法、提高工作效率的在职培训。各部门专业化的在职培训是酒店培训工作的主体，它贯穿于酒店经营的日常工作中，此种培训是长期进行的。专业培训的实施效果取决于各部门主管对培训的意识及技巧运用。实务培训的成果直接从酒店的服务质量中获得反映，因此，对部门专业的实务培训，酒店人事培训都应予以足够重视与安排。

（7）交互培训及岗位轮训。酒店为了增强员工对工作的适应性，便于与其他部门沟通，可以采用交互培训。交互培训是安排员工接受酒店其他部门业务知识与技能培训，以扩大员工的知识面。岗位轮训则安排员工在本部门或业务相关部门进行定期轮岗实务培训。岗位轮训可分为横向训练与纵向（垂直）训练两种。横向训练是指安排员工在业务相关部门学习，例如：安排饮食类员工分别在中餐厅、西餐厅、酒吧、宴会部、管事部、食品仓库等部门接受定期训练。纵向训练则安排员工在所属部门内，从较低职位做起，逐步升位实习。交互培训及岗位轮训对象一般应选择业务素质较好，有提升潜能的员工或领班层初、中级管理员。他们具有较强的业务能力，使这类培训能更有成效。实践证明，交互培训与岗位轮训对全面培养员工的整体观念、默契配合、理解协调等管理能力十分有利，同时也能减少员工对本职工作的厌烦情绪，提高工作积极性。

（8）考察、进修培训。饭店行业的竞争日趋激烈，走出酒店面向社会进行培训是一种旨在开拓受训员工视野，扩展其思路，使其应付竞争挑战的办法。根据酒店经营情况与经济条件，在客源淡季时有计划地组织各层次员工去其他酒店进行市内、跨省市或出境出国的参观考察活动。选派骨干员工去旅游院校或直属局、公司、集团举办的培训班，参加定期学习、进修。安排员工到国内特色酒店或海外著名酒店接受定期的实践训练。这类培训花费可观，见效期长，实施范围相对较小。

三、员工的培训方式

培训方法是指为完成培训任务，实现培训目标，在整个培训过程中采用的所有教学活动的途径。培训的形式和内容只有尽可能完美的统一，才能产生完美的效果，同样，有了很好的培训内容，但方法不得当，内容则不能得到充分的诠释，受训人员不能正确理解和消化，就可能事倍功半。

饭店进行的培训可划分为知识培训、技能培训和态度培训三类。针对不同的培训可采用不同的方法，常用的方法有以下多种：讲授法、示范法、直观教学法、专人指导法、角色扮演法、情景教学法、对话训练法、程序式教学法、自学指导法、研讨法、案例分析法、管理游戏法、问卷调查法、参观考察法、出国培训、交叉培训、院校深造等。

（1）讲授法。讲授法是由专人对参加人员用讲解传授的形式传播知识，是常用的培训方法。这种方法的效果很大程度上取决于教师。

（2）示范法。示范法也可称为示范法，是通过模拟工作现场或在真实的工作环境中利用设施、使用实际设备及器具、用品进行操作、展示和讲解，这种培训方法比讲解法更直观，多用于技能培训和训练。

（3）专人指导法。饭店指定有经验的服务员带领新手，在指导新手如何布置餐桌时，即让他们（她们）在专人帮助下独立操作，分管几张桌子。这种循序渐进的方式是相当有效的。新手在工作中得到老员工的肯定和赞许也会增加工作的自信心。这样在正式当班时会表现得更令人满意。

（4）角色扮演法。通过别人的眼睛去看问题，去体验别人的事情，或者去体验别人在特定的环境里会有什么样的反应和行为。学员在扮演角色时要能把自己融入进去，观察者在观察时要能集中在整个表演过程中，并使自己沉浸在具体事例中，以判断学员扮演角色的真实性。教员要能够通过列举一些更加具体、细致表演的行为，总结出整个学习的要点。

（5）情景教学法。情景教学，是一种早已普及且十分成功的培训方法。它利用生动的演示或具体的实际情景，来说明有效的服务程序和规范服务及各种情况下服务人员如何发挥其作用，并让接受培训者去仔细观察示范者的行为，进而进行生动有效的培训。

例如，一位管理人员扮演训导一位迟到的员工的角色，由于提供的情境示范的典型问题，参与者可以将角色的行为，与自身的工作联系起来。员工通过观察他人的行为，学习并联系实际服务中遇到的问题。由于这些情景来自实际生活、来自顾客与服务员、来自管理人员与服务人员的实际接触，学员深信这就是实际工作中所发生的问题，因而能提高员工的学习兴趣，并且印象特别深刻。这种训练能使新员工在第一次碰到类似问题时就能正确处理，从而增强工作信心，提高工作能力。

（6）个案分析法。个案分析是对现实工作中发生过的某个典型的事例进行分析、研讨，并提出看法或见解的一种培训方法。个案分析法的特点是通过解决实际问题来学习，通过学习不仅可以熟练掌握和运用已学过的概念、知识，而且可以发展自己的观点和技巧，甚至在此基础上产生新的概念和思路。个案教学比看教科书更加生动、真实，互动效果更好，还可以帮助学生相互沟通，启发学生自己去分析判断。

第4节 员工绩效考评

一、绩效考评的定义

绩效考评，是一套正式的结构化的制度。它通过系统的方法、原理来评价、衡量并影响与员工工作有关的工作行为和工作效果，考察员工的实际绩效，了解员工可能发展的潜力，以期获得员工与酒店的共同发展。它是酒店管理者与员工之间进行管理沟通的一项重要活动，其主要目的是提高饭店的效力。

绩效考评本身不是目的，而是手段，其概念的外延和内涵应该随经营管理的需要的变化而变化。从内涵上说，绩效考评就是对人与事的考评，它包括两层含义：第一，绩效考评是对人及其工作状况进行考评。第二，绩效考评是对人的工作结果，即人在酒店中的相对价值或贡献程度进行考评。

从外延上说，绩效考评就是有目的、有组织地对日常工作中的人进行观察、记录、分析和考评的过程。它包括三个层面的含义：第一，绩效考评是从酒店经营目标出发对员工工作进行考评，并使考评以及考评以后的人事待遇管理有助于酒店经营目标的实现。第二，绩效考评是人力资源管理系统的组成部分，其运用一套系统的和一贯的制度性规范、程序和方法进行考评。第三，绩效考评是对饭店成员在日常工作中所显示出来的工作能力、态度和业绩，进行以事实为依据的评价。

绩效考评的结果可以直接影响到员工培训的需求、职务晋升、薪酬调整、奖金发放等诸多员工的切身利益，其最终目的是改善员工的工作表现和提高酒店的效力，最终达到酒店和个人发展的"双赢"。但是，它同时也是一柄"双刃剑"，用得好能最大限度地激发员工的热情，挖掘员工的潜力；反之，则会挫伤员工，给酒店发展带来消极影响。

二、员工绩效考评的基本内容

员工绩效评价的内容分为工作能力评价、工作业绩评价、工作态度评价和员工潜力评价。绩效评价的 4 个方面并不是孤立存在的，都是为实现特定的管理目的而相互联系，形成一个整体的绩效评价系统。但是，由于绩效评价的内容不同，这 4 个方面又有各自不同的特征。

（1）工作业绩评价。工作业绩是指酒店员工的工作效率及效果。业绩考评是对员工承担岗位工作的成果所进行的评定和估价。这个评价的过程不仅要说明员工的工作完成情况，更重要的是通过这些评价知道员工有计划地改进工作，以达到酒店管理的要求。我们可以从数量、质量和效率三个方面对员工的工作业绩进行评价。一个人对酒店贡献的大小，不单纯取决于所承担任务完成的状况，同时还取决于工作本身对于酒店的贡献程度。所以，绩效考评不能单纯地"考评"，还必须对工作业绩以外的内容进行考评，即以酒店员工的综合素质以及对酒店的贡献作出正确评价。

（2）工作能力评价。员工能力的考评是考评其在岗位工作过程中显示和发挥出来的能力。工作能力是指酒店员工工作业绩的基础和潜在条件。它包括体能、知识、智能、技能等内容。体能取决于年龄、性别和健康状况等因素。往往要求酒店员工的精神高度集中，反应敏捷，判断准确，同时还要求有持续的耐久力。知识包括文化水平、专业知识水平、工作经验等项目。员工在酒店中所表现出来的专业知识水平、工作经验是和他所受的教育分不开的。智能包括记忆、分析、综合、判断、创新等能力，即人认识客观事物获得知识并运用知识解决问题的能力。智能水平的变化集中表现在人认识客观事物的深刻、正确和完整的程度上，表现在人获取和运用知识解决实际问题的速度与质量上。技能包括操作、表达、组织等能力。能力与业绩有显著的差异，业绩是外在的，是可以把握的，而能力是内在的，难以衡量和比较，这也是能力考评的难点。

（3）工作态度评价。工作态度主要是指纪律性、协作性、积极性、责任心等。工作态度是工作能力向工作业绩转换的"中介"。但是即使态度不错，能力未必全能发挥出来，并转换为业绩。这是因为从能力向业绩转换的过程中，内外部条件的约束也会影响工作能力的发挥。如分工是否合适，指令是否正确等。因此，我们主张在绩效评价中还要对饭店员工的工作态度进行评价，以鼓励员工充分发挥现有的工作能力，最大限度地创造优异的工作业绩。工作态度考评还要剔除本人以外的因素和条件。由于工作条件好，而做出了好成绩，如果不剔除"运气"这一因素，就不能保证考评的公正性和公平性。

（4）员工潜力评价。所谓潜力评价，是指通过各种手段，了解酒店员工的潜力，从而找出阻碍员工发挥潜力的原因，更好地将员工的工作潜力发挥出来，将潜力转化为现实的工作能力。能力评价解决的是对员工通过职务行为反映出来的能力进行评价，而潜力评价针对的则是如何评价员工在工作中没有机会发挥出来的能力。通过潜力评价，可以为员工的工作轮换、晋升等各种人事决策提供依据（表 10 - 1）。

表 10 - 1 旅游企业员工绩效考评的内容

员工特征	员工行为	工作结果
工作知识	按时完成任务	销售额
健康状况	服从命令	客房入住率
眼手协调能力	及时报告问题	客房利润率
外语知识	设备维护	服务质量
成就感	遵守规则	消费
对组织忠诚度	维护记录	顾客投诉
诚实	按时出勤	事故
创造性	提交建议	设备维修
领导能力	不吸烟	服务客户数量
沟通能力		顾客满意程度
团队精神		

三、绩效评价方法

每个饭店都有适合自己的绩效评价方法，绩效评价方法多种多样，饭店在采用绩效管理的考评方法时，应根据饭店的环境和条件，以及各类岗位和人员的特点，选择以下考评的方法：

（1）打分检查法。打分检查法又称为行为观察法、行为观察量表法、行为观察量表评价法。它是在关键事件法的基础上发展起来的，是确认员工某种行为出现的概率，要求评定者根据某一工作行为发生频率或次数多少来对被评定者打分。如从不（1 分），偶尔（2 分），有时（3 分），经常（4 分），总是（5 分）。既可以对不同工作行为的评定分数相加得到一个总分数，也可以按照对工作绩效的重要程度赋予工作行为的不同权重，加权后再相加得到总分。

（2）强制分布法。强制分布法也称硬性分布法。强制分布法需要评价者将被评价的员工分配到一种类似于一个正态频率分布的有限数列中。强制分布法只能把员工分为有限的几种类别，难以具体比较员工差别，也不能在诊断工作问题时提供准确可靠的信息。假设员工的工作行为和工作绩效整体呈正态分布，表现分为好、中、差的一定比例关系。在中间的员工应该最多，好的和差的应该是少数。它按照一定的比例，把员工强制分布到各个类别中，一般分为五类。例如，把最好的 10% 的员工放在最高等级的小组中，次之的 20% 的员工放在次一级的小组中，再次之的 40% 的员工放在中间等级的小组中，再次之的 20% 的员工放在倒数第二等级的小组中，余下的 10% 放在最低等级的小组中。采用这种方法，可以避免传统考评中大多数良好。优点：避免了过宽或者过严，克服了平均主义。缺点：难以具体比较员工差别，诊断问题时不能提供可靠信息。

（3）关键事件法。关键事件法是指按观察记录下来的有关工作成败的"关键"行为事实，对职工进行考核评价，以及评价后的"反馈"。关键事件法是指在某些工作领域内，员工在完成工作任务过程中有效或无效的工作行为导致了不同的结果：成功或失败。这些有效或无效的工作行为被称为"关键事件"。本方法在反馈环节有特殊的功效，因为关键事件法是以事实为依据进行考核评价，而不是以抽象的行为特征为依据进行考核评价。在绩效评价后期，评价者运用这些记录和其他资料对员工业绩进行评价。用这种方法进行的评价必须贯穿整个评价阶段，而不应该仅仅集中在绩效评价期的最后几周或几个月里。优点：提供了客观事实依据，可以全面了解下属是如何消除不良绩效、改进和提高绩效的。缺点：记录费时费力，能做定性分析，但不能做定量分析，不能在员工之间进行比较。

（4）行为定点量表法。行为定点量表法和关键事件法一样，也需要由主管事先为每一个工作维度收集可以描述有效、平均和无效的工作行为，每一组行为可以用来评定一种工作或绩效的维度，如管理能力、人际交往能力等。选择确实可以区分员工的关键工作行为，形成实用的评定量表，称为行为定点量表。

（5）排序比较法。排列法也称排序法，是绩效考评中比较简单易行的一种综合比较的方法。通常由上级主管根据员工工作的整体表现按照优劣顺序依次排列。有时为了提高其精度，也可以将工作内容做出适当分解，分项按照优良的顺序排列，再求总平均的次序数，作为绩效考评的最后结果。排序比较法既是一种普遍运用的绩效评价方法，也是一种古老而简单的绩效评价方法。排序比较法分为简单排序法和交替排序法。简单排序法要求饭店管理者将本部门所有员工按照绩效成绩从高到低进行排序。交替排序法也称选择排序法，是简单排序法的推广。选择排序法利用的是人们容易发现极端，不容易发现中间的心理，在所有员工中挑出最好的标杆，然后挑出最差的，把他们作为第一名和最后一名，接着在剩下的员工中再挑选出最好的和最差的，分别排列在第二名和倒数第二名，以此类推，最终将所有员工按照优劣顺序全部排序。由于从员工中挑选出最好的和最差的比将全体员工一一排序要容易得多，因此，交替排序法是一种应用非常普遍的绩效评价方法。用排序比较法考评员工既可以使用单一指标，也可以使用多元指标。一般来说，员工较少的部门可采用单一指标，考评者可以根据员工行业的整体来判断工作绩效。多元标准的考评每次采用一个标准排序，将多次排序的结果平均，作为员工最后的排序位置。优点：花费时间少，简单易行，减少了考评结果过宽或趋中的误差。缺点：是相对对比性的方法，不能用于不同部门的员工，员工得不到自己优缺点的反馈。

（6）目标管理法。目标管理法（MBO）是一个管理过程，通过使主管和下属共同参与追求双方同一的目标和目的，从而使组织的目的得到确定和满足。目标是详细的、可测量的，并受时间控制，而且结合于一个行动计划中。目标管理法作为一种成熟的绩效评价模式，该方法由员工与上司共同协商制定个人目标，个人目标依据饭店的战略目标及相应的部门目标而定。目标管理法主要有六个实施步骤，即确定饭店管理目标、确定部门目标、讨论部门目标、对预期成果的界定、工作绩效评价和提供反馈。该方法易于观察，适合于反馈和辅导。但是，目标管理法没有在不同部门、不同员工之间设立统一的目标，难以横向比较。

四、员工绩效考评流程

绩效考评流程是指考评工作中包含的连续性步骤。一般是从基层员工开始，进而对中层人员，形成由下而上的过程。考评是一项非常细致的工作，必须按步骤进行。员工绩效考评主要包括以下几个环节：

（1）科学地确定工作要项和绩效标准。工作要项是指工作结果对组织有重大影响的活动或大量的重复性活动。绩效就以完成工作所达到的可接受的条件为标准，不宜定得过高或过低，绩效标准一定要客观化、定量化。如若要对员工进行绩效评价，管理者就应着手于这两方面的准备工作。

（2）组织、动员。在员工绩效考评工作实施前，要做好员工的思想工作，要向评价对象或全体工作人员说明绩效评价的目的、内容、方法、要求及评价结果的运用方式，端正态度，消除抵制情绪和抗拒心理。组织相关人员成立相应的组织机构和工作小组，明确职权划分。

（3）人员培训。绩效考评工作是一项复杂的工作，评价者的工作态度、综合素质、业务水平等因素都将影响评价效果。因此，有必要对评价者进行特别的培训，提高他们的业务能力，减少评定中人为的非正常误差。

（4）评价实施。具体做法是将工作的实际情况与考评标准逐一对照，评价绩效的等级。

（5）评价结果运用。按最终确定的绩效评价结果，对被评价对象的职务、职称、工资、培训等做出合理的安排。

（6）制订绩效改进计划。要针对绩效评价结果的实际运用情况，对原有评价体系进行修订。改进绩效计划应当切实可行、由易到难，要有明确的时间性，计划要具体，要得到上下级的认同，改进计划是绩效管理的最终落脚点。

案例分析 ··

波特曼丽嘉酒店利用 QSP 考核员工

Mary 加入上海的波特曼丽嘉酒店已经有两年半了，今天，她的 QSP（Quality Select Process 质量选拔程序）成绩再次被人力资源部经理翻了出来，"这个女孩子做得不错，看看我们能为她做些什么吧。"

每一位进入丽嘉酒店的员工在经过最初的一轮面试之后都必须做 QSP 测试，衡量这些应聘者的价值观和态度是否适合丽嘉酒店的公司文化，然后才有资格会见部门总监，进入下一轮的专业面试。不过数十年的使用和改进，丽嘉酒店发现 QSP 涉及的内容非常之广，作用更远不止这些。他们的 QSP 按级别分有一般员工、管理级（主管、领班）、经理级、总监级（行政人员）。因为酒店的销售人员非常关键，针对销售他们还有另外的一套 QSP。每套 QSP 有 50～60 个题目，涉及 10～11 个不同方面，分别测试应聘者的学习能力、是否有服务意识和能力、处理突发事件的能力、沟通能力、工作安排能力和与别人建立关系的能力等。每一套 QSP 会根据部门、级别的不同而有各自的内容和侧重点。例如，销售经理就需要有良好的沟通和表达能力，和客户建立联系的经历和设想，谈话是否有说服力，是否具备市场敏感度以及以前如何安排某些项目。但如果是后台领班的话，组织能力、帮助员工发展就成了考察重点。设计题目的时候，丽嘉集团统计了当时全球丽嘉酒店的所有员工，对他们进行调查测试。虽然每一个问题都没有标准答案，但是统计出来的成绩还是按照不同的部门和级别被归纳成不同的档次：表现很好的员工被归为一档，表现不是很好的员工被归为另外一档，中间就出现一个范围，他们通过系统把范围量化。比如，涉及 10 个方面的问题，就会有 10 个点，分别从 1～5 来评分，然后根据分值形成曲线。现在，诸位"主考官们"也是根据应聘者的回答做相应的评分，最后形成一个曲线图。这个曲线图将和作为标准的参考图相对照，两组曲线当然是越接近越好。不过，很少会有初入行者能达到这些要求，所以人力资源部会选择三个特别相关的点，一定要接近、甚至达到这个点才算是通过这轮测试。

两年半之前刚刚从大学毕业，在丽嘉酒店实习过 1 个月的 Mary 就经历了一次让她特别难忘的面试。略带紧张地在考官面前坐了一个多钟头，"我当初本来是准备应聘酒店的侍应生，从基础开始好好学习酒店的管理实践。"Mary 回忆当时的情景，但结果却大出她的意外——人力资源部的考官们建议她作酒店公关！主考官们的解释是，在一个多钟头的沟通之中他们发现这个女孩子思维敏捷，表达能力异常好，人缘也不错，善于同周围的人建立良好的关系，应该在公关方面有些潜力，就在给她的 QSP 中插入部分问题。QSP 结束之后，他们把 Mary 的曲线图和参考图系一比较，觉得当初的直觉是正确的，"每个人只有在适合自己的位置上才能有更好的发挥。"这位在人力资源部工作了 5 年的主管一向都这么认为，"不过也还是要征询一下她本人的意见。"Mary 也许并不知道，在公关部任职之后，她的几次培训也都与其 QSP 有着非常紧密的联系，她的 QSP 成绩也已不止一次地被翻出来察看。"因为要发展一位员工，必须清楚地知道员工的强项和弱项。"人力资源部对员工发展非常有心得。因为如果花同样的时间和精力，某个员工在某项上发展较快，则肯定该员工在该项目上有天赋，是其强项，所以他们就会把重点放在强项的发展上。不过，Mary 的 QSP 成绩显示，她在领导力方面的分数较其他初学者高, 很有发展潜力, 人力资源部自然而然地就在 Mary 的公关专业培训之外推荐了几个领导力课程方面的培训, 包括给员工工作安排计划、如何制订实现计划的步骤等。另外, 在员工要求换岗的时候, 人力资源部也会参照员工的 QSP 成绩, 确定他们是否合适他希望去的岗位, 或者是否有这方面的潜力。

不过, Mary 似乎在公关部做得得心应手, 两年半以来并没有提出这些请求, 但她一次次出色地完成任务给大家留下了相当不错的印象, 而她参加的领导力培训也似乎颇见成效。因此, 人力资源部最近决定重新给她做一次 QSP。"因为参加工作最初几年的变化最大。"人力资源部解释道, "经过这么长时间的实践和培训, 我们的企业文化已经深深地影响到员工的思维、处世和管理能力。"

这次人力资源部打算给 Mary 做经理级的 QSP。这项测试更多地考察员工如何制定目标, 安排工作计划, 帮助员工发展的能力, 是否有能力让整个部门的人达到某个既定目标, 当团队里有员工出现问题时作为经理将如何处理, 也就是说, 领导力和管理能力成了应聘经理级别员工的最重要考察点。这时候公关部刚好有位经理调到外地, Mary 是否有能力胜任就看她的新 QSP 成绩了。

（资料来源: http://www.jingdianhr.com.cn IT 经理世界）

案例讨论题

1. 你认为波特曼丽嘉酒店利用 QSP 考核员工是否合理? 为什么?

2. 在对员工进行考核时, 应该如何设计才更为合理?

3. 如果你是该酒店的经理, 你认为考核体系还需要进行哪些方面的改进?

思考与练习

1. 简述前厅部岗位编制应考虑的因素。

2. 简述客房部人员定员时应考虑的因素。

3. 客房部人员定员的方法有哪些?

4. 试析员工招聘程序和步骤。

5. 试析员工绩效考评的内容。

6. 试析绩效考评的方法和流程。

第11章 饭店服务质量管理

【学习目标】

1. 了解饭店服务质量管理的重要性和饭店服务质量的特点。
2. 掌握前厅服务质量的内涵、标准及特点。
3. 了解客房服务质量的构成,重点掌握客房服务质量的主要内容,了解客房服务质量的控制环节。
4. 掌握处理宾客投诉的原则,重点掌握处理宾客投诉的程序。

【内容结构】

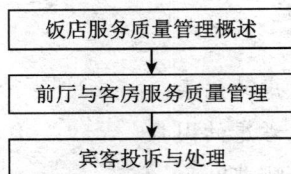

饭店服务质量管理概述

前厅与客房服务质量管理

宾客投诉与处理

【重要概念】

饭店服务质量　个性化服务　优质服务　宾客投诉

第 1 节　饭店服务质量管理概述

质量管理是现代企业管理的重要内容，因为质量是影响企业生存和竞争的决定性因素。由于饭店产品的无形性、生产与销售的同步性特点，饭店产品质量不可能通过售后服务来加以维系。因此，住宿过程中的饭店服务质量管理就显得尤为重要。

从总体上说，住宿服务过程的质量管理是所有饭店企业经营管理的核心内容，饭店服务质量管理直接影响着饭店企业的经营绩效，维系着企业的生命。

一、饭店服务质量的含义及特点

服务是饭店向客人出售的特殊商品，既是商品，就会同其他产品一样具有检验其品质优劣的标准，这个标准即称为服务质量。确切地说，饭店服务质量是指饭店为宾客提供的服务适合和满足宾客需要的程度，或者说，是指服务能够满足宾客需求特性的总和。饭店为客人所提供的一切服务，包括服务设施、服务态度、服务项目和服务方式等，能否适合和满足宾客的共性需求和个性需求，能否受到宾客的认可和赞赏，是衡量服务质量好与差、优与劣的标杆。由此，我们不难看出，服务质量的真正内涵，不仅是宾客需求满足的综合反映，而且是饭店"软件"和"硬件"完美结合的具体体现。

（一）饭店服务质量的含义

所谓饭店服务质量，可以概括为以设备、设施和有形产品为依托所提供的劳务适合和满足宾客的物质和精神需求的程度。饭店产品作为服务产品而言，同一服务，由于质量特征的水平不同，其满足宾客需要的程度也不尽相同，即服务质量主要取决于顾客的感受和认识。当顾客觉得饭店的服务满足了他的需求甚至超过他的预期情况的时候，他会对饭店的服务质量评价较高，饭店因此会被评价为高质量的饭店；反之，如果客人的实际感受达不到预期值，他对饭店的质量评价就会降低，甚至极端不满。由此可以看出，饭店的服务质量主要取决于客人的满意程度，具有极大的主观性。因此，与有形产品相对比，饭店的服务有着更多难以把握、难以标准化的特征，服务质量比有形产品质量更难管理。

对于饭店来讲，服务质量的好与差，主要来自两方面的因素：一方面是物的因素，即饭店的"硬件"因素，包括饭店的建筑外形、设备设施、房间布局、室内装修、家具用具的设置等；另一方面是人的因素，即饭店的"软件"设施，包括饭店工作人员的思想作风、工作态度、服务技能和文化修养等，这也是影响服务质量的关键因素。不同的服务具有不同的质量特征，不同的质量特征分别满足宾客不同的需求。

设施质量和实物产品质量构成了饭店服务的有形质量。饭店服务有形质量高低具有客观的衡量标准，是可以并容易衡量的。例如，饭店前厅和客房的装饰、面积、家具、照明、温度、湿度、噪声，餐厅菜品的色、香、味、形、老嫩程度等，都有十分具体、详细、量化的技术质量规范和等级标准去检验测量。因为有形服务主要提供的是物质方面的感受，直接影响客人对饭店的第一印象。劳务质量和环境质量构成了饭店服务的无形质量。饭店无形质量的高低虽然有一定的客观衡量标准，但是更大程度上依赖于客人的主观感受，它一方面可以衡量，另一方面却常常难以衡量。诸如服务的方式、技巧、效率，服务人员的体态、仪表可以按照饭店制定的服务标准、服务程序检查、衡量。然而，按照相同的服务标准、服务程序提供的服务，会因为客人的兴趣、爱好、国籍、职业、地位、年龄、家庭、收入水平、受教育程度、文化背景等多种因素不同，而产生不同的质量评价。另外，无形质量也会因为每个员工提供服务时的心理状况、情绪、观念、所处环境而随时变化。因此，无形质量的测定颇带主观色彩，常常会因人、因地、因时而异。

（二）饭店服务质量的特点

饭店服务质量与一般有形商品相比，存在很大差别，其主要特点有以下几方面：

（1）质量构成的综合性。饭店服务质量构成复杂，影响因素众多。从质量的形成过程来看，服务质量包括饭店产品的设计质量、建设质量、准备开业质量和营业管理质量。从提供给客人的角度来看，则包括设施设备的质量、环境质量、用品质量、实物产品的质量和劳务活动的质量等。不仅如此，每一过程，每一个环节都有若干内容和影响因素，各种内容和因素又互相联系，互相制约。所以，要提高服务质量，必须实行全员控制、全过程的控制和全方位的控制。

（2）质量呈现的一次性。虽然饭店服务质量的构成是综合性的，但就提供的过程而言，是由一次次具体的服务来完成的。每一次劳动所提供的使用价值，就是一次具体的服务质量。饭店为顾客提供的服务，如开门、送餐、客房住宿、运送行李等，员工在为客人提供饭店服务的同时，客人也在消费和使用，饭店产品没有"可试性"，客人在购买时不能先尝试再购买，提供过程与客人的消费过程同时进行。因此，其服务质量的高低，往往是一锤定音，事后难以修补，也无法重做。

（3）质量评价的多元性。饭店服务质量由技术质量和功能质量两方面构成，技术质量是可以通过量化指标进行测定的，但是功能质量却无法固定一个标准。所以，饭店服务质量的评价标准应当是硬性指标和软性指标的统一。硬性指标主要是为饭店设施质量和实物产品质量制定一套完整的、科学的评价标准。而软性指标主要是针对劳务质量和环境质量而言，除了为服务人员制定一套系统的、规范化的服务规程以外，还应当将客人的反馈意见，甚至顾客的回头率作为衡量标准。饭店服务质量的最终检验员是饭店的宾客。尽管饭店服务质量有一定的客观标准，客人对服务质量的评价往往是主观的。顾客在评价饭店服务质量时，是凭借他的主观感受做出的最后评价。所以，要提高服务质量，就必须注意研究客人的需求，掌握客人的心理，理解客人的心态，以便提供让客人动心的服务。

二、饭店服务质量的内容

饭店服务质量的内容主要包括有形产品质量和无形产品质量两大部分。

（一）饭店有形产品质量

有形产品质量是指饭店提供的设施设备和实物产品以及服务环境的质量。饭店不像一般的工厂那样将原材料加工成产品，完全依靠大量产品的出售而获得附加在产品上的简单劳动力的报酬而赢利，它是一个主要为顾客提供服务、让顾客得到满意、从中获取经济效益的企业单位。其有形产品只是提供无形服务的一个依托，大多数情况下并不是出售产品本身。一般的商品交易是商品和货币的交换，在饭店内，却是服务和货币的交换，顾客带走的是享受，而不是产品，因此，饭店有形产品质量管理的关键是及时维护和有效保养。

（1）设施设备。设施设备是饭店为顾客提供服务的主要物质依托，是饭店赖以存在的基础，从一定程度上来说，顾客对饭店档次的高低感受与配套设施设备的条件有很大的联系，它反映了饭店的接待能力，同时，饭店应保证其设施设备的总体水平与饭店所属的星级标准规定相一致。对于设施设备质量的管理，应随时保持其完好率，严格按照饭店设施设备的维修保养制度定时定量地对饭店的设施设备进行维修保护，保证设施设备的正常运转，充分发挥设施设备效能。

（2）实物产品。饭店内实物产品可以分为两类，一类实物产品不是饭店生产出来的，饭店只是其交换的场所，包括客用品、商品和服务用品。其中，客用品是直接提供给宾客消费的各种生活用品，如日常消耗品：牙具、棉织品、梳子、拖鞋等；商品是饭店为满足宾客购物的需要而在客房或饭店商品部为宾客提供的各种各样的生活用品；服务用品则是针对饭店服务人员而提供的各种用品，如清洁剂、推车、托盘等。另一类实物产品是经由饭店加工生产出来的产品，包括菜肴饮料、水果拼盘等带有饭店特色的产品，饭店对于这部分实物产品的质量应特别注意，因为它们直接影响着顾客对饭店质量的印象，用料要上乘，食品和饮料尽量针对不同的顾客设计不同的口味，并能体现出饭店的特色和文化内涵。

（3）服务环境。对于服务环境质量，应满足整洁、美观、有序和安全的要求。安全问题是顾客入住饭店最关注的问题，顾客的人身和财产安全应当是饭店质量管理考虑的首要问题，饭店环境应有一种安全的气氛，才能给顾客以安全感，但是安全氛围的营造应避免过度的戒备森严，要让顾客处在一种安全、轻松的环境中。饭店的清洁卫生直接影响到顾客的身心健康，是顾客评价饭店的主观标准之一，更是优质服务的基本要求，对于高档次的饭店来说，这一点显得尤为重要。员工是饭店服务的主要提供者，员工的工作态度和仪容仪表对环境的营造和改善宾客的心情有很大的作用。另外，饭店的建筑装潢、布局及装饰风格等都是营造环境氛围的重要方面。

（二）饭店无形产品质量

无形产品质量是指饭店提供服务的使用价值的质量，主要包括饭店员工的服务态度、服务项目、服务方式、服务技能、服务程序、服务效率等。一方面，无形产品的众多特性使得其质量管理的难度加大，难以控制；另一方面，饭店无形产品是饭店服务质量体现的关键所在，饭店个性化服务的体现和差异化战略的实施离不开无形产品质量的精心打造。

（1）服务态度。服务态度是指饭店的服务人员为宾客提供服务时所呈现出的主观意向和心理状态在语言、表情、行为等方面的具体表现。服务态度是反映服务质量的基础，优质的服务是从优良的服务态度开始的。优良的服务态度主要表现在主动热情、尽职尽责、耐心周到、文明礼貌。

（2）服务项目。饭店是一个向宾客提供综合性服务的企业，这就决定了它的服务项目不能单一化，而应多样化。提供服务项目的多少，是饭店的等级、规模、经营能力的反映。现代饭店的服务项目，大体可分为基本服务项目和附加服务项目两类。凡是在服务过程中有明确具体的规定，围绕主体业务所设立的服务项目，称之为基本服务项目，如住宿、餐饮、购物、娱乐等。凡是由宾客提出但并不是每个宾客都需求的服务项目，称之为附加服务项目，如代冲胶卷、代挂电话、代缝纽扣、代租车辆等。附加服务项目虽然大都免收费用或象征性收取服务费用，但其作用不可低估，它不仅是服务质量的重要组成部分，而且还是"宾客至上"等口号的具体体现，在一定程度上，附加服务项目比基本服务项目更能吸引宾客。

（3）服务方式。服务方式是指饭店为宾客提供服务时所采用的形式和方法。其核心是如何给宾客提供各种方便。饭店服务方式大体可分为以下几个方面：适当的营业时间、简便的业务手续、舒适的休息场所、得力的应急措施、分外的主动服务、机动的收费标准、个性化服务、超值服务等。每个饭店的设施设备不同，员工素质的差异，星级高低不等，接待对象不一样，所选择的服务方式是有差别的，但一些共性的服务则是每家饭店都应提供的，如微笑服务、礼貌服务等。

（4）服务技能。服务技能是指服务人员在接待服务工作中，应该掌握和具备的基本功。服务人员的操作技能娴熟与否，从侧面反映出其业务素质的高低和服务质量的好坏，娴熟的服务技能，是提高服务水平、保证服务质量的技术前提。服务技能的高低取决于服务人员的专业知识和操作技术，服务人员只有掌握丰富的专业知识，具备娴熟的操作技术，并能根据具体情况灵活运用，才能使饭店服务达到标准，保证饭店服务质量。

（5）服务程序。服务程序是指接待服务的先后次序和步骤。它看起来无关紧要，实际上是构成饭店服务质量的重要内容之一。饭店的服务工作，无论是客房服务，还是餐厅服务，在服务过程中，既有工作程序，又有操作顺序。顺序里面还有次序，顺序和次序一项接一项，一环套一环。这就要求服务员在工作中，严格按规程操作，既不能颠倒，也不能漏项。实践证明，娴熟的服务技能，加上科学的操作程序，是优质服务的基本保证。饭店的服务程序和操作程序是根据客人的要求和习惯，经过科学的归纳、编排出来的规范化作业次序。凡按此程序工作就能保证服务质量。

（6）服务效率。服务效率是服务工作的时间概念，也是向宾客提供某种服务的时限。它不仅体现出服务人员的业务素质，也体现了饭店的管理效率，顾客在登记入住、用餐、结账离店等方面，如能享受饭店高效率的服务，将会使其心理上获得很大的满足感，获得愉悦的心情，从而对饭店服务质量会有很高的评价。当前很多饭店都在努力追求方便、快捷、优质的服务。服务效率高不仅能够为客人节省时间，而且能够为客人带来利益，因此饭店的服务效率也是服务质量的一个重要内容。

饭店服务质量的内容远不止上述六个方面，随着饭店业的不断发展，饭店服务质量会不断提升，服务质量所包含的内容也将会不断扩充和延伸。但是，饭店服务质量管理的本质是不会变的，其最终结果永远是不断提高顾客满意程度。顾客满意度是指顾客享受饭店服务后获得的感受、印象和评价，也是饭店服务质量管理者努力的目标。只有不断地提高饭店的质量才能获得持久的市场竞争力，目前饭店所遵循的一条规律"质量＝竞争力"，充分说明了质量管理在饭店管理中所处的重要地位。

综上所述，服务质量的优劣直接关系到饭店的声誉及饭店的社会效益和经济效益。从这一意义上来说，服务质量是饭店的生命线。

案例 11-1

神秘顾客

李先生致电某饭店订房，在与酒店员工交谈的过程中，他快速记下了几个细节：总机在铃响两声后接听，前台在一声后接听，问候语标准；报价时没有主动提及房价内已包括两份早餐；在得知客人姓氏后，主动使用姓氏称呼客人……

三天后，商务客人装束的李先生来到该酒店，从走下出租车的那一刻起到进入酒店大堂，李先生又默记下了几个细节：行李员主动上前拉车门、问候并致欢迎语，行李员开车门的动作不规范；行李员没有提醒客人带齐随身物品及询问后车厢内有无其他行李；门童能主动拉门、问好，但缺乏笑容且目光一直投向别处……

对于这家酒店的预订员、行李员和门童，李先生只是他们每天遇到的众多顾客中普普通通的一位，而事实上，李先生此行却有着特殊的任务：他在酒店服务过程中经历的上述细节，最终都将出现在提交给该酒店管理层的《顾客经历报告》中——李先生是酒店聘请的一位神秘顾客，其任务是帮助酒店查找问题，改善服务质量，从而不断提升顾客对酒店服务的满意度。

分析提示

神秘顾客调研法是一种广泛应用于服务行业的质量管理及顾客满意度调查的方法。其做法是由对被调查企业所在行业有深刻理解的调查者以普通顾客的身份，亲历被调查企业的服务产品，在真实的消费环境中以专业的视角感知企业与顾客接触的每一个真实时刻，并将其消费经历、感受、评价等反馈给被调查企业。

（资料来源：陈志学：《饭店服务质量管理与案例解析》，中国旅游出版社，2006）

第 2 节　前厅与客房服务质量管理

客房是饭店企业出售的最重要的产品，客房产品的生产与销售是由前厅部与客房部共同完成的，因此，客房产品质量的控制与管理，实质是饭店前厅部与客房部的质量控制与管理。

一、前厅部服务质量管理

前厅部是为宾客提供综合性服务的部门，提供的产品主要是"纯服务"，因此其质量特性主要通过服务来反映，包括服务的功能性、经济性、安全性、时间性以及服务提供过程的文明性、服务接受者的舒适程度和满意程度等。

（一）前厅部质量控制与管理的内容

前厅部质量控制与管理的内容主要有前厅接待服务设施质量、服务质量、环境质量、安全质量等方面的控制与管理。

1. 前厅设施设备质量控制与管理

前厅是宾客的第一印象区，因此前厅配备的设施设备相对完善，质量要求也较高。前厅配备设施设备主要有服务设施设备、客用设施设备以及辅助设施设备三种。前厅设施设备质量控制与管理除了按照《旅游饭店星级的划分及评定》标准中对不同星级饭店的设施设备规格、等级的明确规定外，还应注意：保证前厅设施设备的装修质量、设施设备的齐全程度、设施设备的等级与规格、设施设备的完好程度。前厅设施设备质量的高低不仅取决于其齐全度、完好度，还应与饭店的规格等级相匹配，保证能够为宾客提供相应等级的服务。

为了控制和管理好前厅设施，应合理地配置、培训和使用人员，制定工作手册，明确各员工的职责，建立各主要设施设备维修档案资料，整理好每次维修的相关文件。

2. 前厅服务质量控制与管理

前厅服务质量控制与管理是一个涉及服务行为、服务方式、服务效率的综合控制与管理过程。

（1）服务行为控制与管理。前厅服务具有对服务人员综合素质和自控行为能力要求高、依赖性强、服务过程短暂等特点。因此，加强对前厅服务人员行为的控制与管理对提高前厅服务质量至关重要。服务行为的控制与管理主要包括服务态度、服务技能、语言及应变能力、礼节礼貌、操作规范等方面的控制与管理。

（2）服务方式控制与管理。服务方式指的是前厅服务员以什么样的形式为宾客提供服务。不同的服务方式对于服务人员的服务行为、沟通与应变能力的要求不同，也将产生不同的服务效率与效果。服务方式的控制与管理要求对不同服务方式的服务程序、服务人员的行为举止、着装等进行统一化、规格化、标准化的管理，并通过服务培训，提高服务人员对新型服务方式，如坐式服务、一站式服务以及开放式服务的理解、把握与控制的能力。

（3）服务效率控制与管理。服务效率是服务质量的重要内容，是前厅提供优质服务的基本前提。前厅的工作特性更讲究服务的高效与准确性，拖沓低效的工作将会影响整个前厅的服务质量。前厅服务效率的控制方式主要有制度化控制、定量化控制等。

①制度化控制。制度化控制是指采用规章制度的形式把保证前厅服务运作效率的一系列标准、程序、规则固定下来，使之成为前厅服务效率控制的重要组成部分。制度化控制可分为标准化制度控制和程序化制度控制两类。标准化制度控制是以规章制度的形式将前厅服务人员对客服务时所必须达到的标准固定下来，作为前厅部控制服务效率的重要手段。前厅部控制服务效率的标准化制度主要有前厅部各岗位人员或服务运作时所应掌握的技能标准、质量标准、服务操作标准、工作效率标准等制度。程序化制度是以规章制度的形式将前厅服务接待工作的先后次序（最优次序）固定下来，使前厅的服务工作依据接待服务工作的程序来进行，从而为提高服务效率提供客观标准。相关的程序化制度有总机接待服务程序、宾客入住登记程序、行李寄存程序、宾客换房程序等。这些程序化制度规定了前厅服务人员具体的操作流程与运作要求，能够有效地提高前厅服务人员的对客服务效率。

②定量化控制。定量化控制是通过各种数据、文字、定性指标或文件来约束和控制服务效率的方法或手段。定量化控制手段主要有表单定量控制、指标定量控制和人员定量控制。表单定量控制是通过各类表单传递信息，控制前厅部的服务效率。指标定量控制是通过各种指标的设定来控制服务效率。人员定量控制是通过人员相互匹配的定量关系来控制服务效率。即在前厅服务运作过程中，根据接待宾客的特点、前厅部的人员配备情况以及所要达到的服务水平和要求，按一定的标准确定服务项目的人员配备。

补充阅读材料 11 - 1

表 11 - 1　前厅部服务质量检查表

检查序号	检查区域	主要检查内容与要求
1	所有部位	按饭店规范着装 站立服务，仪态端庄 语音清晰、语言文明、规范

续表

检查序号	检查区域	主要检查内容与要求
2	大堂	大门和电梯迎接服务符合规范及其质量要求 指挥车辆迅速准确，车道保持畅通 礼貌应答客人的问询 环境优雅、整洁
3	问讯处	办理访客查询不超过 3 分钟 邮件分送不超过 10 分钟 钥匙收发不超过 1 分钟 提供问讯服务及时、准确
4	预订处	各类业务报表填写清楚、发送及时、无误 正确控制超额预订数量 客史档案齐全有效
5	接待处	根据预订要求和客房实际使用状况合理排房 办理客人的住宿登记不超过 3 分钟 及时将相关客情安排通知有关部门 交接工作记录清楚
6	前台	接转电话铃响不超过 3 次 转接准确、无差错 语音清晰、语气柔和

（资料来源：陈云川、鄢赫主编：《饭店前厅客房服务与管理》，机械工业出版社，2008）

3. 前厅环境质量控制与管理

前厅环境的质量控制与管理体现在两个方面：可视环境质量控制与管理以及可感知的服务环境质量的控制与管理。

（1）可视环境质量控制与管理。可视环境与气氛具有严格的量化标准，能够带给宾客更加直观的视觉体验，是饭店环境氛围塑造的重要组成部分。前厅可视环境主要体现为前厅的声、光、电、绿化等手段所营造出的、能为宾客视觉直接感受到的环境氛围。陈设与装饰的质量主要体现在饰品、艺术品、摆设物的选择、摆放和管理上。

（2）可感知的服务环境质量的控制与管理。可感知的服务环境是由服务人员的优良品质、服务意识以及高超的服务技能技巧构成的，并在员工提供服务的过程中体现出来。因此说，服务环境是员工服务时表现的行为方式，包括服务人员的仪容仪表、礼仪规范、服务方式、服务技巧、服务效率、团队精神等，是能让宾客感知和体验到的气氛与氛围。

4. 前厅安全质量控制与管理

前厅是宾客出入饭店的必经之地，人多、情况复杂，安全质量的控制管理显得非常必要。前厅安全质量控制与管理的内容包括：车场安全的控制与管理，进入饭店的客人生命和财产安全的控制与管理，大堂秩序的控制与管理，电梯安全的控制与管理，饭店设备财产的安全控制与管理等。

（二）前厅服务质量控制与管理

在前厅的服务过程中对客服务的关键环节为：预订服务、接待服务和结账服务，前厅可以通过对这三个关键环节的控制，有效地提高前厅的服务质量。

1. 预订服务的质量控制与管理

客房预订是饭店与宾客建立良好关系的开始。客房预订工作要求前厅部预订人员熟悉饭店的客房类型以及订房业务知识，具有较强的销售能力；要求饭店具有系统化、规范化的订房网络系统和完善的订房管理制度与服务标准。预订服务的质量控制与管理工作包括：

（1）订房作业流程控制。对宾客预订要求确认、接受预订、确认预订、预订记录存储、预订变更与取消、抵店准备等订房作业流程进行控制与管理，并对每一个流程的员工职责进行明确，尽量减少预订工作中的差错。

（2）责任约束与控制。应指定专人负责预订房信息的记录、存储与归档，为责任约束与控制提供依据。责任约束与控制主要是对预订员的责任心、相关预订程序、规范及其预订条款、注意事项等方面的培训责任的约束，还要制定客房预订政策，明确饭店与宾客之间的责、权、利关系，保障双方的合法权益不受侵害。

（3）沟通协调机制管理。建立预订组与总服务台及销售部的沟通与协调管理制度，通过沟通协调机制达到对饭店客房预订组、总服务台和销售部之间的沟通协调与控制管理。总服务台员工应每日对预订未到、预订变更与取消、提前与延期离店的客房数进行统计，制作成表格，交给预订部，销售部也应就当日的预订信息与前台预订部沟通，从而避免排重房、排错房与漏排房；加强与预订中心及订房代理处的联系，及时掌握预订信息。

（4）超额预订的控制与补救处理。加强对预订变更与预订取消的管理，制定科学合理的超额预订比例以及补救措施，减少超额预订给饭店造成经济、信誉等方面的损失。

2. 接待服务的质量控制与管理

接待服务是前厅对客服务全过程中的一个关键阶段，这一阶段的工作效果将直接影响前厅的客房销售、信息收集、对客服务协调、客账以及客史档案建立等功能的发挥。接待服务的质量控制应做到：

（1）遵循接待服务程序。前厅接待服务程序应遵循识别宾客有无预订、介绍客房、排房定价、办理宾客入住登记、确定付款方式、制作宾客账单、资料存档的顺序。

（2）根据宾客的类型提供个性化的接待服务。例如对于 VIP 客人和常客，则可简化接待服务程序，或者提供客房内办理入住登记等特殊服务。

3. 结账服务的质量控制与管理

优质的离店结账服务应该满足高效性和准确性两个指标的要求。离店结账服务质量控制内容包括以下三方面：

（1）做好客账记录。客账记录的主要目的是避免结账时出现差错，避免发生逃漏账，客账记录要做到账户清楚、转账迅速、记账准确，因此，应建立一套完备的制度来保证，并依靠各业务部门的配合及财务部的审核监督。

（2）加强前厅同客房部的合作。为了减少宾客等候收银结账的时间，收银员与房务员之间应加强沟通，提高查房的速度，尽快为宾客办理结账手续。

（3）简化离店结账手续，提高结账效率。

二、客房服务质量控制与管理

（一）客房服务质量的内容

客房服务质量包括以下三个方面：

（1）客房设施设备用品质量。包括客房家具、电器设备、卫生间设备、防火防盗设施、客房备用品和客房供应品的质量。这些是客房服务提供的物质基础，其舒适完好程度如何，直接影响到整个客房服务的质量。

（2）客房环境质量。客房环境质量主要是指客房设施设备的布局和装饰美化，客房的采光、照明、通风、温度、湿度的适宜程度等。良好的客房环境能使客人感到舒适惬意，产生美的享受。

（3）劳务质量。劳务质量是客房部一线服务人员对客人提供的服务本身的质量。它包括服务态度、服务语言、服务的礼节礼貌、服务方法、服务技能技巧、服务效率、安全与卫生。

在这三方面中，设施设备用品和环境的质量是有形的，劳务质量是无形的，却又是服务质量的最终表现形式。三者的有机结合，便构成了客房服务质量。客房管理的目的，就是促使客房服务质量得到全面提高，满足客人的物质需求和精神需求，从而创造经济效益和社会效益。

（二）客房部服务质量控制与管理

（1）客房设施设备质量的控制与管理。客房是宾客休息、停留的场所，是宾客在饭店逗留时间最长的区域，其设施设备质量的好坏是宾客评价饭店质量的重要因素之一。客房设施设备的质量是客房服务质量的物质基础。客房设施设备质量控制的关键是要做好以下两个方面的工作：①客房设施设备配置必须与饭店的档次相适应，并能满足宾客的需要，而且要有相应的定性要求与定量标准。②制定客房设施设备的维修与保养制度，加强管理，保证其始终处于完好、可用状态。

（2）客房用品质量控制与管理。客房用品包括客房供应品与客房备用品两种，客房供应品是指饭店提供给宾客使用或带走的一次性用品或赠品；客房备用品是可以供多批宾客使用、宾客不能带走的用品，如布草、烟灰缸、垃圾桶、台灯等。客房用品档次配备、数量应与饭店的档次相一致；在质量上应做到精致、美观、实用、方便，在摆放位置等方面应做到科学合理、方便安全。

（3）客房服务质量控制与管理。其主要包括两个方面：①卫生清洁质量控制与管理。客房的卫生清洁是客房服务质量的最基本要求。客房卫生清洁质量的控制内容包括卫生间洁具的卫生清洁质量控制、布草的卫生清洁质量控制、房内家具与设备的卫生清洁质量控制、房间环境的卫生清洁质量控制等。控制客房卫生清洁质量，关键是必须建立科学的客房清扫规程、制定客房清洁卫生质量标准与建立严格的岗位责任制，同时应加强客房清洁卫生计划管理，落实客房的各级检查制度。②确定客房服务质量控制与管理目标。根据宾客的要求，提供适合其需要的客房产品。客房服务质量的控制与管理应以宾客需求为导向，结合饭店的实际情况与能力，确定客房服务质量控制与管理的方针、政策、措施，制定出具体可行的质量标准、规范、程序和管理制度，不断提高客房服务质量。

（4）客房环境质量控制与管理。客房环境是指能对客房内所有人员的健康造成影响的环境要素的总和。主要包括客房的热环境（客房的温度、湿度、气流速度以及壁面辐射温度组合而成的一种室内气候）、空气洁净状况、声环境、光环境等。所有人员不仅指饭店的宾客、服务员，还包括住店宾客的朋友、来访者等。客房环境质量有两个基本的衡量标准：一是达到安全和健康的要求；二是达到舒适的要求。良好的客房环境质量应表现为：有效的通风、适当的照明、良好的室内空气质量、良好的声环境、无化学危害品污染。

（5）客房安全质量控制与管理。客房安全质量可以通过客房门锁与钥匙控制、房内设施设备的安全控制、宾客财物保管箱安全控制、宾客信息安全控制等来实现。

（三）客房部的逐级检查制度

客房卫生管理的特点是管理面积大，人员分散，时间性强，质量不易控制。而客房卫生工作又要求高质量、高标准、高效率，其管理好坏是服务质量和管理水平的综合反映。因此，客房部管理人员必须抽出大量时间，深入现场，加强督导检查，以保证客房卫生质量。

客房的逐级检查制度主要是指对客房的清洁卫生质量检查实行服务员自查、领班全面检查和管理人员抽查的逐级检查制度。这是确保客房清洁质量的有效方法。

（1）服务员自查。服务员每整理完一间客房，应对客房的清洁卫生状况、物品的布置和设备的完好等做自我检查。这在服务员客房清扫程序中要予以规定。通过自查，可以加强员工的工作责任心和服务质量意识，以提高客房的合格率，同时也可能减轻领班查房的工作量。

（2）领班全面检查。服务员整理好客房并自查完毕，由楼层领班对所负责区域内的每间客房进行全面检查，并保证质量合格。领班查房是服务员自查之后的第一道关，往往也是最后一道关，是客房清洁卫生质量控制的关键。因为领班负责清洁后的客房的报告，总台据此就可以将该客房向客人出租。所以领班的责任重大，必须由工作责任心强，业务熟练的员工来担任。一般情况下，楼层领班应是专职负责楼层客房的检查和协调工作，以加强领班的监督职能，防止检查流于形式。通常，领班每天检查房间的数量为 100%，即对其所负责的全部房间进行普查，并填写"楼层客房每日检查表"。但有的饭店领班负责的工作区域较大，工作量和每天至少应检查 90% 以上的房间，一般可以对住客房或优秀员工所负责的客房进行抽查。领班查房时如发现问题，要及时记录并加以解决。对不合格的项目，应开出做房返工单，令服务员返工，直到达到质量标准。对于业务尚不熟练的服务员，领班查房时要给予帮助和指导，这种检查实际就是一种岗位培训。

（3）管理人员抽查。管理人员抽查主要是指主管抽查和经理抽查。在设置主管职位的饭店中，客房主管是客房清洁卫生任务的主要指挥者，加强服务现场的督导和检查是其主要职责之一。主管抽查客房的数量，一般为领班查房数的 10% 以上。主管检查的重点是每间 VIP 房，抽查长住房、OK 房、住客房。还要检查维修房，促使其尽快投入使用。主管查房也是对领班的一种监督和考察。客房部经理每天要拿出一定时间到楼层巡视，抽查客房的清洁卫生质量，特别要注意对 VIP 房的检查。通过巡视抽查掌握员工的工作状况，了解客人的意见，不断改进管理方法。同时客房部经理还定期协同其他有关部门经理对客房内的设施进行检查，确保客房部正常运转。另外，饭店总经理也要定期或不定期地亲自抽查客房，或派值班经理代表自己进行抽查，以控制客房的服务质量。客房质量检查的内容一般包括四个方面：清洁卫生质量、物品摆放、设备状况和整体效果。由于各饭店设施设备条件不同，客房质量检查的具体项目也不尽相同。

（四）客房服务质量标准的内容

根据客房服务质量标准的设计所要考虑的因素包括以下八个方面的内容。

（1）服务工作标准。服务工作标准主要是指饭店为保证客房服务质量水平对服务工作所提出的具体要求。服务工作标准不对服务效果做出明确的要求，只对服务工作本身提出具体要求。例如，客房床单应每日更换一次，大堂地面必须每天定时推尘。

（2）服务程序标准。服务程序标准是指将服务环节根据时间进行有序排列，既要求做到服务工作的有序性，又要求保证服务内容的完整性。例如，客房接待服务有四个环节，即客人到店前的准备工作，客人到店时的迎接工作，客人住店期间的服务工作，客人离店时的结束检查工作，其中每个环节又有很多具体的步骤和要求，如果该环节中有一个步骤出现问题，就会使客房服务质量受到很大影响。确定客房服务程序标准是保证服务质量的重要举措。

（3）服务效率标准。服务效率标准是指在对客服务中建立的服务时效标准，以保证客人得到快捷、有效的服务。例如，客房服务中心接到客人要求服务的电话，3 分钟内必须为客人提供服务；客人交付洗烫的衣物必须在 24 小时内交还客人等。

（4）服务设施用品标准。服务设施用品标准是指饭店对客人直接使用的各种设施和用品的质量及数量做出严格的规定。设施和用品是饭店服务产品的硬件部分，其使用标准制定的高低直接影响到客房产品质量水平的一致性。如果客房中的一次性牙刷和牙膏质量低劣，客人就往往在使用这些劣质用品时对饭店整体的质量水平产生怀疑和不满。

（5）服务技能标准。服务技能标准是指客房服务员所应具备的服务素质和应达到的服务等级水平及语言能力，规定服务人员所应具有的服务经验和所掌握的服务知识，规定特定岗位上的服务人员能够熟练运用的操作技能。如一名客房清扫员应能在 30 分钟左右完成一间标准客房的清扫工作。

（6）服务态度标准。服务态度标准是指对服务员提供面对面的服务时所应表现出的态度、举止礼仪和服务语言做出的规定。如服务员须实行站立服务，接待客人时应面带微笑，站立时不得前倾后靠和双手叉腰以及搔头挖耳，当着客人面不得高声喧哗、吐痰、嚼口香糖等。饭店在欢迎、欢送、问候和道谢等各种场合下要求员工使用标准语言：如规定服务中使用的敬语包括：见面"您好"，离别"再见"，得罪客人"对不起"，客人谢谢"没关系"等；同时饭店也应明确规定服务忌语，如规定在任何时候都不能回答客人说"不知道"。使用标准化语言可以提高服务质量，确保服务语言的准确性。

（7）服务规格标准。服务规格标准是指饭店对各类客人提供服务所应达到的礼遇标准。例如，规定对入住若干次以上的常客提供服务时必须称呼客人姓名；对入住豪华套房的客人提供印有客人烫金姓名的信纸信封；对 VIP 客人的房间要放置鲜花、果篮。

（8）服务质量检查和事故处理标准。这是对前述服务标准的贯彻执行所制定的标准，也是饭店服务质量的必要构成部分。发生服务质量事故，饭店一方面，要有对员工的处罚标准；另一方面，也要有事故处理的程序和对客补救、挽回影响的具体措施。

补充阅读材料 11 - 2

表 11 - 2　客房部服务质量检查表

检查序号	检查区域	主要检查内容与要求
1	客房服务中心	楼面、走廊、墙壁整洁无污物 客房门、铃、把手、锁、窥视镜及安全链等完好、洁净，金属部分光亮 房内天花板、墙面、地面清洁无尘、窗明几净 房内设施设备、家具及用品齐全、完好 电话机完好有效，备有电话指南、便笺及笔 温度、湿度适当，空气新鲜无异味
2	布件房	准时收发件、清点准确、手续齐备 存放整齐，摆放有序，保管得当 检查布件损耗情况，做好及时更新、报废、添购等工作

续表

检查序号	检查区域	主要检查内容与要求
3	洗衣房	洗涤设备整洁完好，有效运作 洗涤衣物分类存放，整齐有序 客衣收发正确，轻装轻放 作业规范，确保衣物洗熨质量
4	PA 部	服务场所标志醒目，完好无损 庭院、走道清洁，地面无废弃物及杂物 外墙、台阶、门窗等干净光亮、完好无损 大堂整洁、家具干净，各种灯具、艺术挂件和装饰品挂放端正、整洁 公用卫生间专人清洁，做到空气清新、无异味

（资料来源：陈云川、鄢赫主编：《饭店前厅客房服务与管理》，机械工业出版社，2008）

三、优质服务

宾客的满意是饭店追求的最高服务境界，宾客的满意也是评价饭店服务质量优劣的唯一标准。要提高服务质量，应重视以下几个方面意识的培养：

（1）标准化服务。饭店通过对服务标准的制定和实施，以及对标准化原则和方法的运用，以达到服务质量目标化、服务方法规范化、服务过程程序化，这又称为标准化服务。应当指出的是，服务质量目标化、服务方法规范化和服务过程程序化三者是不可分割的整体，由它们共同实现标准化服务的功能。

（2）个性化服务。由于住客来自不同的国家和地区，其民族、宗教、风俗习惯方面有较大差异，又有年龄、性别、文化教养、职业、消费水平等区别；仅靠规范服务不可能满足客人的所有要求；而饭店是以出售服务为特征的经营性企业，按这一行业的宗旨和信条，客人的要求永远是对的，饭店必须千方百计地满足客人的各种需求，包括那些偶然的、特殊的需求，让客人满意，使他们成为回头客。个性化服务通常是指服务员以强烈的服务意识去主动接近客人，了解客人，设身处地地揣摩客人的心理，从而有针对性地提供服务。个性化服务分为两个层次，第一层次是被动的，是由客人提出非规范需求的服务；第二层次是主动的，是服务人员主动提供的有针对性的服务。如客人生病时，除可以主动帮客人联系医生、提供特殊照顾外，还可以送一束鲜花或一张贺卡表示安慰和祝福。另外，熟记客人的名字并用于称呼，与客人谈话时要有礼貌，使客人有一种被重视和尊重的感觉。总之，个性化服务的内容相当广泛。

案例 11 - 2

用心服务

一天，客房服务员小李正在清洁客房。当她打开毛毯，发现客人枕过的两个枕头中间有一道折痕。小李想可能是客人嫌枕头矮，把两个摞在一起对折同时使用。当她确认自己的判断后，经领班批准，小李给客人多加了两个枕头。

第二天，当客人看到来清洁房间的小李时，劈头就问："你为什么把我的两个枕头换成四个？小李有点慌了，连忙说："先生，实在对不起。如果您不喜欢，我马上撤掉。"客人马上笑了，说道："小姐，我是说，你怎么知道我嫌枕头矮？"小李如释重负，把她思考的前前后后说了出来。客人听后，伸出大拇指说："小姐，您在用'心'为客人服务啊！"

分析提示

这一案例说明，个性化服务对于提高客人的满意程度，具有极其重要的意义。

个性化服务的一个重要方面就是针对某一特定的宾客或特定的宾客群体提供能使其满意的服务，这就要求饭店有意识地、系统地建立宾客服务档案，它包括宾客偏好档案和特殊服务档案。宾客偏好档案可以是针对某一类型的宾客，如商务宾客、观光宾客、长包房宾客，也可以是针对饭店的回头客。另外，员工在服务过程中还会遇到各种各样突发事件或宾客意外需求，而员工在处理这类问题、提供特殊服务的过程中会有很多经验教训，将之制作成特殊服务档案，既可以成为为这类宾客提供特殊服务的依据，又是员工培训的极好教材。

宾客服务档案系统的建立和完善有赖于饭店全体员工的信息意识，饭店管理层应该让每位一线员工明白，他们应随时随地捕捉有关宾客需求的任何信息，在准确理解它们后，提供相应的服务；同时，一些经过筛选的有价值的信息还应及时地在服务日志中保留下来，并传递到相关部门。

一条信息（如宾客喜欢喝红茶）如果只被餐厅服务员知道，那么这条信息将带来一份宾客的满意。如果经过多次服务，证明"爱喝红茶"是这位宾客的偏好，就应存入客史档案，并通过各部门的终端传递到相关的服务人员那里，那么宾客这种稳定偏好也就可能为更多的服务人员所了解并有意识地提供针对性服务，从而产生更大的价值，这就是个性化服务带来的附加价值。当然，宾客信息档案的建立是有成本的，而且若要对所有的宾客都建立档案，工作量巨大，并非任何饭店都能办到。美国的里兹·卡尔顿饭店提供的个性化服务堪称一绝，该饭店规定，宾客住店后在任何场合向饭店任何一位员工提出的个人要求，都必须立即输入计算机，并与全店联络沟通。宾客无须再说第二次，任何一个服务员都会随即提供相应的个性化服务。该饭店有 24 万名回头客，个个都有详尽的个性服务要求资料。

高质量的服务使它成为世界饭店史上唯一一家荣获美国最高质量管理奖的饭店。

（3）标准化服务与个性化服务之间的关系。标准化与个性化是一对永恒的主题。无论是从饭店服务的历史进程还是逻辑进程来看，个性化服务都是以标准化为基础的，只有在对饭店服务标准化有了科学的理解与把握的基础上，才有可能寻求饭店服务的标准化与个性化的均衡发展，从而推进饭店质量管理，特别是饭店服务管理理论与实践的创新。要想稳定和提高服务质量，首先要制定明确的服务标准，用定量化的方法给服务人员以指导，如客人的等候时间和结账时间等。这些量化的服务质量规范、规章制度、服务程序和岗位责任制等根据员工的具体职责对员工的行为进行规范，让员工在工作的时候能够有标准可依。但是，标准化的服务只能满足客人的共性需求。由于客人千差万别，顾客之间的需求在细节上可能是完全不同的。所以，单靠刻板的标准并不能提供尽善尽美的服务，饭店还应该根据客人的个性需求，随机应变，提供个性化服务。完美的个性化服务，不是等到客人提出要求后才做，而是要求服务人员有预见性，这就要求饭店有提供个性化服务的机制，如建立宾客档案以记录客人的个性化需求等。标准化和个性化的有机结合，已经成为饭店赢得每位客人的关键，是饭店在激烈的竞争中取胜的重要法则。

（4）优质服务。仅有规范服务的饭店是不能让客人满意的，饭店还必须千方百计地满足客人的临时的个别需求，把对客服务提高到一个新水平。饭店优质服务就是最大限度地满足客人的正当需求，为客人提供舒适、洁净的客房，并提供宾至如归的一流服务，主动提供超常的个性化服务。有这样一个公式：优质服务＝标准化服务＋个性化服务。优质服务应该是超越顾客的期望，要打动顾客的心，仅有满意是不够的，还必须让顾客惊喜。现代营销理论告诉我们，满意是客人对饭店产品实际感知的结果与其期望值相当时，形成的愉悦的感觉。惊喜则是当客人对产品实际感知的结果大于其期望值时，形成的意料之外的愉悦感觉。只有当客人有惊喜之感时，客人才能真正动心。为此，饭店的优质服务应超越客人的期望，即饭店提供的服务是出乎客人的意料或从未体验过的。要达到优质服务的水平，饭店员工尤其是前厅和客房的一线员工必须要有高度的责任心，有强烈的服务意识，更要有处处以客人为重的热心与爱心。可见，要做一个能为客人提供优质服务的服务员也不是一件容易的事。

补充阅读材料 11-3

正确理解优质服务

某饭店规定在为散客办理登记入住时，力求在 5 分钟内完成登记手续。但在登记过程中完全没有体现出准确、热情和有礼的要求，这也是对服务质量的曲解。因为服务质量的标准中包括了服务效率和服务效果。服务效率是使无形服务有形化，是提供优质服务的保证条件。而服务效果是质量的最终要求，是赢得宾客满意的根本。从客人到前台登记至客人入住，这一段时间规定为 5 分钟。这样一次服务的有限时间只是一种服务效率的标准，它只是象征着这种快速敏捷的服务是在欢迎客人的到来，而不是冷遇客人。服务效率仅仅是优质服务的第一步。第二步，应该是在为客人提供服务的过程中，体现出热情、周到、有礼的微笑服务。从你向客人问第一声"您好"，到说一声"希望您住得开心"的服务的结束，自始至终地体现出这种优质的感情服务。提供优质服务的第三步，便是细微服务，就是在正常的服务基础上向宾客提供他们急需而又没有预想到的服务。当前台服务员告诉客人当晚暂时没有房了，建议客人做等候单或者马上帮客人联系其他饭店并为客人安排交通工具，在客人临走时，对不能安排房间向客人表示歉意，希望客人下次再次光临，并把自己的名字告诉客人，提醒客人下次提早订房。这次客人虽然不能住在本饭店，但员工的优质服务给他留下了深刻的印象。这就是细微服务。这种在日常工作中培养工作责任心，急客人之所急，想客人之所想的服务精神，正是质量意识的具体表现，因此没有强烈的质量意识，就不可能有优质的服务。

第 3 节　宾客投诉与处理

　　饭店的服务对象是宾客，宾客对服务质量的评价是质量标准的重要方面。作为饭店，要通过各种渠道和方式，主动征求客宾的意见，收集宾客和传播媒介有关服务质量的信息。目前，许多饭店在客房服务指南上留有空白信笺，或设置意见簿，征求宾客意见，也有的饭店采用问卷调查、召开宾客座谈会或重点客人调查等形式，来获取服务信息的反馈。

　　饭店要重视客人的投诉，客人的投诉是反映饭店服务质量的晴雨表，最能反映饭店服务质量的突出问题和薄弱环节。因此，饭店应正确对待宾客的投诉，要设专人负责，一般应由公关部经理或大堂副理处理。

一、宾客投诉

　　（1）宾客投诉的含义。投诉是客人对饭店提供的服务设施、设备、项目及行动的结果表示不满而提出的批评、抱怨或控告。由于饭店是一个复杂的整体运作系统，而且客人对服务的需求又是多种多样的，因此无论饭店经营得多么出色，都不可能百分之百地让客人满意，客人的投诉也是不可能完全避免的。饭店投诉管理的目的和宗旨在于如何减少客人的投诉，及如何使因客人的投诉而造成的危害减小到最低程度，最终使客人对投诉的处理感到满意。

（2）对待客人投诉的态度。客人投诉的基本原因，是饭店的某些设施和服务未能达到应有的标准，不能给客人以"物有所值"的满足感，即客人感觉到的服务与其所期望的服务有差异。事实上，投诉产生后，引起客人投诉的原因并不重要，关键是服务人员自己怎么看待客人的投诉，采取怎样的态度来面对、解决客人投诉。对于饭店来说，争取客人不容易，留住客人更难。如果对客人投诉的态度及处理方式不当，客人因不满而离去，真正受损失的还是饭店。调查表明，绝大多数不满意的客人并不轻易投诉，他们如果受到不公正的待遇，会把不满留在心里，而拒绝下次光顾，或向其他亲友、同事宣泄，这就意味着饭店将永远失去这位客人，饭店就连向客人道歉的机会也没有了，影响了饭店的经营和对外的形象。虽然投诉并不令人愉快，但饭店应将其看作是发现自身服务及管理的漏洞，改进和提高饭店服务质量的重要途径。同时，通过投诉的处理，加强了饭店同客人之间的沟通，进一步了解了市场需求，提高了竞争力，有利于争取更多的客源。因此，饭店对客人的投诉应持积极、欢迎的态度，无论客人出于何种原因、何种动机进行投诉，饭店方面都要理解客人心理，给予充分重视，及时做出补救。只有这样才可能消除客人的不满，重新赢得好感及信任，改善客人对饭店的不良印象。"闻过则喜"应成为饭店对待客人投诉的基本态度。

补充阅读材料 11 - 4

宾客不满意的后果

统计结果显示，在服务业中，27 个不满意的顾客中有 26 个不会提出抱怨。

不满意的顾客平均会向 8 ~ 10 个人倾诉他们的遭遇，而每 5 个不满意的顾客中，就有 1 个对 20 个人诉说。

如果顾客觉得企业成功地处理了他的抱怨，那他会告诉 5 个人，但如果企业的服务一开始就很好的话，顾客只会对 3 个人说。

在某宾馆中，如果一个顾客的投诉获得圆满解决，他就有 92% 的可能性会再次光临。如果问题没有得到解决，顾客再来订房的可能性则不到 50%。

顾客流失率降低 5%，就可将利润提高 25% ~ 95%。

（资料来源：［美］珍妮尔·巴诺等：《抱怨是金》，西南财经大学出版社，2001）

二、易于受到投诉的环节

从整个饭店经营和运作系统来看，容易被客人投诉的环节主要有以下几方面：

（1）饭店的设施设备。此类投诉是指由于饭店的设施设备不能正常运行而给客人带来不便，甚至伤害，引起客人投诉。其包括客人对空调、照明、供暖、供水、供电、家具、门锁、钥匙、管道、电器、电梯等设施设备的投诉。此类投诉一般占有很大比例。我国饭店与国际饭店相比，存在的突出问题之一就是设施设备保养不善，"未老先衰"，一些老店更是"千疮百孔"，常引起客人的投诉。当然，即使饭店采取了全方位的预防性维修与保养措施，也很难杜绝所有运转中的设施设备可能出现的故障。因此，前台工作人员在受理此类投诉时，最好是协同有关部门的工作人员去实地观察，然后根据实际情况，配合有关部门一起采取措施解决。

（2）饭店的服务。此类投诉是指服务人员在服务态度、服务礼节礼貌、服务技能、服务效率、服务纪律等方面达不到饭店服务标准或客人的要求与期望，引起客人的投诉。如服务人员对客服务中不主动、不热情、结账时间过长、出现差错、索要小费等。据调查，此类投诉一般占总投诉的50%以上。

（3）饭店的食品及饮料。此类投诉是指由于饭店食品及饮料出品方面出现的卫生及质量问题，如不清洁、过期变质、口味不佳等，引起客人的投诉。饭店的食品及饮料出品是除客房及其他设施、设备外另一重要的有形产品，此类质量问题直接影响饭店的声誉及其他服务产品的销售。

（4）饭店安全状况。此类投诉是指客人在饭店因人身安全、财产安全或心理安全受到侵犯而投诉。如：因饭店管理不善而使住客在房间受到骚扰，客人的隐私不被尊重，客人的财物丢失等。

（5）饭店相应的规定及制度。此类投诉是指客人由于对饭店的有关政策规定及制度产生不满而引起的投诉。如：对饭店内房价、预订、入店手续办理、通信、会客等方面的相应规定，表示不认同或感到不方便。此时，前台工作人员应努力为客人做好解释工作，指明这些规定是为了保障客人的利益而专设的；同时，在规定范围内，从多角度、多方面帮助客人，消除客人疑虑。在多次接到此类投诉情况下，饭店方面应不断加以归类总结，完善相应规定及制度，使其成为对客服务的更好依据。

在实际工作中一定要注意尽量减少客人投诉。要做到这一点，就要求我们在饭店的营运管理中注意容易投诉的环节，并采取相应的措施，做好预前控制。

三、处理投诉的原则

饭店方面在处理客人投诉的过程中要注意和把握以下几个原则，认真做好投诉的处理工作。

（1）真心诚意帮助客人解决问题。处理客人投诉，"真诚"二字非常重要。应理解客人的心情，同情客人的处境，努力识别和满足他们的真正需求，满怀诚意地帮助客人解决问题。只有这样，才能赢得客人的信任和好感，才能有助于问题的解决。饭店要制定合理、行之有效的有关处理投诉规定，以便服务人员在处理投诉时有所依据。自己不能处理的事，要及时转交上级，要有一个引导交接的过程，不能使投诉中出现"空白"和"断层"。有些简单的投诉，凡本人能处理好的，更不能推诿和转移。否则，将会引起客人更大的不满。如果缺乏诚意，即使在技术上做了处理，也不能赢得客人的好感。

（2）绝不与客人争辩。处理客人投诉时，要有心理准备，即使客人使用过激的语言及行为，也一定要在冷静的状态下同客人沟通。当客人怒气冲冲地前来投诉时，首先应适当选择处理投诉的地点，避免在公共场合接受投诉；其次，应让客人把话讲完，然后对客人的遭遇表示同情，还应感谢客人对饭店的关心。一定要注意冷静和礼貌，绝对不要与客人争辩。我们必须清楚，客人不是我们争论斗智的对象，我们永远不会赢得争辩。也不要试图说服客人，因为任何解释都隐含着"客人错了"的意思。态度鲜明地承认客人的投诉是正确的，能使客人的心理得到满足，尽快地把客人情绪稳定下来，显示了饭店对客人的尊重和对投诉的重视，有助于问题的解决。

（3）不损害饭店的利益和形象。处理投诉时，应真诚地为客人解决问题，保护客人利益，但同时也要注意保护饭店的正当利益，维护饭店整体形象。不能单单注重客人的陈述，讨好客人，轻易表态，给饭店造成一定的损失，更不能顺着或诱导客人抱怨饭店某一部门，贬低他人，推卸责任，使客人对饭店整体形象产生怀疑。对涉及经济问题的投诉，要以事实为依据，具体问题具体研究，使客人不蒙受不应蒙受的经济损失，饭店也不无故承担赔偿责任。仅从经济上补偿客人的损失和伤害不是解决问题的唯一有效方法。

在处理投诉时，既要一视同仁，又要区别对待。既要看投诉问题的情节，又要看问题的影响力，以维护饭店的声誉和良好形象。

四、处理投诉的基本程序

各个饭店有关投诉处理的规定各有不同，但综合起来，对处理投诉的程序要求可归纳为以下几个步骤：

（1）认真聆听客人的投诉内容。聆听客人投诉时也可以通过提问的方式来明确症结，集中注意力，节约对话时间，在聆听的过程中要注意：①保持冷静。客人投诉时，心中往往充满了怒火，要使客人"降温"，不能反驳客人的意见，不要与客人争辩。对那些情绪激动的客人，为了不影响其他客人，不便于在公共场合处理，可请客人到办公室或其房间个别地听取意见，这样容易使客人平静。②表示同情。设身处地地考虑分析，对客人感受表示理解，可用适当的语言和行为给予客人安慰，从而将其不满情绪转化为感谢的心情。如"谢谢您，告诉我这件事""对不起，发生这类事，我感到很遗憾""我完全理解您的心情"等。因为此时尚未核对客人投诉的真实与否，所以只能对客人表示理解与同情，不能肯定是饭店的过错。③充分关心。不应该对客人的投诉采取"大事化小，小事化了"的态度，应该用"这件事情发生在您身上，我感到十分抱歉"诸如此类的语言表示对客人投诉的关心，并把注意力集中在客人提出的问题上，不随便引申，扩大态势，不推卸责任。

（2）认真做好记录。边聆听边记录客人的投诉内容，不但可以使客人讲话的速度放慢，缓和客人的情绪，还可以使客人确信，饭店对其反映的问题是重视的。同时，记录的资料也是为解决问题提供的根据。

（3）把将要采取的措施和所需时间告诉客人并征得客人的同意。如有可能，可请客人选择解决问题的方案或补救措施。不能对客人表示由于权力有限，无能为力，但也绝不可向客人做出不切实际的许诺。要充分估计解决问题所需要的时间，最好能告诉客人具体时间，不含糊其辞，又要留有一定余地。

（4）采取行动，为客人解决问题。这是最关键的一个环节。为了不使问题进一步复杂化，为了节约时间、不失信于客人，表示我们的诚意，必须认真做好这一环节的工作。如果是自己能够解决的，应迅速回复客人，告诉客人处理意见；对真正是饭店服务工作的失误，应立即向客人致歉，在征得客人同意后，做出补偿性处理。客人投诉的处理超出自己权限的，须及时向上级报告；的确暂时不能解决的投诉，要耐心向客人解释，取得谅解，并请客人留下地址和姓名，以便日后告诉客人最终处理的结果。

（5）检查落实并记录存档。现场处理完客人的投诉，事后还要及时与客人取得联系，检查、核实客人的投诉是否已圆满地得到解决；并将整个过程写成报告，并记录存档，举一反三，以利于今后工作的完善。

在处理客人投诉的全过程中，要坚持做到三个不放过：事实不清不放过；处理不当，客人不满意不放过；责任人员未接受教训不放过。

案例分析 ---

日本的饭店管理及服务质量

尽管我国饭店业有了迅猛的发展，但距离国际水准仍有很大的距离，还远远适应不了国内外客人的需要，也同样适应不了市场经济的需要。笔者将赴日考察的一些感受整理出来，以飨读者，或许能有一定的启示。

一、客人至上的工作原则

"客人至上""客人是上帝"这样的口号我们已经提出多年了，但可以说，我是"学之于中国，晓之于日本"。在日本我才真正感到，当我以一名服务人员身份出现时，该如何恭敬客人；而当我以一名顾客身份出现时，又该如何受到"上帝"般的礼遇。因此，我感到日本的服务不愧为在世界上是优良的。以我所在的饭店为例，从迎宾服务、中间服务，直到送客服务，他把你真正当作了"上帝"，使你高兴而来满意离去。给你留下的印象是亲切、温暖、热情、周到、舒适、方便。

当你光顾饭店时（这是一家旅游饭店），总服务台若干人在雨搭下鞠躬迎接你，接过你的行李，把你的车开到停车场，引导你进入楼内。客人来到一个陌生的饭店，为了不使客人感到拘束，服务人员要主动与客人搭讪，一路上不使客人感到沉闷。客人一到饭店就沉浸在热情的气氛之中。

当客人离店时，饭店要组织欢送队伍，鞠躬致谢，挥手都要客人看不见为止。由此表现出一种眷恋之情，真是情真意切。为了体现客人是上帝，在服务中不仅靠热情周到，文明服务，而且能做到以下几点：

1. 抓住客人的心理进行服务

针对客人的一般心理和个别客人的特殊心理进行服务。他们认为客人一出家门，对当晚下榻的饭店就持有一种愉快的期待感，也就是说，"这个饭店怎么样啊？""服务人员能怎样热情地对待我啊？"等。同时又抱有一种不安感。因为客人对其地区和饭店的情况不了解，所以服务的第一步是解除客人的不安感，使期待感得到满足。他们的服务员与客人一见面就能交上朋友。

2. 带着微笑进入岗位

饭店的社长说，我要求我的服务人员必须自始至终微笑服务。因为客人看不到你的心，只能看到你的脸，通过你的脸来看你是否真正愿意为客人服务。因此，他们的服务人员都能做到带着微笑进入岗位。无论在任何场所，见到客人就主动点头打招呼。特别是早晨的问候，他们认为在早上面向客人脚跟并拢目视客人说声"早上好"，这样会使客人一天心情舒畅。在走廊，因为工作忙走路要超过前面的客人，还要说一声"对不起"，请求客人原谅。在与提着行李要离开饭店的客人相遇时，无论谁都会说："谢谢，请慢走。"服务人员的微笑和语言对客人来说是一种莫大的安慰和享受。

3. 将一视同仁作为原则

日本的热情服务都是一视同仁的。他们认为人们感到最不愉快的是被分为三六九等。要做到服务一视同仁，不能分年轻美貌的女客和白发苍苍的老人，腰缠万贯的富翁和贫穷百姓，白人和黑人等，都要一视同仁。总服务台和收银处的原则就是"先到先服务"，或者按次序服务。

4. 永远处于仆人的地位

对服务人员的装饰有严格的要求。在岗位上，女士不准化艳妆、不准戴耳环、项链，戴戒指也只能戴订婚或结婚戒指。每个人都佩戴服务标牌。服务人员的任何装饰都不能超过客人。例如，当服务人员戴的手表比客人的手表价格贵的时候，必须主动地把表蒙朝向内侧，避开客人的目光，不能让客人有一种这个服务员比他富有的心理。总之，服务员要永远处于仆人的地位。

5. 处处为客人着想

饭店附近的一个旅游点在各饭店都放有旅游简介，当它因维修不能接待客人的时候，就在各饭店发出通知，注明停业和开业的时间，以免游人白跑路。他们真是想客人之所想，急客人之所急。他们的服务为什么这样好，这样热情周到，是什么动力、是什么原因呢？

（1）竞争的需要。日本是一个商品经济发达的国家，因此在同等商品同等价格的情况下要获得最大的效益，必须靠优质服务。服务的好坏是他们能否在竞争中取得成功的重要手段。因此，服务也成为独特的价值与商品一起出售。这家饭店负责人说，一家饭店只凭有美丽的建筑、可口的饭菜是不行的，而要提高工作人员的素质，这样才能使客人全部满意。

（2）双向选择、优胜劣汰。在分配制度上，能够充分体现多劳多得、奖勤罚懒。干什么活拿什么钱，干多少活拿多少钱。员工的劳动价值得到了一种评价和肯定。在用工制度上，实行双向选择。企业可以选择工人，工人也可以选择企业，互相制约、互相促进。企业发展经营得好，就能有一支稳定的员工队伍。有一支稳定的员工队伍，员工的素质才能不断提高，工作质量才能稳定。同时工人的生活也需要安定，这就必须努力工作。因此，每个人都有一种强烈的竞争意识，在工作上尽力表现自己。

二、先进的管理方式

1. 管理层次鲜明，指挥系统畅通

饭店的管理层次是十分鲜明的，指挥系统是十分畅通的。总经理除参加日常工作的检查外，基本上不接触日常的接待工作，如迎来送往等。主要精力都放在经营方针、经营手段、发展规划上。日常工作主要由各部门的经理负责。如总服务台是接待工作的"中枢"，它在一个月前就拿出接待任务书，向各部门预报下个月的客房预订情况。客房、管家、餐厅、俱乐部、工程等部门都根据这个预报进行人员、物资、场地等方面的准备。在前一天提出次日的住客分配表，表中包括客人的姓名、房间号、就餐标准、到离时间、宴会厅、会议室的形式、客人的特殊要求等。各部门都按照这张表执行。部门与部门之间从不互相插手，上下级之间也从不越级指挥或越级请示。所以，工作上是很有条理的。

2. 三面等价原则，各尽其责，各施其权

饭店在管理工作中，实行的是三面等价原则。他们对"工作"进行了分析，认为工作的完成可构成一个等边三角形。也就是说，要很好地完成工作，责务（职责、义务）、权限，每一个边都必须是相等的，任何不等边三角形都不能很好地工作。这里责务（责任和义务）是指圆满完成上级分配的任务的义务；权限是指对为完成被分配给的任务所必要的决定、指令和行为的权限；责任是指对任务完成的情况进行说明、报告的义务。

由于实行了三面等价的原则，每一位管理人员都能各尽其责、各行其权、认真负责，工作上有干劲、有起色。管理人员完全是合同制，在合同期胜任的续签合同，不胜任的合同期满自动解除。这样管理人员既有内在的原动力，又有外在的压力。因此，都有一种积极向上的工作热情，没有懒惰的现象。

3. 加强培训、提高员工素质

日本的服务工作之所以能达到标准化、程序化、规范化，这与他们加强对员工的培训，提高员工队伍的素质是分不开的。新员工上岗前，要了解饭店的历史、组织机构、服务设施等，使大家对这个企业产生一种感情。其次，学习饭店的守则、服务手册等，使员工在工作中能有所遵循。最后，对操作程序、服务用语、礼仪等进行严格的训练，经考试合格后才能上岗。在员工培训上，各饭店都有一些具体的独特的做法。

4. 制度严明、自觉性强

饭店有一套十分完整的规章制度，以此来约束每一个人。如考勤制度，全体员工包括常务董事在内上下班都必须打卡。管理人员在办公室打卡，无一例外。月底人事工资科就根据出勤卡发工资，基本没有迟到早退的现象。

一线服务员每人都有三套服装（礼服、和服），当晚和次日晨穿的衣服都是不一样的，星期六、星期日客人最多的时候，与平时穿的服装又有所区别。其目的是给客人一种新鲜感，每一名服务员都能认真执行。

员工的自觉性也是很强的，都能自觉地管理自己，都有我们所说的主人翁责任感。在员工教育中有一条即为"接受命令、实施报告"制。它要求每一名员工一定要养成爽快地接受命令的习惯，抵触的恶习是不能进行服务的。

员工食堂 200 多人就餐，只有两名炊事员。早上 7 点前食堂开门，晚上直到确定没有员工吃饭了（11 点左右）才由保卫人员锁门。打菜、抹桌子、洗碗等都是自己动手。菜凉了可以自己热，特殊情况也可以自己做。冰箱以及放在外面的蔬菜从来不锁，没有浪费，也没有丢失。

5. 抓正面教育、重感情投资

饭店每月一日是员工大会，首先是介绍新员工，其次是每个部门的负责人向全体员工报告上个月的工作情况，也包括表扬工作中表现突出者。最后，社长报告上个月的工作情况，如经济形势、接待任务的完成情况、客人的反映、工作上的突出事例及存在的问题。同时，布置下个月的工作任务、工作重点、需注意的问题等，对表现突出的员工进行表扬和奖励。

在每个楼层的服务室都贴有《人生指针》等宣传品，告诉人们要正确对待人生，处理好人际关系，注意行为言论，珍惜美好时光等。工作中，管理人员十分注意处理好人际关系，注重对部下的感情投资，造成一种和谐、互相尊重的气氛。基本上看不到训斥员工等现象。员工大会开始的时候，领导和员工互相鞠躬，每天的班前会都是课长先向员工问好。

每到年终岁尾各单位都召开"忘年会"，领导为员工拜年，请大家忘掉一年的烦恼，努力工作去迎接新的一年。元旦还召开"誓师会"，社长同员工先面谈新的一年的经营方针，然后听取大家的意见，最后同大家同饮誓师酒。

6. 坚持检查制度

管理人员都能亲临一线监督检查，可以说其是无处不到、无所不看、无所不查，而且十分严格，凡是不合格的一律返工。以此来保证饭店的工作质量、出品质量、服务质量。总之，一句话，要为客人提供满意的商品。如对房间的设备，坚持定期检查，项目共有 18 项，60 多个内容，出现问题马上解决，因此设备完好率是很高的。

（资料来源：http：//www. 3722. cn/listknowhow. asparticleid = 386 1 1）

案例讨论题

1. 结合所学知识，谈一谈该饭店成功的原因是什么。
2. 你认为哪些方法和措施值得我们借鉴？
3. 如果你是经理，你将如何改进服务质量？

思考与练习

1. 简述饭店服务质量管理的含义及特点。
2. 论述饭店服务质量的主要内容。
3. 简述前厅服务质量和客房服务质量的内容。
4. 如何理解客房的逐级检查制度？
5. 提高前厅和客房服务质量的途径有哪些？
6. 处理宾客投诉的原则和程序有哪些？

参考文献

1. 保尔·R. 迪特默:《酒店业经营全书》第三版,大连理工大学出版社,2002.

2. 康斯坦丁诺斯·S. 弗吉尼斯:《住宿管理 国际酒店业透视》,高等教育出版社,2004.

3. 孟庆杰、唐飞:《前厅客房服务与管理》,东北财经大学出版社,2007.

4. 丹尼·G. 拉瑟福德:《饭店管理与经营》,东北财经大学出版社,2006.

5. 刘伟:《现代饭店客房部服务与管理》,广东旅游出版社,2000.

6. 黄玉、王宝恒、张进福:《饭店前厅与客房部管理》,厦门大学出版社,2004.

7. 何丽芳:《酒店服务与管理案例分析》,广东经济出版社,2005.

8. 蔡万坤:《新编酒店客房管理》,广东旅游出版社,2003.

9. 黄继元:《饭店管理》,科学出版社,2005.

10. 李任芷:《旅游饭店经营管理服务案例》,北京:中华工商联合出版社,2000.

11. James A. Bardi:《现代美国饭店前厅管理》,湖南科学技术出版社,2001.

12. Garyk. Vallen,Jerome J. Vallen:《现代饭店管理技巧》,旅游教育出版社,2002.

13. 张士泽、张序:《现代酒店经营管理学》,广东旅游出版社,2000.

14. 郑向敏:《现代酒店商务楼层管理》,辽宁科学技术出版社,2002.

15. 孙超:《饭店前台管理》,中国旅游出版社,2004.

16. 马勇:《饭店管理概论》,清华大学出版社,2007.

17. 邹益民等:《现代饭店管理》,浙江大学出版社,2006.

18. 杨富荣:《旅游饭店服务教学案例分析》,高等教育出版社,2006.

项目统筹：张芸艳
责任编辑：张芸艳
责任印制：冯冬青
封面设计：中文天地

图书在版编目（CIP）数据

前厅与客房管理／唐飞，袁敏，邹亮编著. --北京：
中国旅游出版社，2016.6（2022.7 重印）
（旅游管理专业新视野教材丛书／谢彦君主编）
ISBN 978 - 7 - 5032 - 5590 - 8

Ⅰ. ①前…　Ⅱ. ①唐…　②袁…　③邹…　Ⅲ. ①饭店—
商业管理—高等学校—教材 ②客房—商业管理—高等学校
—教材　Ⅳ. ①F719.2

中国版本图书馆 CIP 数据核字（2016）第 145775 号

书　　　名：前厅与客房管理
作　　　者：唐飞　袁敏　邹亮　编著
出版发行：中国旅游出版社
　　　　　（北京静安东里 6 号　邮编：100028）
　　　　　http：//www.cttp.net.cn　E - mail：cttp@ mct.gov.cn
　　　　　营销中心电话：010 - 57377108，010 - 57377109
　　　　　读者服务部电话：010 - 57377151
排　　版：北京旅教文化传播有限公司
经　　销：全国各地新华书店
印　　刷：北京工商事务印刷有限公司
版　　次：2016 年 6 月第 1 版　2022 年 7 月第 4 次印刷
开　　本：787 毫米×1092 毫米　1/16
印　　张：17.25
字　　数：344 千
定　　价：36.00 元
ＩＳＢＮ　978 - 7 - 5032 - 5590 - 8